Franzius

TORSTEN SCHMANDT

DER ERWÄHLTE

Wie die Tagebücher von Thomas Mann verschwanden

Historischer Roman

Ein Buch aus dem FRANZIUS VERLAG

Buchumschlag: Simone C. Franzius
Korrektorat/Lektorat: Franzius Verlag
Bildlizenz: shutterstock
Verantwortlich für den Text ist der Autor Torsten Schmandt
Satz, Herstellung und Verlag: Franzius Verlag
Druck und Bindung: BoD, Norderstedt

ISBN 978-3-96050-251-7

Inhalt

1. Am Brunnen

»Was ist das?«

»Eine Einladung ... es sieht wenigstens so wie eine Einladung aus.«

»Vom Goebbelsministerium? Ich hoffe, das bedeutet etwas Gutes, Herr Smetana.«

»Oder immerhin nichts Schlimmes, nicht wahr? Wenn ich es mir allerdings richtig überlege, sollte ich nicht von einer Einladung reden. Denn im Grunde ist es ja immer ein Befehl.«

»Natürlich, man erwartet Gehorsam von Ihnen. Etwas anderes kommt wohl nicht in Frage.«

»Nein, etwas anderes kommt nicht in Betracht. Da haben Sie mit Sicherheit Recht, Frau Hartleib. Aber was kann das Ministerium von mir wollen?«

»Nun, machen Sie sich mal keine Sorgen, Herr Smetana. Es wird sich schon alles finden.«

Dieses Gespräch, dessen weiteren Verlauf ich überspringe, fand im April des Jahres 1933 in Emi Hartleibs Küche statt, wo sie ihren Untermieter Jan Smetana mit Kaffee und einer Schmalzstulle regalierte, wie sie es einstmals mit ihrem Ehemann getan hatte, bevor dieser an einer Lungenkrankheit einging, die er sich im Laufe seines Berufslebens als Stuckateur eingehandelt hatte. Karl Hartleib hatte seiner Frau ein paar

Ersparnisse und eine Witwenrente hinterlassen, die sie aufbesserte, indem sie eines der Zimmer möbliert vermietete. Seit dem Ableben ihres Mannes hatte eine Gemütsverdunkelung von ihr Besitz ergriffen, so dass sie von Gefühlen weitgehend befreit war. Sie empfand weder Wut, Freude, Neugier noch Trauer, - oder aber in einem so geringen Maß, dass ihr Handeln zumeist von Gleichmut und nüchterner Überlegung geprägt war. Kurz gesagt, konnte man sich eine bessere Vermieterin nicht wünschen.

Das Zimmer, das Jan Smetana bei ihr bewohnte, war klein, aber behaglich, auf praktische und solide Weise möbliert und verfügte sogar über einen eigenen Ofen - ein Vorzug, den seine vorige Bleibe nicht aufzubieten gehabt hatte. Sein schmales Salär, das er als Aushilfsdozent am germanistischen Institut der Humboldt-Universität bezog, reichte für eine eigene Wohnung nicht, im Grunde reichte es nicht einmal für das möblierte Zimmer bei Emi Hartleib. Warum er dennoch ihr Mieter geworden war, wird noch geklärt.

Wenige Tage nach dem Küchengespräch sehen wir Jan Smetana unter dem blauen Aprilhimmel Berlins die Französische Straße entlangwandeln, — etwas vornübergebeugt und mit dem unregelmäßigen Schritt, der ihm eigentümlich war. Indem er die Brauen zusammenzog, blickte er seitwärts geneigten Kopfes ins Weite. Die Luft strich kühl über sein frisch rasiertes Gesicht und manchmal fiel ihm ein Tropfen in den Nacken, denn die Bäume und Sträucher, die sich über die schmiedeeisernen Zäune beugten, waren noch nass vom nächtlichen Regen. Berlin leuchtete frisch und jung und auch Smetana hatte sich herausgeputzt, so gut es ihm eben möglich war. Über einem weißen Stehkragenhemd trug er ein ausgeblichenes Jackett; das Parteiabzeichen (anstatt ans Revers geheftet) hing ihm an einer bronzierten Schnur um den Hals. In

der Brusttasche steckte der schriftliche Befehl, sich um neun Uhr im Prinz-Karl-Palais zu melden. In dem Schreiben war lediglich von einer »Einladung« die Rede. Doch das änderte natürlich nichts. Der Absender des Briefes erwartete — wie Emi Hartleib angemerkt hatte — Gehorsam und Jan Smetana hatte nicht die Absicht, die Erwartung zu enttäuschen.
Er bog auf den Wilhelmplatz ein und ein Stoß Sonnenstahlen funkelte über das Portal. Erst vor kurzem war das Palais zum Sitz des frisch ins Leben gerufenen Ministeriums für Volksaufklärung und Propaganda auserkoren worden. Die Aura von Macht und Größe verfehlte ihre Wirkung nicht. Smetana zweifelte, ob er geradewegs durch den Haupteingang spazieren durfte oder ob er dann mit irgendeiner Wache in Konflikt geraten und sich eines Vergehens schuldig machen würde. Da aber kein anderer Eingang zu entdecken war, zog er den schweren hölzernen Türflügel auf, der ihm entgegenglitt wie ein Schiff. Er ließ den lichtdurchfluteten Apriltag hinter sich und nachdem seine Augen sich an das im Vestibül herrschende Halbdunkel gewöhnt hatten, fand er sich zu seiner Überraschung auf einer Baustelle wieder. Von irgendwelchen Wachposten war nichts zu sehen. In der Mitte der Halle wuchs ein Brunnen aus dem Boden, den eine reliefartige Darstellung einer behelmten Gottheit auf einer Quadriga schmückte. Zwei Klempner schraubten an den Zuleitungen herum, um das Pumpensystem für den Wasserkreislauf in Betrieb zu setzen. Im Hintergrund schleppten Handwerker Kisten und Kartons eine Freitreppe hinauf und verschwanden wie Schattenwesen mit ihrer Last in düsteren Korridoren. Smetana trat an den Brunnen heran und vom Aufbau des Brunnens vor den Blicken der Klempner beschirmt, wandte er, einer literarischen Erinnerung folgend, das Gesicht empor zum Oberlicht, die Oberarme hielt er an den Flanken, die unteren aber aufgerichtet, mit offen nach außen und oben

gekehrten Handflächen, und während er sich im Stehen leicht hin und her schaukelte, bewegte er die Lippen, als forme er Worte und Laute. Unter keinen Umständen hätte er sich erlaubt, dem unsinnigen Einfall zu folgen, wenn er die Blicke geahnt hätte, die sich auf ihn und über ihn richteten. In der Pförtnerloge nämlich thronte auf einem Polsterstuhl eine wulstige Gestalt und funkelte missbilligend aus blauen Augenschlitzen. Eine Schreibtischfunzel goss gelbes Licht über das Gesicht des Mannes, in dem die Spuren eines zweiten Frühstücks zu sehen waren. Nachdem Smetana ihn bemerkt und ihre Blicke sich getroffen hatten, fegte der Mann mit den Händen Krümel aus dem Gesicht und von seiner farblosen Uniformjacke, faltete das Butterbrotpapier zusammen, schob den Deckelbecher seiner Thermoskanne zur Seite und winkte schließlich dem Besucher, näher heranzukommen. Smetana war aus seiner Pose gefahren und in sich zusammengeschrumpft. Gleichsam gebückt trat er vor die Loge und bemühte sich um eine unschuldige Miene. Der Pförtner räusperte sich und rückte das Koppel zurecht, das beim Frühstück über den Bauch nach oben gerutscht war.

Was Smetana hier wolle, bellte er.

»Zum Referenten Hanke.«

»So, zum Herrn Referenten möchte er. Was denkt er denn? Bildet er sich ein, er könne hier hereinspazieren und am besten auch gleich zum Herrn Referenten vorgelassen werden? Ist er dieser Meinung?«

Smetana nahm Haltung an und verneinte, solche Dinge im Sinn gehabt zu haben. Er könne jedoch ein Schriftstück vorweisen, das sein Vorstellig-Werden und sein Ansinnen erklären, wenn nicht sogar rechtfertigen werde.

»Das geschwollene Reden kann er sich sparen«, raunzte der Pförtner, nachdem er das Schreiben mit zusammengekniffenen Augen inspiziert und ein gewaltiges Protokollbuch aufgeschlagen hatte, um Smetanas Namen einzutragen.

»Warten Sie beim Brunnen, bis ein Amtsdiener Sie abholt; aber diesmal ohne die Fisimatenten von eben; wir sind hier kein Kasperletheater«, befahl der Mann, während er bereits seinen wulstigen Zeigefinger in die Wählscheibe des Haustelefons bohrte.

Bevor ich Smetanas ersten Kontakt mit dem Goebbelsministerium schildere, seien in einem kurzen Einschub noch ein paar Details zu seiner Person hinzugefügt, damit man deutlicher sieht, mit wem man es hier zu tun hat. Nachdem Smetana, wie ein befreundeter Kollege ihm geraten hatte, in die NSDAP eingetreten war, wurde er bald darauf zu einem Ortsgruppentreffen einberufen. Auch in diesem Fall galt das offizielle Wort von der »Einladung«, ohne dass Smetana dem Glauben anhing, ihm stehe die Entscheidung frei, ob er bei dem Treffen erscheine oder nicht. Der Bierkeller, in dem die Sitzung stattfand, machte einen auf den ersten Blick zivilgastlichen Eindruck, war aber hauptsächlich von SA-Leuten besucht, die Smetana Angst machten. Von diesem Menschenschlag wollte er Deutschland eigentlich nicht in die Zukunft geführt wissen. Die von Bier und Wurstspeisen aufgedunsenen Gesichter waren genau die gleichen wie auf den Bildern von George Grosz, dem Maler, den sie am liebsten sofort an der Straßenlaterne aufgeknüpft hätten.

Der Termin nahm rasch den Charakter einer Musterung an und die Kommission, zwei specknackige Männer und eine mit Reitstiefeln bekleidete Frau, die von den Männern als Herta angesprochen wurde, stellte ohne Wohlwollen fest, man dürfe wohl davon ausgehen, dass er sich Deutschland und der Partei nützlich machen wolle, auch wenn er für den »Außendienst« kaum in Betracht komme. Er sei, stellte man mit Blick auf seine Konstitution fest, eher ein Fall für Logistik und Organisation.

Ob er über Ortskenntnisse verfüge, fragte einer der Specknackigen und in dem Verlangen, vor diesen Leuten nicht als gänzlich minderwertig dazustehen, bejahte Smetana, ohne zu ahnen, wie bald man schon seine vorgeblichen Fähigkeiten für sich nutzbar machen wollte.

Bereits im Februar wurde er für Planungen und Vorbereitungen herangezogen, deren gewaltsame und blutige Ziele, nachdem die Ausmaße ihm nach und nach zu Ohren kamen, ihn abschreckten. Allerdings waren seine Ortskenntnisse nicht so genau, wie man erhofft hatte. Bei Einsätzen im Roten Kiez in Charlottenburg waren SA-Trupps in brenzlige Situationen geraten, woran, wie man bei den anschließenden Einsatzbesprechungen andeutete, Smetanas Vorarbeit nicht ganz unschuldig gewesen sein sollte.

Der gröbste Patzer jedoch unterlief ihm, als er die Adresse eines gewissen Heinrich Mann auskundschaften sollte, weil man dem roten Dreckskerl einen Denkzettel an die Fresse heften wolle. Smetana war im Telefonbuch fündig geworden, doch wie sich herausstellte, wohnte dort nicht die Schriftsteller-Canaille, sondern ein pensionierter Versicherungsangestellter und Kirchensänger gleichen Namens.

Trotz der Fehlschläge verhalfen ihm seine neuen Parteifreunde zu einer ordentlichen Stube mit Kohleofen, ohne dass er mehr Miete bezahlen musste als vorher für die Dachkammer, die seit Jahren sein Zuhause gewesen war.

Dass sich Smetana nur um organisatorische Fragen kümmerte, soll nicht als Entschuldigung verstanden werden. Jan Smetana wurde zum Mitläufer (oder sogar mehr als das). Ich bin der letzte, der dem widersprechen wird. Dennoch füge ich hinzu, dass er, als er sich das Ausmaß der gewaltlüsternen Exzesse vor Augen führte, es mit der Angst zu tun bekam. Vor sich selbst nahm er bei der Rechtfertigung Zuflucht, dass zum Wohle Deutschlands der Kampf vorerst nicht nur im Parlament, sondern auch auf der Straße gewonnen werden müsse. Später werde sich die Lage mit Sicherheit stabilisieren und beruhigen. Wie man sieht, handelt es sich bei Jan Smetana um keine Ausnahmeexistenz. Vielleicht lässt er sich als deutscher Durchschnittscharakter bezeichnen, dessen Geschichte nicht seinetwegen erzählt werden soll (nein, an ihm liegt nicht viel), sondern wegen der besonderen Ereignisse und der großen Namen, die für eine kurze Zeit seinen Lebensweg kreuzten.

2. Mario und der Zauberer

Die Ausmaße von Hankes Büro entsprachen Rang und Geltung seines Inhabers. Immerhin war er Ministerialreferent und leitete Goebbels Privatsekretariat. Doch das Zimmer diente weniger der Repräsentation als ernsthafter Arbeit. Die Wände waren bereits mit Regalen zugestellt und auf dem Fußboden stapelten sich Kartons voller Aktenordner. Auf Hankes Schreibtisch waren Umlaufmappen mit den jüngsten Erlassen und Rundbriefen verstreut, Schriftstücke, die das Bild von Deutschlands Zukunft malten. Beherrscht wurde der Raum von einem ovalen Konferenztisch, der ebenfalls von Papieren übersät war. Dort saß, die Beine übereinandergeschlagen und mit Zigarette zwischen Zeige- und Mittelfinger, Karl Hanke. Sein in Dienstlichkeit erstarrtes Gesicht und die sich andeutenden Geheimratsecken ließen ihn älter als seine neunundzwanzig Jahre erscheinen. Als der Besucher gemeldet und hereingeführt worden war, hob er den Blick und krümmte den schmalen Strich seines Mundes zu einem Lächeln.

»Ah, Herr Smetana, ich freue mich, dass Sie Zeit für uns erübrigen können. Pünktlich wie die Reichsbahn«, sagte er, während er auf seine Armbanduhr guckte und aus der Ferne neun Glockenschläge herüberklangen.

Er sog an der Zigarette und stieß den Rauch grimassierend, beide Lippen zurückgezogen, als grauen Sprudel zwischen schadhaften, spitzigen Zähnen hervor. Der mit einigen Zigarettenstummeln gefüllte Aschenbecher auf dem Konferenztisch und die schlierige Wolke darüber zeugten davon, dass der Referent bereits ein beachtliches Pensum absolviert hatte. Er führte die Zigarette zwischen die schmalen Lippen, ließ sie knisternd aufglimmen und stieß sie abschließend in den Aschenbecher.

»Darf ich bekannt machen? Untersturmführer Mario von Alberti.«

Mit einer Handbewegung deutete der Referent auf einen jungen Mann, der auf der anderen Seite des Tisches in schlapper Haltung auf einem Stuhl kauerte wie ein Kranker, kaum älter als ein Abiturient, aber mit einer Blässe, die alle Jugendlichkeit aus seinem Gesicht löschte. Seine Augen allerdings, hellblau wie der Aprilhimmel, wirkten lebendig und wachsam.

»Jan Smetana, ist das auch der Name auf Ihrer Geburtsurkunde?«, fragte Hanke.

»Ich bin deutsch-böhmischer Abstammung.«

»So so, deutsch-böhmisch, na, meinetwegen. Sie sind ein Mann des 19. Jahrhunderts.«

Der Referent schaute Smetana erwartungsvoll an. Aber dieser wusste nicht, wie er auf den Blick reagieren sollte.

»Der Herr Referent meint, dass Sie am 9.6.1899 geboren sind«, half der Untersturmführer aus. Seine Stimme war so dünn, wie sein Gesicht bleich war. Dennoch klang sie selbstbewusst wie von jemandem, der nicht laut sprechen muss, um gehört zu werden.

Ein Schauder kroch Smetanas Nacken hoch. Was war das? Man hatte sich vorbereitet, gewiss. Man hatte Erkundigungen über ihn eingeholt. Nun gut, das war zu erwarten gewesen. Aber der bleiche Jüngling wusste sein Geburtsdatum auswendig? Und wenn er das auswendig wusste, dann sicher auch noch einiges mehr. Das Gefühl beschlich Smetana, in die »Fänge der Macht« geraten zu sein.

Wäre er im Umgang mit der Macht erfahrener gewesen, hätte er vielleicht durchschaut, dass man es eben auf dieses Gefühl abgesehen hatte.

»Untersturmführer von Alberti wird in Zukunft Ihre Kontaktperson sein, sofern es für Sie eine Zukunft gibt.«

Hanke lachte auf und ließ für einen Moment seine schadhaften, gelben Zähne sehen.

»Entschuldigen Sie die Bemerkung. Ich meine natürlich: Sofern es für Sie im Zusammenhang mit dem Propagandaministerium eine Zukunft gibt. Ihr Vater ist im Großen Krieg gefallen?«

Hanke zog eine Schachtel aus der Rocktasche, fingerte eine Zigarette heraus und steckte sie sich an, ohne Smetana eine anzubieten.

»In Frankreich, Herr Ministerialreferent, kurz nachdem ich die Matura abgelegt hatte.«

»Frau Smetana hat ihre beiden Kinder als Landarbeiterin durchgebracht«, mischte sich von Alberti ein, als habe Smetana das entscheidende Detail übergangen.

»Sieh an«, sagte Hanke, »Landarbeiterin. Und Sie, mein lieber Herr Smetana, konnten ein Stipendium erwerben und dürfen sich Doktor der Germanistik nennen. Sogar mit Auszeichnung, wie es heißt. Eine hübsche Karriere, wenn man so will. Gleichwohl – Sie sind schon dreiunddreißig und schlagen sich mehr schlecht als recht durch. Germanistik ist kein Brotstudium, wie mir scheint.«

Hanke ließ einen grauen Schleier über sein Gesicht wandern, indem er den Unterkiefer nach vorn stellte und den Rauch nach oben quellen ließ.

»Er hat zurzeit einen Lehrauftrag an der Uni«, antwortete von Alberti an der Stelle von Smetana.

»… mit dem er kaum die Miete für eine Wohnung bezahlen kann. Aber lassen wir das. Sie haben Ihr Fach aus Überzeugung und Idealismus studiert. Das respektiere ich, mein lieber Herr Smetana, das stellt Sie charakterlich in ein vorteilhaftes Licht, möchte ich sagen. Und Sie sind mit der aktuellen Literatur vertraut, wie ich höre?«

»In der deutschen … also deutschsprachigen Literatur bin ich einigermaßen bewandert. Das darf ich wohl behaupten.«

»Hermann Hesse?«

»Seine meisten Romane sind mir bekannt, ja. Seine Lyrik weniger.«

»Bertolt Brecht?«

»Brecht? Wenn ich mir die Bemerkung erlauben darf: Ich glaube, der wird überschätzt.«

»Tatsächlich? Herr Smetana, Sie müssen aus Ihrem Herzen keine Mördergrube machen. Unser Gespräch ist kein Gesinnungstest. Ein paar kritische Äußerungen machen aus dem Herrn Brecht keinen schlechten Dichter. Vielleicht einen schlechten Menschen, aber keinen schlechten Dichter. Ansonsten müssten wir noch über ganz andere den Stab brechen, nicht wahr? Und immerhin hat Brecht ein paar ganz passable Naturgedichte zu Wege gebracht, wie es heißt, auch wenn er kein Eichendorff ist.

Sehen Sie, mein lieber Herr Smetana, unsere Bewegung und das Volk (ich nenne beides, obwohl beides im Grunde eins ist), wir beziehen unsere Kraft auch aus der Geschichte und Tradition, aus den großen deutschen Persönlichkeiten: Goethe, Bismarck, Wagner. Allerdings wollen wir auch die lebenden Geistesgrößen nicht ignorieren. Wir wollen nicht ohne Not alle Kulturköpfe verlieren. Um auf den Punkt zu kommen: Sie, Herr Smetana, sind auch mit den Werken von Thomas Mann gut vertraut. Zumindest ist uns deswegen Ihr Name genannt worden.«

Smetana räusperte sich und rieb sich die Augen, um Zeit zu gewinnen. Lauerte hier eine Falle, in die er tappen konnte? Er fragte sich (nicht zum ersten Mal), warum man ihn herbestellt hatte. Das Gespräch sei kein Gesinnungstest, hatte Hanke gesagt und Smetana war auch gewillt, das zu glauben, denn für einen solchen Test hätte man wahrscheinlich subalterne Handlanger beauftragt und keinen Ministerialreferenten.

»Das meiste von Thomas Mann habe ich gelesen. Aber es gibt Kollegen, die sich weit besser auskennen. Besonders in Bonn sind da einige Leute ...«

»Natürlich gibt es die. Es gibt immer welche, die besser sind – unseren Führer natürlich ausgenommen. Aber mein lieber Herr Smetana, stellen Sie Ihr Licht nicht unter den Scheffel. Sie sind uns als Kenner annonciert worden. Andere kompetente Leute sind nicht in dem Alter und nicht in den Lebensumständen, in denen man noch für solche Abenteuer bereit ist, die wir Ihnen anzubieten haben. Vor allem aber, Herr Smetana, vor allem: Sie sind in der Partei. Über diesen Pluspunkt verfügt längst nicht jeder. Doch um auf Thomas Mann zurückzukommen: Er ist – zu unserem ausdrücklichen Bedauern - letzten Monat aus der Preußischen Akademie der Künste ausgetreten.«

»Ich habe davon gehört ...«, antwortete Smetana und warf einen Blick auf von Alberti, der regungslos in seinem Stuhl hing, als sei er vor Langeweile eingeschlafen.

»Sie fragen sich vermutlich«, sagte Hanke, nachdem er sich eine neue Zigarette angezündet hatte, »was wir von Ihnen möchten, mein lieber Herr Smetana; warum wir Sie erwählt haben.«

Der Angesprochene lächelte zustimmend.

»Tja, Mario, wie wollen wir es nennen?«, wandte Hanke sich an den Untersturmführer. »Nennen wir es Dienst an der deutschen Kultur? Sehen Sie, mein lieber Herr Smetana, der

Untersturmführer wird das Weitere mit Ihnen besprechen. Ich selbst muss mich jetzt leider entschuldigen. Ich habe einen Gesprächstermin mit dem Minister. Ich wollte vorher noch einen persönlichen Eindruck von Ihnen gewinnen und ich denke, mit Ihnen kann man etwas anfangen.«

Hanke stand auf und machte sich an seinem Schreibtisch zu schaffen.

»Also, Mario, erkläre Herrn Smetana, worum es geht. Und wenn er, wovon ich jetzt schon überzeugt bin, bereit ist, die Aufgabe zu übernehmen, dann statte ihn mit den nötigen Papieren aus.«

Hanke klemmte sich eine schwarz-lederne Aktenmappe unter den Arm und marschierte zur Tür hinaus.

Nachdem der Referent gegangen war, erwachte Mario von Alberti gleichsam. Er setzte sich aufrecht hin und ruckte mit den Schultern. Die Art, wie er seine aus feinstem Leder gearbeiteten Handschuhe gegeneinander klatschen ließ, hatte etwas von einer Herrengeste. Das Unbehagen, das sich kurzzeitig beruhigt hatte, kroch Smetana wieder den Rücken hinauf.

»Der eingeschränkten Perspektive eines Zivilisten ist es vielleicht nicht ganz deutlich. Aber wir befinden uns in einer Phase der Mobilmachung, und zwar nicht nur auf dem Gebiet des Militärs, sondern unser Ministerium betreibt auch eine Mobilmachung des Geistes. Die des Geistes ist vielleicht sogar dringender als die materielle Wehrhaftmachung des Volkes.«

Smetana wunderte sich über den Ton des Untersturmführers. Um die Wahrheit zu sagen: Er ärgerte sich darüber, dass ein blässlicher Dreikäsehoch meinte, ihn - immerhin Doktor phil. - belehren zu müssen.

»Womit kann ich Ihnen behilflich sein?«, fragte der Doktor.

Mario von Alberti hob die Rechte und betrachtete seine Fingernägel.

»Sie sind fundamental im Irrtum, mein lieber Herr Smetana, wenn Sie glauben, mir behilflich sein zu können. Was man von Ihnen erwartet und sogar verlangt, ist ein Dienst für das Ministerium und damit auch ein Dienst an Deutschland. Die Aufgabe des Reichsministers ist das geistige Einwirken auf die Nation. Wir werben für den deutschen Staat und die deutsche Kultur, und zwar hier in unserer Heimat als auch in der ausländischen Öffentlichkeit.«

Smetana fuhr mit dem Zeigefinger am Hals entlang, um den Hemdkragen zu lockern, der ihn zu würgen begann. Mario von Alberti mochte jung, blass und krank sein, aber er war auch das vorerst letzte Glied einer Folge von Generationen, die gewohnt war, zu befehlen. Smetana beschlich wieder das Gefühl »in die Fänge« geraten zu sein.

»Wie kann ich dem Ansehen der Kultur dienen?«, fragte er mit so dünner Ironie, dass der Untersturmführer sie ignorieren konnte.

»Wie der Herr Ministerialreferent bereits angedeutet hat, geht es um den Schriftsteller Thomas Mann. Immerhin ist er Nobelpreisträger und gilt mancherorts als Repräsentant des deutschen Geistes. Offenbar genießt er weltweit eine beachtliche Reputation. Dem Minister wäre es angenehm, wenn sich Thomas Mann nicht gegen Deutschland stellte, gegen das *jetzige* Deutschland. Letzten Monat ist er allerdings aus der Preußischen Akademie der Künste ausgetreten - aus Gründen, die sich nun nicht mehr aus der Welt schaffen lassen.«

»Man möchte ihn als kulturelles Aushängeschild behalten«, sagte Smetana.

»So würde ich es nicht ausdrücken, aber gut ... Ich bin mir sicher, dass wir Herrn Mann mit unseren Methoden überzeugen könnten, wenn wir seiner habhaft wären. Es ist jedoch so, dass er sich seit Beginn des Jahres im Ausland aufhält. Ursprünglich wegen einer Vortragsreise, die ihn nach

Amsterdam und Paris führte. Inzwischen weilt er in der Schweiz, zu Urlaubszwecken, wie es heißt.«

»Hat er mit … mit Maßnahmen zu rechnen, wenn er zurückkehrt?«

»Das kommt darauf an. Unter anderem auf Sie. Ihre Aufgabe wäre es, ihn für unser Deutschland zu gewinnen. Der Herr Ministerialreferent ist überzeugt, dass dieser Schriftsteller weltanschaulich nicht so weit von uns entfernt ist, wie manche in der Partei glauben. Die ›Betrachtungen‹ würden angeblich einige anregende Ideen enthalten. Ein deutsch-gesundes Geistesprodukt, wenn auch etwas wenig Blut und Boden. Das sind wohl gemerkt, Herrn Hankes Worte. Ich persönlich kenne nur die ›Buddenbrooks‹. In meinen Augen reichlich morbide. Aber meine privaten Ansichten spielen hier keine Rolle.«

Smetana, dem Drang nach Einvernehmen nachgebend, nickte.

»Mit ›morbide‹ treffen Sie es sehr gut, wenn ich mir die Bemerkung erlauben darf. Der Roman handelt schließlich vom Untergang der bürgerlichen Welt des 19. Jahrhunderts, von einer morbiden Lebensform sozusagen, die Platz machen musste, damit das neue Deutschland, unser Deutschland, entstehen konnte.«

»Ganz richtig«, antwortete von Alberti möglichst beiläufig, um der Schmeichelei, er habe es sehr gut getroffen, keinen seelischen Angriffspunkt zu bieten.

»Treffen Sie sich mit Thomas Mann. Machen Sie ihm die Aufwartung und fühlen Sie ihm politisch und weltanschaulich auf den Zahn. Ermitteln Sie, wie er zu Deutschland und seiner Regierung steht. Finden Sie raus, wie lieb und teuer ihm die Heimat tatsächlich ist, damit wir abschätzen können, welche Kröten zu schlucken er bereit wäre.«

»Ihm die Aufwartung machen? Ich verstehe nicht ganz. Wie stellen Sie sich das vor?«

»Er lebt in einem Hotel. Da wird sich ein Kontakt zwanglos herstellen lassen.«

Smetana kämpfte mit dem Verlangen, den obersten Hemdknopf zu lösen. Zu dem Gefühl, ›in die Fänge‹ geraten zu sein gesellte sich die Befürchtung, dass man zu viel von ihm erwartete. Gewiss, Thomas Mann persönlich zu treffen, war eine wunderbare Vorstellung, aber eben nur eine Vorstellung und dass der unbedeutende Jan Smetana dem Großschriftsteller in der Realität gegenübertreten sollte, war ein ebenso wunderbarer wie auch beklemmender Gedanke.

»Falls Sie Bedenkzeit benötigen«, sagte von Alberti, »können Sie mich bis morgen Mittag informieren. Wie Sie versichert sein dürfen, wird sich Ihr Engagement auf jeden Fall lohnen. Sowohl finanziell als auch was Ihre Karriere in der Partei betrifft.«

Smetanas Blick schweifte aus dem Fenster und blieb an ein paar Baumkronen hängen, die auf der gegenüberliegenden Seite den Wilhelmplatz bekränzten. Als Schüler hatte er erstmals eine Novelle von Thomas Mann gelesen und war sofort von der Gewissheit erschüttert gewesen, der Schriftsteller habe ihm direkt in die Seele geschaut. Folglich glaubte er auch, dass er, Jan Smetana, der einzige Mensch sei, der den Autor wirklich verstanden hatte. Dieser Jünglingsglaube hatte sich inzwischen verflüchtigt und gelegentlichem Zweifel das Feld überlassen, ob Thomas Mann im Grunde ein geistiger Scharlatan sei, ein Cipolla, der sein Publikum vexiert und zum Narren hält. Doch diese Zweifel hatten keinen Bestand und was am Ende blieb, war bloße Bewunderung. Und wie sollte man einer bewunderten Geistesgröße entgegentreten, wenn man nur ein mittelmäßiger Lehrbeauftragter war, der sich lediglich eine möblierte Kammer als Zuhause leisten konnte; und das auch nur, weil die Partei ihn protegierte?

»Wenn Sie eigene Pläne haben«, sagte der Untersturmführer, »dann stehen auch noch ein paar andere Kandidaten bereit, die unseren Kriterien genügen.«

»Nein, nein ...«, Smetana schreckte auf. »Ich fühle mich, um die Wahrheit zusagen, geehrt, dass man mich für diese Aufgabe für geeignet hält. Und wie sollte ich mich auch anders fühlen, mein Wissen für Deutschland einsetzen zu dürfen, also die Früchte eines Studiums, das, wie der Herr Referent ganz richtig feststellte, kein Brotstudium ist.«

Smetana wischte sich über den Mund, als wolle er den Wortschwall mit der Hand wieder einfangen. Die Rede war ihm hastiger rausgesprudelt, als er beabsichtigt hatte. Auf von Albertis Lippen zeichnete sich kurz ein Lächeln ab.

»Ihr Diensteifer freut mich, Herr Smetana. Andererseits sollten Sie nicht voreilig sein. Wir werden Sie mit Befugnissen und finanziellen Mitteln ausstatten, die Ihnen – gemessen an Ihren bisherigen Lebensumständen – großzügig erscheinen werden. Dafür erwarten wir natürlich eine entsprechende Gegenleistung. Wir erwarten den vollen Einsatz Ihrer Kräfte und Fähigkeiten.«

Smetana versuchte, die Gedanken zu ordnen. Fühlte er sich der Aufgabe gewachsen? Mit seinem Selbstvertrauen war es grundsätzlich nicht weit her und dieser bleiche Junkerssprössling machte es nicht besser.

Doch war da noch ein anderer Gedanke: Von Alberti würde keinen Vertrag aus der Tasche ziehen und um Unterzeichnung bitten. Nein, sie waren dabei, einen Pakt zu schließen, der allein durch das gesprochene Wort besiegelt werden würde. Etwas Schriftliches würde es nicht geben. Und dieser Pakt wäre für ihn, Jan Smetana, verpflichtend auf Gedeih und Verderb, nicht anders, als habe er mit seinem Blut unterschrieben. Die Gegenseite jedoch konnte den Pakt jederzeit als nicht existent deklarieren, wenn die Laune danach war. Aber hatte er überhaupt eine Wahl? Konnte er zurück? Smetana spürte, dass es dafür längst zu spät war; dass er in die Fänge geraten war, seitdem er an jenen Februartagen zum Dienst an der Partei und an Deutschland berufen worden war.

»Sie werden unter anderem Namen operieren«, sagte von Alberti, während er sich umständlich von seinem Stuhl erhob und zu Hankes Schreibtisch ging. Aus einer Ablage suchte er ein paar Papiere heraus, mit denen er zurückkam, um sie vor Smetana hinzulegen. Oben auf lag ein druckfrischer Ausweis.

»Tadeusz Feuerstein?«

»Der Herr Ministerialreferent meint, es habe seine Bewandtnis mit dem Namen. Mehr weiß ich nicht.«

»Wenn ich fragen darf«, sagte Smetana, »warum der Umstand? Warum kann ich nicht als Jan Smetana reisen?«

Von Alberti lächelte, als freue er sich über die Frage, – oder genauer: über die Antwort, die er schon in Bereitschaft hielt.

»Zum einen soll die Identität zu Ihrem Schutz dienen. Welchen Eventualitäten Sie auch ausgesetzt sein werden, es bleibt Ihnen stets die Möglichkeit, in Ihr altes Ich zurückzuschlüpfen und wieder Jan Smetana zu werden. Sie sehen, wir sind voller Fürsorge für Sie.«

Der Untersturmführer zog den linken Mundwinkel zu einem halben Lächeln nach oben, legte die Unterarme auf die Stuhllehnen und ließ die Hände wie schlaffe Fähnchen herabhängen wie als Zeichen, dass er – der Rede von der Fürsorge zum Trotz – im Bedarfsfall keinen Finger rühren werde.

»Um aber die Wahrheit zu sagen: Wir leihen Ihnen eine zweite Identität, um sie auch jederzeit wieder an uns nehmen zu können. Als Tadeusz Feuerstein werden Sie Befugnisse erhalten. Wir gewähren Ihnen Reisefreiheit. Sogar über ein

Konto werden Sie verfügen. Oder ich sollte sagen: Wird Tadeusz Feuerstein verfügen; zumindest so lange seine Existenz uns als sinnvoll erscheint.«

»Ich verstehe«, antwortete Smetana, »und wie gesagt: Es ist mir ja auch eine Freude und eine Pflicht, Deutschland zu dienen ... nur ...«

»Sprechen Sie sich aus, Herr Smetana. Wenn Sie Bedenken haben, dann heraus damit.«

»Keine Bedenken im eigentlichen Sinn, das nicht gerade ... oder vielleicht doch, aber nur in der Weise, dass ich mich frage, ob es ratsam ist, dass ich dem Nobelpreisträger als einfacher Mann entgegentrete.«

»Wie meinen Sie das?«, fragte von Alberti mit Schärfe.

»Verzeihen Sie«, antwortete Smetana, »ich möchte nicht unverschämt erscheinen. Ich dachte nur, ob ich nicht vielleicht eine Rangbezeichnung tragen sollte, eine Art Titel.«

Von Alberti hüllte sich in kaltes Schweigen und bohrte seinen Blick in Jan Smetanas Gesicht.

»Zum Beispiel ... Attaché; vielleicht könnte ich als Attaché reisen. Würde das meinem Auftrag nicht ein offizielles Gepräge verleihen?«

Von Alberti blätterte in den Unterlagen, als finde er darin einen Fingerzeig, ob er Smetanas Anliegen billigen dürfe.

»Attaché ... nun ja ... dem steht wohl nichts entgegen, denke ich. Und wenn ich das denn als Zustimmung verstehen darf, dann lassen Sie mich zur Sache kommen.«

Von Alberti schloss kurz die Augen und holte tief Luft.

»Sie fahren zuerst nach München. Machen Sie sich dort mit der Situation vertraut. Wenden Sie sich an die Politische Polizei. Sie werden es wohl mit Heydrich zu tun bekommen. Er fungiert als der eigentliche Chef, obwohl er offiziell nur Heinrich Himmlers Stellvertreter ist, oder auch Himmlers Hirn, wie es heißt.«

Von Alberti lachte kurz auf, verstummte aber sofort und machte ein ärgerliches Gesicht, weil er sich Smetana gegenüber zu einer Vertraulichkeit hatte hinreißen lassen.

»Sie werden feststellen, dass die Münchner nicht ganz auf unserer Linie hier in Berlin sind. Lassen Sie sich davon nicht irritieren. Die Initiative liegt bei Ihnen. Zum guten Teil werden Sie auf Improvisation angewiesen sein, Herr Feuerstein.«

Smetana spürte ein Prickeln auf der Kopfhaut. Er musste an Rumpelstilzchen denken, wenn dessen Name von der Müllerstochter genannt wird. Er nahm die Papiere an sich und wie er geahnt hatte, musste er dafür nicht quittieren. Von Alberti beendete die Besprechung, indem er aufstand und zur Tür ging.

»Auf eine erfolgreiche Zusammenarbeit«, sagte er mit einem müden Kopfnicken, mit dem er Smetana alias Tadeusz Feuerstein verabschiedete.

3. Der Hochstapler

Die sonnenreiche Luft funkelte über Berlin. Auf dem Kurfürstendamm, Unter den Linden und auf dem Potsdamer Platz flutete das Leben in fieberloser, geregelter Art. Es war kühl. Der Frühling war noch nicht auf seiner Höhe. Junges Grün strahlte im Hin-und-Her-Gewoge des Großstadtlebens. Smetana (oder Feuerstein) blieb an einer Kreuzung stehen und blätterte die Papiere durch. Bei dem Kontobuch hielt er inne, ein in graue Pappe eingebundenes, reguläres Dokument; kein Karnevalsscherz und keine Fälschung. Er klappte das Heftchen auf und der Blick auf den Kontostand hob ihn mehrere Zentimeter vom Boden hoch. Die Zahl schoss als Lichtstrahl in sein Inneres, wo sie sein Herz zum Leuchten brachte. Er wusste nicht, ob es sich um eine einmalige Summe handelte oder der Etat regelmäßig (womöglich monatlich) aufgefüllt wurde. Aber das spielte jetzt keine Rolle. Für einen Menschen, der immer von der Hand in den Mund gelebt hatte, reichte die Summe ins Unwirklich-Märchenhafte, oder eigentlich nicht die Summe (die längst nicht so beträchtlich war, wie sie einem Mann wie Smetana erscheinen konnte) an sich als vielmehr die Tatsache, dass man ihm das Geld allein auf eine Erwartung hin zur Verfügung stellte.

Im Laufe der dreizehn Jahre, die Smetana in Berlin lebte, hatte er es nicht geschafft, sich heimisch zu fühlen. Vor der Metropole mit ihrem Getöse und Gewimmel fürchtete er sich im Grunde und in seinem Inneren wohnte noch der Junge vom Lande (*von Westen kam ich, – schwerer Heideduft umfloss mich noch*). Er hatte sich seiner Herkunft geschämt und gegenüber den echten Großstädtern fühlte er sich klein und minderwertig. In den letzten Jahren jedoch hatte sein Empfinden eine neue Richtung genommen. Wofür er sich bisher geschämt hatte, wurde mehr und mehr zu dem Boden, aus dem seine Persönlichkeit spross. Die Identität, die er bislang für den mythischen Kern seines Inneren gehalten hatte, verwandelte sich unter der Hand zu einem Begriff, der sich ebenso auf das Äußere bezog: auf sein Aussehen, seinen Körper, seine Herkunft. Kurz und gut: die Heiligkeit seiner Identität war drauf und dran sich in ein Produkt der äußeren Umstände zu verwandeln, mithin in ein Produkt des Zufalls. Dennoch, oder vielmehr: deswegen, beunruhigte ihn der Gedanke, seinen Namen zu tauschen. Er würde ein anderer werden, etwa so, wie ein Schauspieler ein anderer wird, wenn er in seine Rolle schlüpft. Viele Menschen sehen darin etwas Oberflächliches, ein Spiel eben, das vorbei und vergessen ist, wenn man es beendet. Aber darin, so Smetanas Überzeugung, irrten sich die Leute. Die Rolle reichte viel tiefer in den Schauspieler hinein, als dieser selbst glauben mochte. Wenn ein Darsteller seine Rolle ernstnahm und für längere Zeit mit ihr beschäftigt war, färbte sie seine Seele; etwas ging dauerhaft von der Rolle auf den Menschen über, und wenn es nur eine bestimmte Geste war, eine Art, den Kopf zu recken vielleicht. Und wenn ein Schauspieler lange genug seinen Beruf ausübte, war er irgendwann nur noch das: ein Sammelsurium von Reminiszenzen an seine Rollen. Hinzu kam die Tatsache, dass ein Mensch zu dem wird, den die anderen in ihm sehen. Und wie oft wird nicht ein Schauspieler mit seiner Rolle verwechselt und mit dem Namen dieser Figur angesprochen.

Das Trottoir glitt unter Smetana dahin wie der Fluss der Zeit. Er verlor sich im Labyrinth kleiner Straßen, ohne auf den Weg zu achten. »Ich heiße Tadeusz Feuerstein«, murmelte er und horchte dem Widerhall nach, den die Wörter in ihm auslösten. Er musste den Satz mehrmals wiederholen, bis das »ich heiße« sich mit dem »Tadeusz Feuerstein« verknüpfte, und nochmals dauerte es eine Weile, bis der Satz einen spürbaren, mit seiner Person verbundenen Sinn annahm. Smetana hob den Blick und starrte auf die sich drängenden Häuser. Wie Löcher eines Siebs standen die Fenster beieinander. Bei aller heimlichen Angst, die er vor dem Baal der Stadt mit seiner Fleischerfaust hatte, so fürchtete er doch nie, sich zu verlaufen. Das Netz der Straßenbahnen und Omnibusse würde ihn zuverlässig aus dem Häusermeer herausfischen und ihn vor seiner Wohnung wieder absetzen. Das war die Geborgenheit der Zivilisation.

»Ich *bin* Tadeusz Feuerstein«, murmelte er, um den Namen noch näher an sich heranzulassen, um sich gleichsam in ihn hineinzuschmiegen wie in eine Stola. Er sog die Aprilluft in die Lungen, als sollte er zum letzten Mal die Freiheit atmen. Etwas in ihm sträubte sich noch gegen den Gedanken, obwohl er sich im Grunde darüber im Klaren war: Seine Transformation in Tadeusz Feuerstein hatte begonnen und ein Zurück gab es nicht.

Die Bankfiliale lag in der Nähe seiner Wohnung. Auch in dem Punkt hatten seine mächtigen Freunde sich als umsichtig und entgegenkommend erwiesen. Vielleicht wäre sein Mut im letzten Moment noch gesunken, wenn nicht zwei Ebereschen vor dem Gebäude und die mit Drechselarbeiten verzierte Eingangstür ihn an die Dorfapotheke erinnert hätten, in die er als Kind seine Mutter ab und an begleitet hatte. Dass sich die geheimnisvollen, den Globus umspannenden Transaktionen des Finanzwesens dahinter verbargen, war nicht zu vermuten. Einem kleinen, düsteren Windfang folgte die Schalterhalle, wo mannshohe Pflanzen ihre lanzenförmigen Blätter aus Terrakottakübeln in Richtung Decke reckten. Eine Supraporte zeigte eine antikisierende Figur mit Füllhorn und Zweizack. Feuerstein fühlte sich wie auf dem Grund eines Aquariums. Licht und Geräuschen war hier nur ein gedämpftes, abgemildertes Dasein zugestanden, als fordere der Umgang mit Geld dieselbe Pietät wie die Nähe des Todes. Linker Hand thronte, ohne mit dem Rücken die Lehne zu berühren, eine Dame auf einem Cocktailsessel und schien auf etwas zu warten. Im Haar trug sie eine rote Schleife, einen sonderbaren Kontrast zu ihrem Truthahnhals bildend. Der Blick der Dame wanderte an dem Ankömmling hinab und wieder hinauf; seine abgeschabten Schuhe, die ausgebeulte Hose, das Jackett – alles war wie ein Anschlag auf ihr Sittlichkeitsgefühl. Nun war auch ein Bankangestellter auf Feuerstein aufmerksam geworden; ein Mann in grauem Anzug, mit sorgfältig getrimmtem Haarkranz. Er rückte seine kleine, dickglasige Brille zurecht, die sein Gesicht komplett unter ihre Herrschaft genommen hatte, so dass es, wenn er die Brille abnahm, war, als entledigte eine Schildkröte sich ihres Panzers. Zwischen den Fingern hielt er, emporgerichtet wie ein Zepter und als Insignie seiner Regentschaft an diesem Ort, einen goldfarbenen Füllfederhalter.

»Kann ich Ihnen behilflich sein?«, fragte er so leise, als gelte es, ein Geheimnis zu wahren. Feuerstein trat an den Schalter und legte das Kontobuch auf den Tresen.

»Tadeusz Feuerstein mein Name. Ich habe hier ein Konto.«

Er schob das Dokument ein Stück weiter in Richtung des Angestellten. Dieser senkte den Kopf, um im korrekten Winkel durch die Brillengläser gucken zu können. Mit einer milchigen, unbehaarten Hand zog er das Kontobuch an sich und blätterte darin. Feuerstein hatte während des Fußmarsches kalkuliert, dass er zweihundert Mark abheben sollte. Dafür, so nahm er an, würde er sich mit einem neuen Anzug ausstatten und die Fahrkarte nach München erwerben können. Jetzt aber sagte er - zu seiner eigenen Überraschung und mit einem Schauder des Erschreckens -: »Dreihundert würde ich gern abheben, wenn es möglich ist.«

»Offensichtlich ist das möglich«, antwortete der Angestellte, ohne den Blick zu heben. Er nahm das Kontobuch und verschwand hinter einer Art hölzernen Paravent. Feuerstein drehte den Kopf nach der Dame im Cocktailsessel, die ihn unverblümt im Auge behielt, nicht wie ein gefährliches Subjekt, sondern eher wie eine Fliege, die sich erdreisten könnte, sich auf ihr Essen zu setzen. Er ruckte mit den Schultern, um das Unbehagen abzuschütteln. Hinter dem Paravent erklang die Stimme des Angestellten, der sich mit einem Kollegen unterhielt, ... oder telefonierte. Heißer Schrecken wühlte sich in Feuersteins Brust. Mit wem hatte der Mensch in diesem Moment zu telefonieren? Mit der Polizei? Gewiss, Smetana war im Auftrag des Ministeriums zu Feuerstein geworden, also quasi im Namen Goebbels'. Aber dafür besaß er keinerlei Beweis. Von Alberti konnte ihn nicht leiden. Das war nur zu deutlich zu spüren gewesen. Was, wenn der Untersturmführer - aus einer Herrenlaune heraus - beschlossen hatte, ihn als lästige Fliege zu behandeln, die man aus Versehen durch das Fenster hereingelassen hatte und der man schleunigst den Garaus machte?

Eine Minute später kam der Unsichtbare wieder hinter dem Paravent hervor. Er überreichte Feuerstein das Kontobuch und zählte ihm die dreihundert Mark hin. Feuerstein betrachtete den Mann, als erwarte er von ihm die Erlaubnis, sich entfernen zu dürfen.

»Haben Sie noch einen Wunsch?«, fragte der Angestellte.

Feuerstein schüttelte den Kopf, während er die Geldscheine in seine Börse stopfte. Nachdem er sich umgedreht hatte, begegnete er wieder dem Blick der Truthahnhalsigen. Die dreihundert Mark aber hatten die Dinge verändert. Er wollte sich das hochmütige Glotzen nicht länger gefallen lassen und sann über eine passende Erwiderung nach, die er schließlich darin gefunden zu haben glaubte, dass er der Dame im Vorbeigehen lächelnd zunickte. Sie beachtete ihn jedoch gar nicht, da eine mit einem gewaltigen Blumenstrauß beladene Dame eingetreten war, das jüngere Abbild der Alten im Sessel. Diese wandte sich der Blumenfrau zu, indem sie sie mit dem Namen Kora begrüßte. Gleichgültig zuckte Smetana mit den Schultern. Was gingen die beiden ihn auch an? Er war umfangen vom Zauber der Lüge, von der Verblüffung und dem inneren Kitzel, dass die Lüge geglaubt worden war, dass es in vollem Sinn nicht einmal mehr eine Lüge war, dass er - um es kurz zu machen - einen entscheidenden Schritt getan hatte, von Smetana zu Feuerstein zu werden.

4. Ankunft

Die Tage vor der Abreise war Feuerstein mit Vorbereitungen beschäftigt gewesen. Unter anderem hatte er sich einen Anzug gekauft, um sich bei der Zugreise in der ersten Klasse blickenlassen zu können. Denn wie sich herausstellte, wurde ihm eine Begleitung zugedacht, und zwar ausgerechnet der Untersturmführer von Alberti. An dessen Seite kam natürlich nur eine Fahrt erster Klasse in Frage. Trotz des neuen Anzugs sah man Feuerstein den Neuling und den Nicht-Dazugehörigen an; zumindest sagten das die Blicke, die er auf sich spürte, als sie den Waggon bestiegen. Zwischen den nachtblauen Polstern der Sitze und den rötlich-dunklen Holzverschalungen fühlte er sich wie ein hässlicher Fleck. Ganz anders dagegen von Alberti. Er bewegte sich mit der Noblesse seines Standes und mit der Nachlässigkeit, die ich an anderer Stelle bereits erwähnt hatte und die im Widerstreit zu seiner schwarzen Uniform stand. Seine Schuhe waren schmutzig und der Dienstmantel war in der Hüftgegend von Motten angefressen. Der krokodillederne Handkoffer allerdings glänzte neu und bezeugte wie eine Visitenkarte, mit wem man es bei seinem Besitzer zu tun hatte.

Mario von Alberti gehörte zu einem aus Riga stammenden Adelsgeschlecht, das 1347 erstmals urkundlich Erwähnung findet; ein Vorfahre erhielt im 18. Jahrhundert die Introduktion bei der schwedischen Ritterschaft, außerdem immatrikulierten sich die von Albertis bei der Estländischen, der Livländischen sowie der Kurländischen Ritterschaft; aktuell besaß die Familie das Gut Tirnitten im Ostpreußischen nahe dem alten Stammland. Marios Vater hatte dem herrschaftlich-gediegenen Lebensstil der Familie einen Zug ins Extravagante hinzugefügt, der sich auch bei seinem Sohn geltend und unter anderem in dem besagten krokodilledernen Handkoffer sichtbar machte.

Feuersteins Gepäckstück war dagegen nichts anderes als ein Pappkarton mit Schnallen und Griff, der von einem Gürtel zusammengehalten wurde. Die prachtvolle Möblierung, die frischen, gepflegten Farben des Waggons und das weltbürgerliche Aussehen der Reisenden waren eine für Feuerstein fremde Welt. Und nun mittendrin sein armseliger, verbeulter Pappkoffer wie das Insignum von Minderwertigkeit.

Von Alberti war kurz nach der Abfahrt eingeschlafen und lag ruhig ausgestreckt in seinen Sitzpolstern. Sein abgemagertes, bleiches Gesicht, auf dem zwei helle, rot lodernde Flaggen leuchteten, zuckte seltsam in dem zauberischen Licht. Im Profil sah sein Kopf aus wie der Schnabel eines großen Vogels. Der Untersturmführer schien kaum zu atmen: Kein Geräusch, keine Bewegung außer dem Stampfen der Räder, dem ledrig sich dehnenden und knarzenden Geräusch des Waggons und der ganzen Symphonie der Laute, die ein Zug von sich gibt. Das fahle Sonnenlicht lag wie ein Firnis auf seinem Schnabelgesicht. Ausdünstungen zeugten von dem Rausch, den er sich bei einer Feier bis in die frühen Morgenstunden zugefügt hatte. Auf den Plätzen gegenüber von Feuerstein und von Alberti hatten sich kurz nach der Abfahrt zwei Geschäftsreisende niedergelassen; die Blicke der Männer wanderten, wie es Feuerstein schien, Mal um Mal zu den so verschiedenen Koffern hinauf. Ob die beiden Männer denken mochten, der Pappkarton gehöre zu von Alberti und nicht zu ihm? Die schmutzigen Schuhe und der löchrige Mantel sprachen vielleicht dafür, aber Feuersteins Anzug machten den Gedanken zunichte. Das Kleidungsstück sah nach Sich-Mühe-Geben aus, nach kleinbürgerlichem Strebertum und vertrug sich mit dem Krokodilleder hundertmal weniger als von Albertis Mantel.

Vor Verlegenheit hielt Feuerstein den Blick in das Buch geheftet, das er für die Fahrt eingesteckt hatte. Er hatte etwas von Thomas Mann ausgesucht, um sich noch einmal frisch in die Gedankenwelt des Schriftstellers einzufühlen. »Der Zauberberg« war ihm für den Zweck am geeignetsten erschienen - wegen der Parallelität der Ereignisse; begann der »Zauberberg« doch ebenfalls mit einer Zugreise in den Süden und führte den Protagonisten in die Schweiz, was nach dem Zwischenstopp in München auch Feuersteins Ziel sein würde. Als der Zug Leipzig erreichte, rafften die Geschäftsmänner ihre Mäntel und Aktentaschen zusammen und verließen mit knappem Gruß das Abteil. Der Untersturmführer schlug mit einem matten Gähnen die Augen auf. Er schüttelte den Unterarm und brachte eine Armbanduhr neuesten Fabrikats zum Vorschein.

»Leipzig,- auf die Minute. Wollen Sie glauben, dass die Bahn um 43% pünktlicher geworden ist, seitdem wir an der Macht sind?«, fragte von Alberti.

»Tatsächlich?«, erwiderte Feuerstein, einigermaßen verwirrt von der präzisen Zahlenangabe.

»Wenn man es genau nimmt, kann man diese Pünktlichkeit nicht einmal als Leistung veranschlagen. Der Deutsche *will* pünktlich sein. Man muss ihm nur seinen Willen lassen, der im Grunde eine erbarmungslose Form der Freiheit ist. Präzision ist davon der beredte Ausdruck.«

Feuerstein lächelte und wiegte den Kopf. Als Thomas-Mann-Leser glaubte er zu den Themen »Zeit« und

»Deutschtum« etwas sagen zu können; außerdem hatte die »Zauberberg«-Lektüre ihn angeregt. Andernfalls hätte er folgende Antwort von Alberti gegenüber vielleicht vermieden.

»Ich bin mir da gar nicht ganz sicher. Manchmal ist mir, als liege gerade in der Pünktlichkeit auch etwas Undeutsches. Ist das Pedantisch-Philiströse dem deutschen Geist nicht eher fremd? Dem Romantischen, wenn ich so sagen darf? Und das Romantische ist doch von Grund auf Deutsch, nicht wahr? Pünktlichkeit, wenn sie bei bloßer Alltagsnützlichkeit verbleibt: gut und schön. Aber darf man sie in den Rang eines absoluten Werts erheben? Verwandelt sie sich dann nicht in Korsett und Zwang? Kann man nicht sogar - um es übertrieben auszudrücken - von einem Terror der Pünktlichkeit reden?«

Von Alberti hob die Mundwinkel, als müsse er mit Bindfäden daran ziehen. *Ein unangenehmes Lächeln,* dachte Feuerstein. Genau genommen war es gar kein Lächeln, sondern nur ein Grinsen, das mit flauer Mühe seine Unverschämtheit bemäntelte.

»Hört, hört, der Herr Feuerstein ist ein Philosoph. Er irrt sich jedoch. Das Deutsche und das Absolute sind keine Gegensätze. Vielmehr sind sie im Grunde ein und dasselbe. Der absolute Befehl, die eiserne Bindung, Disziplin, Opfer, Verleugnung des Ich, Vergewaltigung der Persönlichkeit. Zuletzt bedeutet es ein liebloses Missverstehen des Volkes, zu glauben, es finde Lust an der Freiheit. Seine Lust ist der Gehorsam. Das Volk ist ein großer Lümmel. Wenn es manchmal nach Freiheit und Entfaltung schreit, will es eigentlich nur die Knute der Autorität spüren. Es will mit Härte und Schärfe in die Schranken gewiesen werden; will die Allmacht des väterlichen Staates spüren, die Diktatur. Die Härte gegen sich und andere. Es will sich in der Lust der Unterwerfung suhlen und will mit ansehen, wie der absolute Staat alles ausmerzt, was sich ihm entgegenstellt. Und dann möchte das liebe Volk rufen: Der Wille des Staates und mein Wille sind eins; der Staat und ich sind eins. Nicht Befreiung und Entfaltung des Ich sind das Geheimnis und das Gebot der Zeit. Was sie braucht, wonach sie verlangt, was sie sich schaffen wird, das ist – der Terror.«

Mit einer solchen Gegenrede hatte Feuerstein nicht gerechnet. Er verfiel in Schweigen und selbst wenn er eine Antwort parat gehabt hätte, wäre sie ihm nicht über die Lippen gekommen, denn die Verbindung von Präzision und Terror, wie von Alberti sie geknüpft hatte, erregte in ihm Grauen und dieses Grauen verschloss ihm den Mund.

»Und übrigens«, fügte der Untersturmführer nach einer Weile hinzu, »Sie sollten sich dringend einen neuen Koffer gönnen. Ist ja scheußlich das Ding, mit dem Sie durch die Weltgeschichte reisen.«

Der Zug wurde langsamer. Da waren die Scheinwerfer von Zügen, die wechselnden Lichter am Bahnhof, grün, rot und gelb. Auf den anderen Gleisen konnte Feuerstein die kleinen Güterwagen sehen und die Reihen verdunkelter Züge, alle leer, dunkel und mit ihrer seltsamen Aufmerksamkeit auf neues Leben wartend. Dann begannen die langen Perrons gemächlich am Zugfenster vorbeizugleiten, und die stämmigen, bockartigen Gepäckträger setzten sich in Bewegung, unter eifrigem Grüßen, Reden und Zurufen an die Leute im Zug, die bereits angefangen hatten, ihr Gepäck durch die Fenster hinauszureichen. Immer noch überragend pünktlich, wie von Alberti glücklich mit Blick auf seine Armbanduhr anmerkte, liefen sie also in den Münchener Hauptbahnhof ein. Auf dem Bahnsteig winkte er mit schlaffer Herrengeste einen Lastenträger heran, der sich des krokodilledernen Gepäckgutes annahm; Feuersteins Schachtel verblieb bei ihrem Besitzer. Am Ende des Perrons hielt ein Fleischriese mit dreifachem

Nackenwulst und blauer Livree ein Pappschild in die Höhe, auf dem von Albertis Name stand. Der Untersturmführer trat vor den Riesen hin und wies ihn an, den Koffer zu übernehmen. Der Mann nickte kurz, machte kehrt und pflügte durch die Reisenden. Mit beherzten Ellbogenstößen bahnte der Hüne einen Weg durch die Menschenmenge, so dass von Alberti und Feuerstein bequem im Kielwasser folgen konnten.

Vor dem Hauptportal des Bahnhofs marschierte der Livrierte auf einen schwarz lackierten BMW 3/20 mit laufendem Motor zu. Er öffnete den Verschlag des Wagens und ließ die beiden Herren im Fond Platz nehmen, wo ein üppig-weicher, geradezu erschlaffender Sitz den Untersturmführer und den Attaché in Empfang nahm. In süßer Lässigkeit schloss Feuerstein die Augen.

»Zum Braunen Haus also«, sagte der Chauffeur, wobei in der Schwebe blieb, ob es sich um eine Frage oder eine Feststellung handelte. »Mein Name ist Heinrich«, fügte er nicht ohne einen Anflug von Vorwurf in der Stimme hinzu, als wolle er tadeln, dass man ihn noch nicht danach gefragt hatte.

»Bringen Sie mich zuerst ins Hotel«, sagte von Alberti, »mir ist kotzübel. Und ein Zusammentreffen mit dem Streber würde mir den Rest geben.«

Der Fahrer zuckte die Schultern und schlug die Wagentür zu.

»Soll ich denn allein ins Braune Haus fahren?«, fragte der Attaché, als Heinrich sich hinter das Lenkrad gezwängt hatte.

Von Alberti antwortete nicht. Feuerstein wusste auch kein Mittel, wie er den Untersturmführer hätte zum Reden bringen können.

Es ist jetzt wohl auch nicht so wichtig, dachte Feuerstein. Wie weich er übrigens ruhen durfte. Vielleicht war es das Klügste, den Dingen ihren Lauf zu lassen, zumindest war es höchst angenehm. Ein Bann der Trägheit schien auszugehen von dem schwarzgepolsterten Sitz, so sanft gewiegt von den Bewegungen des Autos. Mit schwänzelnden Manövern glitt der Wagen durch den Verkehr wie ein Fisch durch das Wasser.

Nach einiger Zeit (Feuerstein konnte nicht sagen, wie lange die Fahrt gedauert hatte, vielleicht war er eingeschlafen) lenkte der Chauffeur an den Straßenrand und stoppte den Wagen.

»Das Braune Haus«, sagte er, während er sich halb zu Feuerstein umwandte. Der Attaché schlug die Augen auf. Seine Reisebegleitung saß nicht mehr neben ihm. Für einen Moment glaubte Feuerstein, aus einem Traum aufgewacht zu sein (was übrigens auch der Fall war) und nur in diesem Traum mit von Alberti gereist zu sein.

»Haben wir den Untersturmführer im Hotel abgesetzt?«, fragte er.

»Das Gepäck können Sie im Auto lassen«, sagte Heinrich, anstatt auf die Frage zu antworten.

Feuerstein stieg aus und reckte sich. Hier war er nun, in München, und er hatte eine Aufgabe zu erfüllen. Hanke und Doktor Goebbels zählten auf ihn. Ohne seinen Koffer und ohne von Alberti an der Seite würde es ihm leichter gelingen, der Attaché zu sein. Tief Luft holend reckte er das Kinn.

Das Braune Haus teilt dasselbe Schicksal wie das Ordenspalais: Es existiert nicht mehr. Das Gebäude hatte sich im Lauf des Krieges unter der Zerstörungskraft alliierter Bomber aus der Realität in die Geschichtsbücher verkrochen. 1828 war das Haus in der Brienner Straße 34 als Adelspalais errichtet worden, ging später über in die Hände von Kaufleuten und Großindustriellen, bis 1930 Fritz Thyssen die Großzügigkeit besaß, der NSDAP mit einigen Hunderttausend auszuhelfen, so dass das Palais zur Münchner Parteizentrale werden konnte. Die Gesimse zerschnitten die Fassade in drei Schichten und der Altan hing wie eine düstere Braue über dem

Portal. Die Symmetrie verlieh dem Bau etwas Militärisches. Über dem Kranzgesims prangte - wie eine Kokarde - ein Schild mit dem Hakenkreuz. Auf dem Gehsteig jedoch patrouillierte ein Mann in Zivilkleidung, das Gesicht beschattet von einem breitkrempigen Hut.

Feuerstein straffte sich und trat durch die Pforte, die unmittelbar ans Trottoir grenzte. Ein junger Mann in Zivil mit Armbinde wartete bereits am Eingang und bot Feuerstein den Hitler-Gruß. Er führte ihn ins Foyer und erklärte, dass der Standartenführer ihn in wenigen Minuten empfangen werde.

»Standartenführer?«, wiederholte Feuerstein.

»Reinhard Heydrich, der *Chef*«, sagte der junge Mann über die Schulter, während er bereits in einem winzigen Büro verschwand, das linker Hand ans Foyer anschloss. Formal war das nicht ganz korrekt. Chef der Politischen Partei war Heinrich Himmler und Heydrich nur dessen Stellvertreter. Aber das spielte keine Rolle, denn de facto führte Heydrich die Amtsgeschäfte, während Himmler von allerlei anderweitigen Pflichten in Beschlag genommen war. Alles, was Feuerstein von Heydrich wusste, war von Albertis spöttische Bemerkung: Heydrich sei Himmlers Hirn. Um sich die Zeit des Wartens zu vertreiben, musterte er ein Portrait-Gemälde, das an der zur Straße gelegenen Wand hing. Im Konterfei des Mannes glaubte Feuerstein die arische Prägung zu erkennen und erst später erfuhr er, dass es sich um einen amerikanischen Industriellen handelte, dessen Bildnis auf Wunsch des Führers ins Braune Haus geraten war.

Als der Attaché Schritte hörte, drehte er sich um und sah einen schlanken uniformierten Mann auf sich zu kommen. Trotz seiner jungen Jahre (Heydrich hatte erst vor kurzem seinen neunundzwanzigsten Geburtstag gefeiert) konnte es keinen Zweifel geben, dass man es mit dem Chef zu tun hatte. Gebieterisch hielt er das Kinn gehoben und von den blauen

Augen und dem seitengescheitelten Blondhaar schien ein Strahlen auszugehen. Ohne das Tempo zu verringern, als gelte es, keine Sekunde zu verlieren, streckte er den Arm zum deutschen Gruß nach oben, schritt weiter auf den Attaché zu und reichte ihm die Hand.

»Tadeusz Feuerstein?«, fragte Heydrich.

Der Attaché lächelte vor Verblüffung. Die Stimme des Standartenführers klang hoch und hell. Bestenfalls war es die Stimme eines Knaben, aber nicht eines erwachsenen Mannes.

Heydrichs Strahlen verdunkelte sich, als sei eine Wolke vor die Sonne gezogen. Im nächsten Augenblick begriff Feuerstein, dass sein Lächeln ein Fehler gewesen war. Hier war ein wunder Punkt, den man nicht berühren durfte. Dieser Mann schämte sich seiner Stimme und er hasste die Scham. Feuerstein überlegte, ob dem Lächeln noch ein anderer Sinn beizugeben war, ob man es noch zu einem Lächeln der Bejahung umdeuten könne.

Ja, er sei Tadeusz Feuerstein, fügte er hastig hinzu.

»So, und Berlin schickt Sie, im Fall Thomas Mann zu intervenieren«, stellte der Standartenführer fest. Dass der Schriftsteller bereits ein Fall geworden war, missfiel Feuerstein. Er erwog, Worte zu gebrauchen, wie von Alberti sie verwendet hatte: Werbung müsse man betreiben für den deutschen Staat und die deutsche Kultur. Doch er spürte, dass er nicht der Mann für solche Rede war, und schon gar nicht diesem Heydrich gegenüber mit seiner Fistelstimme, die wie ein Rasiermesser war und mit der er Feuerstein das Wort abschnitt, als dieser vom Goebbels-Ministerium zu sprechen anfangen wollte.

»Minister Goebbels ist ein überaus intelligenter Mensch. Sie werden in mir stets einen seiner ergebensten Bewunderer finden. Gleichwohl ist Berlin weit entfernt und sieht die Dinge vielleicht nicht immer in dem schärfsten Licht, während wir uns im Fall Thomas Mann unmittelbar an der Front befinden.«

»An der Front?«, wagte Feuerstein zu fragen.

»Sie kommen aus Berlin. Ein urbaner Ort, ohne Zweifel. Aber im Kern, im Herzen, wenn ich so sagen darf, ruht immer noch etwas Preußisches. Bei uns hier in München ist das anders. Wir haben Schwabing. Das ist Künstlertum und Bohème. Das ist die Dekadenz, die wir mit Stumpf und Stiel ausrotten müssen, damit der Volkskörper gesunden kann. Wir stehen erst am Anfang, die öffentliche Meinung niederzuwalzen, die Kritik auszurotten. Die Zweckloserklärung jeder Opposition ist längst noch nicht in alle Köpfe gehämmert. Also ja, wir stehen an der Front. Die undeutsche, marxistische und judenfreundliche Einstellung des Herrn Mann gibt Anlass, gegen ihn Schutzhaft zu erlassen. Der Befehl liegt bereitsauf meinem Schreibtisch. Ich müsste nur noch unterschreiben.«

Feuerstein drückte den Rücken durch, um sich gegen Heydrichs Tirade zu stemmen. *Ich bin Tadeusz Feuerstein,* dachte er, *ich bin unterwegs im Auftrag des Reichsministers Dr. Goebbels und ich trage einen neuen Anzug. Von dieser Fistelstimme muss ich mich nicht ins Bockshorn jagen lassen.*

»Ich bin im Zweifel, ob Berlin einen Haftbefehl billigen würde«, sprach Feuerstein ins Blaue hinein. Er hatte keine Ahnung von Befehlsketten und im Speziellen nicht davon, ob der Standartenführer für einen Haftbefehl das Einvernehmen der Reichsregierung benötigte. Doch Himmlers Stellvertreter verzog beleidigt den Mund.

»Ich werde Ihnen nicht im Weg stehen, Herr Feuerstein. Folgen Sie Ihren Befehlen, und hoffen wir beide, dass es dem Heil Deutschlands dient. Fahren Sie meinetwegen in die Poschinger Straße und machen Sie sich selbst ein Bild, begutachten Sie die Villa dieses Schriftstellers. Keine Sorge, man wird Sie schon hineinlassen. Heinrich, der Chauffeur, kann Sie begleiten.«

Damit beendete der Standartenführer die Unterredung, ohne Feuerstein, wie diesem erst jetzt bewusst wurde, in sein Büro gebeten zu haben.

5. Golo

Auf der Ostseite der Isar, nahe dem Ufer, führt eine Straße nach Norden, die später den Namen Thomas-Mann-Allee erhalten sollte. Von dort stößt man auf die Poschinger Straße. Die Villa mit der Hausnummer eins - man ahnt es vielleichtschon - existiert ebenfalls nicht mehr. Doch anders als die erwähnten Palais wurde das Haus nicht von Bomben heimgesucht, sondern fand sein Ende in einem Abriss in den fünfziger Jahren.

Golo Mann, der zweitjüngste Sohn des Schriftstellers, war ein paar Tage zuvor mit seinem kleinen DKW von der Schweiz nach München gefahren, um seine Schwester Elisabeth aufzugabeln und ebenfalls in die Schweiz zu bringen, wo sich bereits die Eltern und die übrigen Geschwister aufhielten, - zum Erholungsurlaub, wie die offizielle Version lautete, obwohl sich in der Familie die Einsicht ausbreitete, dass an eine Rückkehr nach Deutschland fürs Erste nicht zu denken sei. Die Ähnlichkeit mit seinem Vater war jetzt, in seinem vierundzwanzigsten Lebensjahr, noch nicht so ausgeprägt wie später. Golo saß im Wohn- und Repräsentationszimmer der Mann'schen Villa. Vor ihm auf der für zehn Personen ausgelegten Tafel lag ein Brief, den sein Vater ihm an die Heimatadresse geschrieben hatte. Der Schriftsteller klagte darin über Beklemmungen bis hin zum Schüttelfrost. So sehr quäle ihn die Sorge, gewisse Wachstuchhefte könnten in die Hände der Nazis fallen. Ohne auf Details eingehen zu wollen, beteure er, dass ernste Gefahren drohten. Daher bitte er Golo, die Hefte in einen Handkoffer zu packen und per Bahn (das schien ihm das Sicherste) in die Schweiz zu schicken. Zu dem Zweck lag dem Brief der Schlüssel für den Schließschrank in der Diele bei. In einem Postskriptum betonte der Schriftsteller, wie selbstverständlich er darauf vertraue, dass Golo in den Heften nicht lesen werde. Gemeint waren Thomas Manns Tagebücher, und es kränkte Golo, dass sein Vater das Postskriptum für nötig befunden hatte. Und warum hatte er ihm nicht Auftrag und Schlüssel gegeben, als Golo noch in der Schweiz gewesen war? Wenn ihn deswegen doch Beklemmungen und Schüttelfrost plagten, war unwahrscheinlich, dass er es schlicht vergessen hatte. Oder war das Vertrauen in Golos Diskretion, das er besonders anzusprechen für nötig befunden hatte, doch so geringfügig, dass er sich, solange Golo noch leibhaftig um ihn herum war, nicht zu der Bitte hatte entschließen, dass er erst durch die Distanz den Mut dazu hatte finden können?

Die Biografen erzählen, dass die Tagebücher nach mehrwöchiger Odyssee den Weg zu ihrem Urheber fanden, der Jahre später, während seines Exils in den USA, die Hefte den Flammen übergibt, um sie endgültig aus der Welt zu schaffen. Diese Version wäre Thomas Mann wahrscheinlich die liebste gewesen, aber ich glaube, dass er selbst diesen Mythus in Umlauf gebracht hat, um den Anschein zu wahren, er sei in dieser delikaten Angelegenheit Herr der Lage geblieben. Ist aber das die Wahrheit?

Neben ein paar Unterlagen, deren Bedeutung er nicht abschätzen konnte, beherbergte der Schließschrank ausschließlich jene Wachstuchhefte, die sein Vater erwähnt hatte. Golo nahm eines der Hefte in die Hände und ließ die Seiten über den Daumen flappen, ohne darin zu lesen. Ungehorsam kam für Golo nicht in Betracht und er hatte auch kein Interesse, in den Privatangelegenheiten seines Vaters zu schnüffeln. Aber der Blick genügte, um die nach rechts geneigte, von Unterlängen geprägte Handschrift seines außerordentlich berühmten Vaters zu identifizieren. Eine ziemlich gewöhnliche Handschrift, so dass Golo bezweifelte, dass ein Graphopsychologe das Wesen des Schriftstellers hätte herauslesen können. Wenn Golo wütend auf seinen Vater war (und im Laufe seines Lebens hatte er dafür schon genügend Anlässe gehabt), dann erschöpfte sich die Charakterisierung des Nobelpreisträgers in den Worten *kalt, egozentrisch, ängstlich bis zur Hypochondrie* und *geckenhaft*. Wie seine Geschwister ausgerechnet auf die Bezeichnung *der Zauberer* für den Vater verfallen waren, hatte Golo nie begriffen. Es würde nötig sein, die Hefte zu Stapeln zu schnüren, wenn sie halbwegs sicher auf Reisen gehen sollten. Daher schleppte er die Sachen in das Arbeitszimmer seines Vaters, wo er die Hefte bündeln und in Packpapier einschlagen wollte. Die Sorge beschlich ihn, beim Verpacken überrascht zu werden. Von wem eigentlich, hätte Golo nicht sagen können. Aber sein Realitätssinn flüsterte ihm zu, dass nicht jedem Angestellten im Haus zu trauen war. Er öffnete die Tür einen Spalt weit, um in den Korridor zu spähen. Da war ihm, als huschte am anderen Ende eine Gestalt um die Ecke, - wie der nackte Schwanz einer Ratte, die aufgestöbert in letzter Sekunde aus dem Blickfeld schlüpft. Ein Prickeln kroch von den Schulterblättern bis unter den Hosenbund. Gewiss, das Bild von der Ratte war übertrieben. Vermutlich war niemand im Korridor gewesen und alles Huschende und Schlüpfende war nur Ausgeburt seiner Fantasie. Aber es genügte, um sein Herz in Aufregung zu versetzen. Golo verriegelte die Tür und begann, die Hefte zu verschnüren und in den Koffer zu schichten. Danach trat er in den Flur, und dort, im Halbdunkel, beinahe wie ein Schattenwesen, stand Holzner, der Chauffeur der Familie Mann. Als hätte er dort gewartet. Dort gelauert. Er war ein paar Zentimeter kleiner als Golo, oder vielleicht erschien es auch nur so, weil etwas Geducktes in seiner Haltung war, etwas Lauerndes. Golo spürte, wie sich Holzners Blicke an den Koffer saugten. Für einen Moment standen sie einander gegenüber, ohne sich einigen zu können, wer den ersten Zug tun sollte. In dem Augenblick schnarrte die elektrische Türklingel. Schritte tappten durch den Hausflur, jemand öffnete und dann waren Männerstimmen zu hören.

»Kann ich behilflich sein?«, fragte der Chauffeur schließlich, als sich seine Aufmerksamkeit wieder auf den Koffer richtete.

»Ich muss das verschicken«, antwortete Golo.

»Das kann ich erledigen«, sagte Holzner, indem er den Arm ausstreckte, als wolle er, des Abstands von mehreren Metern ungeachtet, nach dem Gepäckstück greifen. Instinktiv trat Golo einen Schritt vor, wie um den Koffer mit dem Körper abzuschirmen; fügte unpassenderweise aber hinzu: »Es ist recht dringend.«

»Ich werde mich beeilen«, antwortete Holzner und bewegte sich nach vorn, als sei Golos Bemerkung der Befehl gewesen, den Koffer an sich zu nehmen und unverzüglich zur Gepäckbeförderung zu expedieren. Golo wich wieder hinter den Koffer zurück. Die Sekunde der Schwäche oder - wenn das zu viel gesagt ist – der Nachlässigkeit und der zupackende Elan des Chauffeurs gewannen die Oberhand. Golo sah zu, wie Holzner herantretend nach dem Gepäckstück griff.

Vielleicht, dachte Golo, *um seiner Nachgiebigkeit den Anschein von Rechtmäßigkeit zu geben, vielleicht ist es von Vorteil, den Koffer nicht selbst zum Bahnhof bringen zu müssen. Man könnte mich erkennen und mir Scherereien machen. Die Politische Polizei war unter diesem Heydrich ein scharfschneidiges Instrument geworden. Und war Holzner bisher nicht ein zuverlässiger Mann gewesen?*

»Ist wohl was Politisches?«, fragte Holzner mit frechem Grinsen, als er den Koffer in den Händen hielt.

»Wie bitte?«

»Diese Heimlichtuerei. Sie haben sich im Zimmer eingeschlossen.«

»Was geht das Sie an, Holzner? Geben Sie wieder her, ich bringe den Koffer selbst weg«, sagte Golo mit Schärfe, um den Angestellten zurückzuscheuchen. Aber für solche Befehle war es jetzt zu spät; das war nur ein vergeblicher Versuch ohne tiefere Überzeugung und Holzner blieb bei seinem frechen Grienen.

»Ich bin selbst Hitler«, erklärte der Chauffeur.

»Was reden Sie für dummes Zeug ...« Golo brach ab, als hinter Holzner ein Mann in den Korridor trat. Mit seitlich geneigtem Kopf kam er langsam heran, straffte sich und machte mit einem Räuspern auf sich aufmerksam, sodass Holzner herumfuhr.

»Entschuldigen Sie mein Eindringen, und erlauben Sie mir ... Mein Name ist Jan ... oder besser gesagt: Feuerstein. Ich bin Kulturattaché aus Berlin; Tadeusz Feuerstein.«

Golo grüßte mit einem Kopfnicken und stellte sich ebenfalls vor. Der Chauffeur presste sich indes mit dem Rücken gegen die Wand, als wolle er sich durch das Mauerwerk drücken. Das freche Selbstbewusstsein war einem Lauern gewichen, um bei Bedarf sofort zurück in die Rolle des Dienstboten zu schlüpfen, falls sich das als ratsam erweisen sollte.

»Standartenführer Heydrich schickt mich. Ich soll mir ein Bild von der Lage machen«, fügte Feuerstein hinzu.

»Von welcher Lage reden Sie?«, fragte Golo, »mein Vater ist im Urlaub, wie Ihnen sicher bekannt ist, wenn Sie von Heydrich kommen.«

»Das ist wahr«, sagte Feuerstein im Ton des Bedauerns, was, wie Golo fand, nicht zu einem Mann passte, der von Heydrich geschickt worden war.

Holzner meldete sich per Handzeichen zu Wort: »Hören Sie, Herr Attaché, ich wette, es ist was Politisches.«

Mit einer Kopfbewegung deutete er auf den Koffer. »Eingeschlossen hat der Herr Golo sich, um ihn zu packen. Gerade wollte ich den Koffer zum Braunen Haus bringen.«

»Nur ein paar private Unterlagen, die mein Vater im Urlaub gern bei sich hätte«, erklärte Golo, während er mit der Rechten eine beschwichtigende Geste andeutete, die aber für ihren Zweck zu hastig geraten war.

»Ins Braune Haus«, wiederholte Feuerstein, »und private Unterlagen Thomas Manns ... so so ... nun ... geben Sie nur her, den Koffer. Ich werde ihn persönlich abliefern, denke ich.«

In Holzners Miene mischten sich Enttäuschung und Trotz. Zu gern hätte er selbst das Gepäckstück zu Heydrich getragen und das Lob für die Aufdeckung eines undeutschen Komplotts eingeheimst.

»Soll ich Sie fahren, Herr Attaché? Ich könnte Sie doch fahren.«

»Das wird nicht nötig sein«, antwortete Feuerstein, »ich bin mit Heinrich hier.«

»Ach so, mit dem«, sagte Holzner traurig, als zwinge ihn der Name, sich in seine Niederlage zu fügen.

Golo jedoch wollte sich so schnell nicht geschlagen geben.

»Wie gesagt, es sind private Sachen meines Vaters, Thomas Manns. Sie können das doch nicht einfach an sich nehmen.«

»Zu meinem eigenen Erstaunen denke ich, dass ich das sehr wohl kann«, antwortete Feuerstein.

»Ich trage Ihnen den Koffer zum Auto«, sagte Holzner mit aufflammendem Diensteifer, während er sich bereits an

Feurstein vorbeidrängte. »Ein ungewöhnlich schwerer Koffer ist das.«

»Moment, nicht so schnell«, rief Feuerstein, doch Holzner bog bereits samt Koffer um die Ecke. Der Attaché wandte sich Golo zu und machte Anstalten, eine Unterhaltung zu beginnen, hielt es dann aber offenbar doch für notwendig, Holzner und dem Koffer nachzueilen. Er verabschiedete sich, indem er mit dem Finger gegen einen imaginären Hut tippte; dann drehte er sich um und hastete dem Chauffeur in Richtung Haustür hinterher.

Golo blieb im Korridor stehen. Was war das für ein Überfall, wunderte er sich und dachte daran, dass es nicht angenehm werden würde, dem Zauberer zu erklären, dass dessen Tagebücher in die Obhut eines Berliner Kulturattachés und damit wohl auch in die Fänge der Politischen Polizei gewandert waren. Er betrat das Schlafzimmer seiner Eltern, von wo aus die Auffahrt einzusehen war. Holzner und der Attaché schleppten den brisanten Koffer in Richtung eines schwarzen BMW und verstauten ihn im Kofferraum. Das war also die Staatsmacht, - Denunzianten und Befehlsempfänger, dachte Golo. Für sie galt kein Recht und sie konnten sich nehmen, was sie wollten. Was mochte es bedeuten, dass sie extra jemanden aus Berlin geschickt hatten?

Feuerstein schmiegte sich in den gepolsterten, zur Trägheit verführenden Sitz des BMW. Er wusste noch nicht, was sich in dem Koffer befand, aber er war sicher, dass sich der Fang lohnte. Vielleicht mussten Heydrich oder von Alberti nichtunbedingt davon erfahren. Zumindest vorerst nicht. Es gab keinen Grund zur Überstürzung und mit Sicherheit würde sich ein besonders geeigneter Zeitpunkt ergeben. Und wenn nicht, dann ließe sich kaum von einem Verlust sprechen, denn ein solcher setze ja einen vorangegangenen Besitz voraus, der in diesem Fall nicht gegeben sei.

»Private Unterlagen meines Vaters«, hatte Golo Mann gesagt. Die Neugier kitzelte Feuerstein wie ein Kind, das seine Eltern an den Tagen vor Weihnachten mit Paketen heimkommen sieht. Was sollten die SS-Männer damit anfangen? Sie würden nur etwas Politisches darin sehen. Sie sahen in allem etwas Politisches. Wenn jemand einen natürlichen Anspruch auf den Koffer hatte, dann doch er, Feuerstein alias Jan Smetana.

Anders als auf dem Hinweg fuhr Heinrich diesmal die Ludwigstraße entlang. Links und rechts glühten in der Abenddämmerung die Prunkbauten im Renaissance-Stil und wehten Feuerstein mit jenem Glücksgefühl an, wie es von der Schönheit wachgerufen wird. *In dieser Stadt also war Thomas Mann zu Hause,* dachte Feuerstein; *und hier haben wir Schwabing,* fügte er im Stillen hinzu, als der Chauffeur in die Schellingstraße einbog. Vor einem schmalen, mit Palmenkübeln geschmückten Gebäude stoppte Heinrich den Wagen. Vom Gehsteig bis zum Portal des Hotels führte ein Teppich, der in tiefem Rot glühte, ohne dass Spuren der Benutzung zu sehen waren.

»Der Kofferraum ist offen«, sagte Heinrich, während er hinter dem Lenkrad sitzen blieb. Wer in einem solchen Hotel Gast war, holte sein Gepäck nicht eigenhändig aus dem Auto. Natürlich hatte von Alberti eine andere Behandlung erfahren. Aber Heinrich machte nicht den Eindruck, als würden Beschwerden bei ihm viel ausrichten. Und im Grunde hatte die Unverschämtheit des Chauffeurs auch ihr Gutes. Feuerstein hob die Gepäckstücke aus dem Kofferraum und stellte sie hinter dem Auto auf die Straße, wo Heinrich sie nicht sehen konnte. Der Attaché schlug die Klappe zu und winkte dem Fahrer, dass er abfahren könne. Dass eine geheimnisvolle

Verdopplung des Gepäcks stattgefunden hatte, war Heinrich verborgen geblieben.

An der Rezeption begrüßten Feuerstein zwei Hotelangestellte, der eine im bürgerlichen Zweiteiler, der andere in bordeauxroter Livree. Sie nahmen Haltung an und bewillkommten den Gast mit professionellem Lächeln, bei dem sich besonders der Livreebursche hervortat, der sein Lächeln für Feuerstein auch nach acht Stunden Dienst noch frisch und unverbraucht aussehen ließ. Feuerstein stellte sich als den Kulturattaché aus Berlin und mit seinem neuen Namen vor, was sich noch etwas schauspielerhaft anfühlte, aber ihn keine Scham mehr kostete. Vielmehr wuchs allmählich das Vergnügen daran, der Attaché Feuerstein zu sein und wohlgemerkt auch daran, die Leute hinters Licht zu führen und ihnen jemanden vorzumachen, den es im Grunde gar nicht gab.

Eine neue Identität zu stiften, freute Feuerstein nunmehr. Charaktere und Geschichten zu erfinden, hielt er seit je her für seine Berufung. Als Halbwüchsiger hatte der Zufall ihm die Novelle »Tonio Kröger« in die Hände gespielt und die Lektüre hatte eine solche Seelenerschütterung zur Folge gehabt, dass man mit Recht von einem Schicksalsschlag sprechen darf, wenn man bedenkt, dass ein Schlag – wie zum Beispiel der Ritterschlag - auch eine Erhebung bedeuten kann. So sehr erkannte Smetana sich in Tonio Kröger wieder, dass er, während er das Buch in Händen hielt, glaubte, in einen Seelen- und Charakterspiegel zu blicken. Für Jan Smetana stand fest, dass er zum Dichter berufen sei, noch bevor er die letzte Seite gelesen hatte. Das Studium der Germanistik hatte er für eine sinnvolle Vorbereitung gehalten und erst spät bemerkt, dass er sich, indem er sich der Literatur auf dem akademischen Weg näherte, von dem eigenen Schreiben entfernte. Kurz gesagt: Er hatte nichts oder kaum etwas aufs Papier gebracht, das erwähnungswürdig gewesen wäre. Doch das würde sich jetzt - so Feuersteins Überzeugung - ändern. Worin diese Überzeugung begründet war, hätte er nicht sagen können, außer dass auf verschlungen-psychologischem (um nicht zu sagen: magischem) Weg der Schatzkoffer die Erklärung lieferte.

Nachdem der Livrierte den Attaché zum Zimmer geleitet und mit einer sachten Berührung der Finger sein Trinkgeld in Empfang genommen hatte, hob Feuerstein den Koffer neben sich auf das Bett, ließ die Verschlüsse aufschnappen und öffnete den Deckel. Zum Vorschein kamen mehrere in Packpapier und Schnürband verpackte Bündel von Heften. Feuerstein spürte, wie sein Herz hastig schlug. Plötzlich fühlte er sich dem berühmten Schriftsteller noch näher als vorhin in dessen Villa. Das Haus war nur die äußere Schale, die Thomas Mann beherbergte. Die Hefte jedoch gewährten gleichsam einen Blick in sein Inneres. Mit spitzen Fingern löste Feuerstein den Knoten des ersten Bündels und faltete sorgsam das Papier auseinander. Es benötigte eine Weile, bis er sich an die Handschrift Thomas Manns gewöhnt hatte. Dass es sich um Tagebücher und nicht um Aufzeichnungen zum literarischen Werk handelte, ließ sich jedoch auf den ersten Blick erkennen. Die Enttäuschung war geradezu betäubend. Feuerstein hockte auf der Bettkante und blätterte ziellos in den Heften. Aber womit hatte er auch gerechnet? Mit der handschriftlichen Version des »Kleinen Herr Friedemann?«

Mit Kapiteln aus dem »Zauberberg«? Feuerstein wusste es nicht. Darüber hatte er nicht nachgedacht. Doch Wetterberichte, Auflistungen, welche Mengen Phanodorm der Schriftsteller zum Einschlafen benötigt hatte, und wie gut oder schlecht (oft ziemlich schlecht) ihm seine Zigarre bekommen war, das unterbot jede noch so unbestimmte Erwartung. Vor Enttäuschung unfähig, etwas anderes zu tun, las Feuerstein weiter und allmählich, nach einigem Hin- und Hergeblättere stieß er auch auf interessante Passagen und etwa eine Stunde später dämmerte ihm, was er hier vor sich hatte.

Thomas Mann war nicht nur Chronist seines eintönigen Alltags, sondern in seinen Tagebüchern führte er mitunter auch Selbstgespräche; er vertraute dem Papier an, was er sonst niemandem hätte sagen können. Äußerungen über die Kinder und Geschwister zum Beispiel, wie sie nicht geeignet waren, laut ausgesprochen zu werden. Und schließlich solche Passagen, die verrieten, dass die kinderreiche Familie offenbar nur eine Fassade war und der Schriftsteller in Wirklichkeit »vom anderen Ufer« stammte. Je mehr Intimes und Geheimes Feuerstein entdeckte, desto gründlicher verlor sich die Enttäuschung. Nein, das hier war sogar besser als die Niederschrift einer Erzählung oder eines Romankapitels. Denn was hätte er damit anfangen sollen? Für den Sammler und Liebhaber wäre das ein kostbarer Fund gewesen. Doch Feuerstein wollte ja selbst Schriftsteller werden und nun war ihm, als könne er einen Blick in den Maschinenraum des Schriftstellers werfen, einen Blick auf den Urquell dichterischer Schöpfung sozusagen. Mit eifrigem Studium ließen sich hier ohne Zweifel die tiefen Wurzeln des Genies dechiffrieren. Aber der Verdacht des Chauffeurs Holzner war nicht unbegründet gewesen.

In den Tagebüchern gab es auch einige »politische« Passagen. Offiziell hatte Thomas Mann auf eine Stellungnahme zur neuen Regierung verzichtet, obwohl einige Stimmen, die sich inzwischen im Ausland befanden, von dem Nobelpreisträger ein deutliches Wort forderten. In diesen Heften jedoch ließ er kaum Zweifel daran, wie er gegenüber den Machthabern stand. Entgegen dem, was man von dem Romancier und Sprachartisten gewohnt war, reichte seine Sprache bis zum Vulgären. Die Mission, mit der Berlin den Attaché beauftragt hatte, würde wahrscheinlich keinen Erfolg haben. Weder Feuerstein noch sonst jemand würde den Schriftsteller in das

Lager der Nazis locken können. Die Angelegenheit war aussichtslos und erledigt; auf jeden Fall würde von Alberti so urteilen, wenn er die Hefte in die Hände bekäme. Tadeusz Feuerstein würde schneller wieder zu Jan Smetana werden, als er sich erträumt hatte ... wenn ... ja, wenn von Alberti und Hanke und schließlich Doktor Goebbels von den Tagebüchern erführen. Aber mussten sie das denn?

Feuerstein legte sich auf das Bett und schloss die Augen, um besser nachdenken zu können. Er hatte dafür gesorgt, dass Heinrich den Koffer nicht bemerkte; und somit wussten auch Heydrich und von Alberti nichts davon. Das eine fügte sich zum anderen und vor Feuersteins innerem Auge formte sich ein Plan. Was, wenn er die Tagebücher für sich behielte? Er würde das Ziel seiner Mission weiterhin mit glaubwürdigem Eifer verfolgen; er würde in die Schweiz reisen und sich mit Thomas Mann treffen; er würde die Annehmlichkeiten und Vorzüge, der Attaché zu sein, weiterhin genießen, auch wenn keine Aussicht bestand, Thomas Mann für das neue Deutschland zugewinnen. Er würde so lange wie möglich der Attaché Feuerstein sein und die Hefte würde er für sich behalten, für sich allein. Auf undeutliche - und mit normalem Menschenverstand war das auch nicht klar zu denken - auf undeutliche und nebelhafte Weise betrachtete er die Tagebücher als sein Eigentum. Er hatte ein Anrecht darauf.

Waren Tonio Kröger, Thomas Mann und er, Tadeusz Feuerstein, nicht irgendwie dieselbe Person? Natürlich nicht in wörtlicher, aber vielleicht in mythischer Bedeutung. Wenn dem Mythus eine Bedeutung zukommen und er mehr als ein Kindermärchen sein sollte, dann musste er als beständiges Muster verstanden werden, das sich in der Zeit wiederholte. Und Feuerstein war festen Willens, den Mythus genau so zu verstehen. Tonio Kröger, der Schriftsteller und Feuerstein waren Erscheinungen desselben Musters. Und morgen würde er (wie von Alberti ja auch geraten hatte) einen neuen Koffer besorgen, groß genug, um die Tagebücher und sein Gepäck darin zu verstauen.

6. Leiden und Größe Richard Wagners

Blicken wir zwei Monate zurück auf den 14. Februar, und zwar nach Brüssel. Der Wind trieb aus Westen, von der Nordsee her, mit fünf Beaufort bleierne Wolkenmassen über die belgische Hauptstadt. Regen prasselte auf den Place de-Brouckère und machte einen Spaziergang (zum Beispiel zum Kanal Charleroi-Brüssel oder in den Warandepark) zu einer Unternehmung, die mit einer bürgerlich-schicklichen Gesittung kaum in Einklang zu bringen war. Für Abenteurertum fühlte sich der Schriftsteller längst zu alt. Der Strom der Zeit trieb ihn immerhin - wenn man bis zum Juni vorausblicken wollte - seinem 58. Geburtstag entgegen, - wie der Wind die Wolken seinem deutschen Heimatland entgegentrieb. Thomas Mann blies den Rauch seiner Zigarre hinauf zur säulengetragenen, kassierten Decke der Bar und kräuselte die Lippen zu einem verstohlenen, nur ihm selbst geltenden Lächeln. Den Vergleich fand er passend und ihm gefiel die psychologische Geistesverknüpfung vom Tabakrauch mit den Wolken über der Stadt, die ihn offensichtlich zu dem Vergleich veranlasst hatte. Dann jedoch zerfurchten oberhalb der Nasenwurzel zwei Falten die Physiognomie, denn der Wolkenvergleich lenkte die Gedanken im nächsten Augenblick in düstere Gefilde. So gewaltig Wolken auch erscheinen mögen, dachte der Nobelpreisträger, regnen sie sich doch irgendwann unausweichlich leer. Je mehr Tropfen sie abgeben, desto unerheblicher und fadenscheiniger werden sie, bis sie am Ende ganz verschwunden sind. Genau so, glaubte Thomas Mann, erging es ihm selbst. Er war kurz davor, sich leergeschrieben zu haben. Vielleicht hatte er es schon. Die Angst davor krampfte ihm das Herz zusammen. Was war ein Schriftsteller, der nichts mehr zu sagen hatte? Der keine Worte und Geschichten mehr in sich trug? Immer häufiger geschah es, dass er sich morgens dünn und durchsichtig fühlte, wie Butter, die man auf zu viel Brot verstrichen hat, wie es ein Kollege einige Zeit später formulieren würde. Ein Spaziergang zum Beispiel zum Kanal oder zum Park hätte ihm gutgetan. Stattdessen saß er hier in der Bar des »Metropole« und setzte seinen Nerven und seinem Magen mit Tabak und Kaffee weiter zu.

Wenn nur der Regen nicht wäre. Der Schriftsteller schlug die deutsche Zeitung auf, die ein livrierter Bursche ihm auf das Tischchen gelegt hatte. Von einer »Verordnung zum Schutz des deutschen Volkes« war da zu lesen.

Thomas Mann schüttelte angewidert den Kopf. Wovor musste das Volk geschützt werden? Vor seinen Dichtern und Denkern? Das war so idiotisch, dass Thomas Mann lachen musste. Ein ziemlich bitteres Lachen, denn wenn Deutschland angeblich vor ihm beschützt werden musste, dann hieß das im Klartext, dass er sich vor Deutschland beschützen musste; dass er nicht zurückkehren konnte in das Land, in dessen Geistesleben er sich so sehr verwurzelt fühlte. Der Schriftsteller hob den Blick und ließ ihn durch den Raum gleiten, während er einen Geldschein aus der Rocktasche in die Linke wandern ließ. Der junge Mann, der ihm die Zeitung gebracht hatte, glitt wie ein Tänzer durch die Tischgruppen; ein knabenhafter Typ von androgyner Schönheit, geeignet für die Rolle des Tadziu, wenn die venezianische Künstlernovelle zur Verfilmung taugen würde. Als ihre Blicke sich berührten, richtete Thomas Mann die Augen rasch wieder auf die Zeitung. Die zweite Seite präsentierte Auszüge aus Hitlers Rede vom 10. Februar im Berliner Sportpalast. Dort hieß der Feind, der bekämpft werden müsse, Marxismus. Gespalten habe er das deutsche Volk und der Nationalsozialismus habe sich das Ziel gesteckt, die Spaltung im Sinne eines höheren Ideals zu überwinden. Der Sieg über den Marxismus sei das Kampfziel. Krieg müsse man führen, um diese Erscheinung aus dem deutschen Leben zu entfernen. Andernfalls zerreiße der deutsche Volkskörper. Der Marxismus führe nichts anderes als Krieg gegen Kultur und Volk. Mit der Unterdrückung und Auspressung des deutschen Volkes müsse es nun ein Ende haben. Da sei eine Literatur und Kultur, die nichts mit dem deutschen Wesen zu tun habe und vom Volk auch gar nicht mehr wahrgenommen werde; sie komme nicht aus »unserer« Seele. Vielmehr müsse man der Wiederauferstehung des Volkes entgegenstreben. Freiheit, Glück und Leben wurzelten im eigenen Willen und in der Arbeit des Volkes. Volk und Erde, das seien die beiden Wurzeln, aus denen man die Kraft ziehen wolle.

Thomas Mann fragte sich, ob mit der Literatur, die nichts mit dem deutschen Wesen zu tun habe, auch er gemeint sei. Nein, das denn wohl doch nicht. Selbst die Nazis würden ihn kaum als marxistischen Autor bezeichnen. Eher noch musste er, der zum Künstlertum übergelaufene Bürgersohn, fürchten, unterirdische Verwandtschaft zu pflegen mit den neuen Herren Deutschlands. Bastelte der Anstreicher etwa nicht an einem Mythus, wenn er von Volk und Erde faselte? Und war der Mythus nicht das, worum es dem Schriftsteller im »Joseph« und im Wagner-Vortrag ging?

Hitler jedoch tat so, als glaube er an den Mythus; und er wollte, dass alle glaubten, dass er daran glaube.

Das ist der Kern aller Politik, dachte der Schriftsteller, *ihr mangelt es und mangelte es schon immer an Ironie.*

Der junge Mann in der Hoteluniform erschien wieder und stellte ein winziges Tablett mit Kaffeetasse und einem Glas Wasser auf den Tisch. Thomas Mann lächelte und berührte sogar - ein innerer Schock - die Hand des Angestellten, als er ihm den Geldschein als Trinkgeld zusteckte. Der Kellner nahm lächelnd das Geld entgegen; ein Lächeln, in dem die spöttische Bemerkung zu liegen schien, dass mit dem Aushändigen eines überhöhten Trinkgeldes das Maximum dessen erreicht war, was der junge Mann ihm gewähren würde. Eine Welle von Scham stieg im Schriftsteller hoch. Er senkte den Blick wieder in die Zeitung und als sein Herz sich beruhigt hatte, schaffte ein Artikel es, seine Aufmerksamkeit zu wecken. Der Bericht erinnerte an Richard Wagners 50. Todestag.

Nach einigen Zeilen schweiften seine Gedanken ab und sein Blick wanderte durch den Raum auf der Suche nach dem jungen Livrierten. Als er seiner ansichtig wurde, blickte er rasch wieder in die Zeitung, bevor der Junge bemerken konnte, dass der Schriftsteller die Augen auf ihn gerichtet hatte.

Wurde auch von seinem Vortrag berichtet? Thomas Mann blätterte hin und her, konnte jedoch keine Schlagzeile entdecken, die auf ihn oder seinen Wagner-Vortrag gedeutet hätte. Er war bei aller Eitelkeit, die er als Wesenszug nicht leugnen konnte, ganz zufrieden, wenn er in einer Ausgabe nicht erwähnt wurde. Journalistische Prügel hatte er zur Genüge eingesteckt, vielleicht sogar mehr, als seiner geistigen und nervlichen Konstitution zuträglich war. Man hatte ihm ästhetisierenden Snobismus attestiert; man warf ihm vor, den großen deutschen Komponisten verunglimpft zu haben. Als genusssüchtigen Weichling habe er ihn dargestellt, also alles andere als zäh wie Leder und hart wie Kruppstahl. Und ja, ein bisschen hatte er Wagner wohl dazu gemacht. Vielleicht hätte er ihn nicht im eiderdaunengefütterten seidenen Morgenmantel zeigen dürfen. Hätte nicht vom Hang zur Ausartung reden sollen.

Hätte er sich dankbarer zeigen müssen? Dankbar für die Musik, die Wagner geschaffen hatte; und auch dankbar dafür, dass er sich wegen Wagner auf Vortragsreise und daher weiterhin auf freiem Fuß befand. Wer weiß, was sie mit ihm gemacht hätten, wenn er während der ersten Februartage in Deutschland gewesen wäre. Womöglich hätten sie ihn in Haft genommen.

Und was »Haft« unter der Herrschaft der Nazis bedeutete, konnte man sich inzwischen ausmalen. Seine Nerven erbebten, wenn er daran dachte. Seine Natur war eher zum Goethisch-Repräsentativen als zum Märtyrertum geeignet.

Trotz des besagten Nervenbebens lächelte der Autor, denn die Formulierung schien ihm recht gut gelungen, so dass er sie sich für spätere Verwendungen zu merken versuchte. Außerdem war da der Name des großen Wahlverwandten: Goethe; und für eine Sekunde flatterte mal wieder der Vorsatz durch die Gedanken, demnächst einen Faust-Roman zu schreiben. Er hatte in seinem Vortrag aber auch Verständnis für Wagner bekundet; er hatte von den Bedingungen des Künstlertums gesprochen. Er hatte dargelegt, was die geistigen Strapazen der Schöpfung solch materieller Verfeinerungen unter Umständen bedurfte. Über das Künstlertum hatte er allerdings schon häufig das Wort geführt. Und er fürchtete, in Deutschland, im jetzigen Deutschland, sei man auf ein solches Künstlertum nicht gut zu sprechen. Die Hinweise auf den Mythus würde man wohl gelten lassen, doch insgesamt hätten die neuen Machthaber es gern etwas strammer und schneidiger gehabt.

Der Großschriftsteller schloss die Augen und tauchte ein in das Stimmengewirr der Bargäste, um an Richard Wagner zu denken. Hatte der sich irgendwann leer komponiert? Hatte er - in der Sprache der Musik - irgendwann alles gesagt, was er zu sagen hatte? War das Spätwerk vielleicht nur noch Ausfluss seines handwerklichen Könnens? Im Grunde aber war er leer? Mit letzter Sicherheit konnte Thomas Mann das nicht ausschließen. Vielleicht hatte er sich leer geschrieben.

Sein Blick fiel wieder auf die Zeitung. In Leipzig hatte man feierlich an Wagners 50. Todestag erinnert. Und der Führer höchstpersönlich - du lieber Gott, was für ein lächerlicher Titel - nun denn also: der Reichskanzler selbst hatte sich die Ehre gegeben, den Festlichkeiten beizuwohnen. Thomas Mann war beinahe sicher, dass man außerhalb von Deutschland dem nicht viel Beachtung schenkte. Im Unterschied zu seinem Vortrag. Nun ja, der Vortrag …

Hatte er darin noch etwas zu sagen gehabt? War die Rede eine Widerlegung des Leergeschrieben-Seins? Gewiss, der Schriftsteller hatte einiges zusammengetragen. Er hatte sich sogar bis zum Begriff des Nationalismus vorgewagt und Wagner einen deutschen Komponisten genannt im Sinne des Schwebens zwischen romantischem Rausch und kalkulierendem Artistentum. Aber manches davon war doch Aufgewärmtes. Was er zu Ibsen oder Tolstoi gesagt hatte, war nicht neu. Er hatte das Gebäude des Vortrags aus seinem Vorrat aus dem üblichen Gedankensteinbruch errichtet und den Namen Wagner hier und da eingeflochten, wie man etwa mit Seilen Baumstämme zu einem Floß vertäut. Natürlich war das seit jeher seine Arbeitsweise, Vorhandenes zu nehmen und neu zu arrangieren.

Wenn ein Kritiker schon die »Buddenbrooks« als Collage bezeichnet hatte, konnte man dem kaum widersprechen. Doch bisher waren die Bücher, Menschen und Gedanken ihm quasi auf dem Weg der Produktion begegnet, als hätten sie am vorbestimmten Ort darauf gewartet, Eingang in seine Romane zu finden. Immer hatte sich alles wie von unsichtbarer Hand *gefügt*. Seit einiger Zeit war das anders geworden. An manchen Vormittagen war die Anstrengung des Schreibens mehr als eine Anstrengung, es war eine Qual, die der Schriftsteller nur aus Pflichtgefühl und Gewohnheit auf sich zu nehmen in der Lage war. So ging es mit dem ersten Teil des «Joseph« und so war es auch mit dem Wagner-Vortrag gegangen. Unter Müdigkeit und gereizten Nerven hatte er sich die Sätze abgerungen. Und welche Erleichterung, wenn er in einem älteren Essay auf Passagen stieß, die er mit leichter Modifikation übernehmen konnte!

Nein, der Vortrag war *keine* Widerlegung, dass er leergeschrieben war. Dennoch hatte er ihn vollendet und er würde trotz nervlicher Ermattung und Reizung die Vortragsreise ableisten, bis er in Paris die letzte Station erreicht haben würde.

Bei Gott, ich werde meinen Wagner nicht kampflos dem krakeelenden Anstreicher überlassen, dachte der Nobelpreisträger mit einem Anflug von trotzigem Schwung.

Er nahm die Zeitung und ließ sie auf das Tischchen klatschen. Der Führer persönlich hatte dem feierlichen Gedenken in Leipzig beigewohnt. Der Gnom will ein Verehrer Wagners sein. Es war schrecklich. Gewiss, die Musik kann sich ihre Zuhörer nicht aussuchen. Wurde sie durch ihre Hörer nicht dennoch beschädigt?

Der Schriftsteller nickte langsam. Wenn der fürchterliche Rattenfänger Wagner hörte, machte es sehr wohl etwas aus. Es war, als hätte Hitler ihm ins Essen gespuckt.

Einige Minuten später erschien Katia Mann in Abendtoilette und Mantel. Sie entfaltete ihren Schirm aus Energie, Schwung und Sicherheit, unter den der Schriftsteller schlüpfen konnte. Die Zeitungslektüre und die sich daran knüpfenden Gedanken hatten ihm mehr zugesetzt, als ihm zuträglich gewesen war. Zumal wenn er an den Vortrag dachte, für den er seine ganze Spannkraft benötigte. Allein der Gedanke an die Autofahrt zum Vortragssaal zerrte an seinen Nerven. Gab es denn hier im »Metropole« tatsächlich keinen geeigneten Saal?

Als das Ehepaar gute drei Stunden später wieder im Hotel war und Thomas Mann sich beim Zähneputzen im Badezimmerspiegel betrachtete, waren Bedrückung und Zweifel vergessen - zumindest für den Augenblick. Der Vortrag war ein Erfolg gewesen. Er hatte das Publikum mit seinem Auftritt und seiner Persönlichkeit gebannt und den anhaltenden Beifall wohl verdient, den er ohne falsche Bescheidenheit entgegengenommen hatte. Sicher, zum Schlafen war er zu aufgekratzt und die Ermattung wartete noch in den tieferen Hirnregionen, doch dem würde er mit ein oder zwei Phanodorm siegreich entgegenwirken, um sich den schnellen und hoffentlich ungestörten Schlaf zu schenken, den er so nötig hatte. Die Gedanken an das Leergeschrieben-Sein waren fürs Erste vergessen.

7. Katia

Lugano schmiegte sich an den See, als suche die Stadt Schutz vor den dunklen Bergriesen, die den Ort umzingelten. Am Sighignola waren ein paar Wolkenschiffe vor Anker gegangen und warfen ihre Schatten auf die Berghänge. Die beiden Reisenden waren mit unterschiedlichen Gefühlen in die Alpen aufgebrochen. Von Alberti wähnte sich in die Landschaft eingesperrt. Jeder Gipfel erschien ihm wie eine Gefängnismauer; außerdem fühlte er sich krank. Wie gern wäre er jetzt in seiner Berliner Wohnung, anstatt mit diesem angeblichen Attachée einem Schriftsteller nachzuschleichen, der morbide Machwerke aufs Papier kritzelte und sich bei Juden eingeheiratet hatte.

»Was für ein Panorama«, sagte Feuerstein, während er seinen neuen, von den Tagebüchern beschwerten Koffer ins Taxi hob. Er rechnete nicht mit einer Antwort und im Grunde hatte die Bemerkung auch keine Antwort verdient. Angesichts der alpinen Gipfel vom Panorama zu reden, war so geistlos und einfältig, dass Feuerstein sich schämte. Das hätte ihm nicht herausrutschen sollen. Doch er hatte - außer Dänemark - noch nie das Ausland besucht und der Anblick der Alpen machte Eindruck auf ihn, so dass er trotz von Albertis ablehnendem Schweigen seiner inneren Bewegung mit Worten Luft machen musste. Außerdem löste die Aufregung seine Zunge. Nun war er am selben Ort wie Thomas Mann und man erwartete von ihm, dass er den Schriftsteller aufsuchen und in Verhandlungen mit ihm treten sollte. Der Gedanke versetzte ihn in verzweifelte Erregung. Hundertfach hatte Feuerstein den Beginn des Dialogs in Gedanken durchgespielt, ohne dass eine Variante dabei gewesen wäre, die zu einem fruchtbaren Austausch geführt hätte, in dem Feuerstein sein Anliegen dem Nobelpreisträger zum Ausdruck bringen konnte.

Sie stiegen in das Taxi und nachdem der Wagen angefahren war, fragte der Untersturmführer: »Glauben Sie denn daran, diesen Thomas Mann für unsere Sache gewinnen zu können?«

»Sind wir deshalb nicht hier? «, erwiderte Feuerstein.

»Über unseren Auftrag bin ich mir völlig im Klaren. Dessen können Sie gewiss sein. Ich frage Sie jedoch, ob Sie daran glauben.«

Feuerstein rieb sich den Nacken. Er spürte, wie von Alberti ihn in eine Ecke treiben wollte, in eine Ecke der Unwahrheit. Deshalb war ein Zugeständnis nicht möglich. Zu groß war die Gefahr, dass von Alberti ihm einen Strick daraus drehen könnte.

»Ich halte Thomas Mann für einen ganz und gar deutschen Dichter«, sagte Feuerstein schließlich.

»So so, deutsch.« Von Alberti lächelte halb blasiert und halb beleidigt wie ein Kind, das zusehen muss, wie man ihm sein Spielzeug wegnimmt, um es einem anderen zu geben. »Was meinen Sie denn, wenn Sie von ›deutsch‹ reden?«

»Was ich meine? Nun, doch wohl dasselbe wie Sie, denke ich ... ich meine zum Beispiel das Volk, oder nicht ›zum Beispiel‹; vor allem denke ich an das Volk. Was deutsch ist, wurzelt ausschließlich im Volk, nicht wahr?«

Von Alberti grinste, als hätte er diesen Zug vorausgesehen. »Da stimme ich ausnahmsweise völlig mit Ihnen überein.

Und stimmen Sie mir darin zu, dass ›Volk‹ ein biologischer Begriff ist? Oder denken Sie bei dem Wort eher an Zusammensetzungen wie Volksmärchen und Volkslied?«

»Wenn ich ehrlich bin: Ja, daran denke ich. Die Volksmärchen und Volkslieder, das sind in gewissem Sinn Schöpfungen der deutschen Romantik. Eben darin sehe ich die Wurzel dessen, was wir heute ›deutsch‹ nennen. ›Deutsch‹ ist ein geistiger Begriff.«

Von Alberti lachte freudlos. »Das glaube ich Ihnen. Sie sind selbst ein Romantiker, ein Träumer. Sie haben Germanistik studiert. Das ist schön und gut, aber Germanistik ist keine Wissenschaft. Die Germanistik beruht auf Verstehen, auf Einfühlung, auf Psychologie bestenfalls und näher kommt sie an das Wissenschaftliche nicht heran. Das ist nur subjektives Dafürhalten und vielleicht ein ästhetisches Werturteil. Mit Wissenschaft hat das nichts zu tun. Wissenschaft entwächst dem empirischen Beweis. Das ist der Kern aller Wissenschaft. Wo kein Experiment ist, ist auch keine Wissenschaft. Das Experiment ist der Lackmustest auf die Wahrheit. Und die Wahrheit, die harte, unwiderlegbare Wahrheit ist die Frucht der Wissenschaft. Wenn es nach mir ginge, sollten wir auch nicht mehr von ›Volk‹ reden. Reinigen müssen wir die Sprache und solche schwülstigen Vagheiten ausrotten.«

»Und welchen Begriff würden Sie bevorzugen?«, fragte Feuerstein.

»Wir sollten ausschließlich von der Rasse reden. Mein Rassismus ruht auf streng naturwissenschaftlichem Boden. Die Biologie beweist die Andersartigkeit, die Überlegenheit der arischen Rasse. Wenn sie es noch nicht bewiesen hat, so wird sie es doch bald tun, wird sie in naher Zukunft den Nachweis erbringen. Wozu sonst stecken wir so viel Geld und Energie in die Forschung? Wozu ist die Wissenschaft gut, wenn sie nicht unseren Glauben, unsere tiefsten Überzeugungen bestätigt?«

»Nun gut. Unter dieser Voraussetzung - wenn wir sie mal hypothetisch ins Spiel nehmen - unter dieser Voraussetzung ist es doch gut möglich, dass Thomas Mann ein deutscher Schriftsteller ist.«

»Meinetwegen. Aber Sie selbst haben eben von der Wurzel gesprochen. Die Wurzel, das ist nur der Anfang, das ist längst noch nicht alles. Wer rassisch deutsch ist, hat gute Voraussetzungen, die besten sogar. Das ist aber noch nicht alles. Ein Mensch muss auch zum Deutschtum erzogen werden. Pädagogik und Propaganda - dieser Zutaten bedürfen wir für eine große Zukunft. Glauben Sie also, dass Ihr Thomas Mann auch in ideologischem Sinne ein deutscher Dichter ist?«

Einer Antwort wurde Feuerstein enthoben, denn man hielt bereits vor der Pension, die man von Berlin aus für die beiden Männer gebucht hatte. Eine winzige Haushälterin in geblümter Kittelschürze nahm die Deutschen in Empfang und wies ihnen ihre, durch einen schmalen Flur getrennten Zimmer zu. Der Attaché packte seinen Koffer aus und schichtete die Tagebuchhefte in einem hölzernen, nach Mottenkugeln riechenden Schrank. Als Sichtschutz stapelte er davor seine Wäsche, schließlich schloss er den Schrank sogar ab und versteckte den Schlüssel in einer Vase, die an dem einzigen Fenster des Zimmers stand.

Eine halbe Stunde später trafen sich die beiden Männer in einer Stube mit niedriger Zimmerdecke, in der für die Pensionsgäste morgens das Frühstück hergerichtet wurde.

»Unsere Behörden sind, was Thomas Mann und seine Reise betrifft, gut informiert und in Lugano ist die Anzahl solcher Hotels, in denen ein Nobelpreisträger sich einquartieren würde, überschaubar«, erklärte von Alberti. »Ich habe nach

Deutschland telefoniert und habe in Erfahrung gebracht, dass der Schriftsteller sich im Hotel ›Villa Castagnola‹ aufhält. «

»Und welche Strategie schlagen Sie vor?«, fragte Feuerstein.

Von Alberti zuckte mit den Schultern. »Sie brauchen keine Strategie. Bürsten Sie Ihren hübschen neuen Anzug aus, suchen Sie das Hotel auf und erklären Sie, dass Sie Thomas Mann sprechen möchten. Sagen Sie, dass Sie im Auftrag der deutschen Regierung unterwegs sind. Das werden Sie ohnehin nicht vermeiden können. Also legen Sie die Karten von vornherein auf den Tisch.«

»Vielleicht will er nicht mit der deutschen Regierung reden.«

»Ja, vielleicht. Aber er wird neugierig sein, was sie von ihm will. Die Ungewissheit wird ihn aus dem Schneckenhaus treiben. Oder was würden Sie an seiner Stelle tun?«

Feuerstein strich mit der Hand übers Gesicht. »Wahrscheinlich haben Sie recht«, antwortete er schließlich. »Ungewissheit zerrt an den Nerven. Ich bin sicher, dass Thomas Mann ein sensibler Charakter ist.«

»Ja, ein sensibler Charakter«, grinste von Alberti. Dann verzog er das Gesicht, als fahre ein Schmerz durch den ganzen Körper.

»Geht es Ihnen nicht gut?«, fragte Feuerstein.

Von Alberti winkte ab. »Es ist nichts. Machen Sie sich am besten gleich auf den Weg. Wir sind hier schließlich nicht im Urlaub.«

Er griff nach seinem Zimmerschlüssel und erhob sich langsam. »Erstatten Sie Bericht, wenn Sie wieder hier sind.«

»Sie kommen nicht mit?«, fragte Feuerstein.

Von Alberti schüttelte den Kopf, ohne sich umzudrehen. Mit kurzen Schritten verließ er die Stube.

Die »Villa Castagnola« war ein heiter-elegantes Hotel mit einladendem Garten; zwar separiert, aber nicht so abgelegen, dass es einem sensiblen Charakter Beklemmung hätte bescheren können. An der Rezeption präsidierte der Empfangschef im dunkelblauen Anzug mit blutroter Krawatte, auf der das Signet des Hotels aufgestickt war. Sein dunkles Haar war kurz geschnitten und ging an den Schläfen in distinguiertes Grau über.

Das ist der Torwächter, dachte Feuerstein, sich an Franz Kafkas Parabel erinnernd, *aber er ist nur ein Domestik, und ich bin ein Abgesandter des tausendjährigen Reichs.*

Während Feuerstein sich dem Hotelrepäsentanten näherte, spürte er die präzisen Musterungsblicke, denen er unterworfen wurde: Seine Schuhe, sein Anzug, die Frisur, ja, sogar die Art, wie er sich bewegte, wurden taxiert, zu einem Soziogramm zusammengefügt und mit der gesellschaftlichen Stufenleiter des Hotels abgeglichen, was nur zu dem Resultat führen konnte, dass der Attaché trotz des hübschen Titels hier fehl am Platz war. Feuerstein straffte sich und versuchte sogar von Albertis blasiertes Lächeln zu kopieren.

»Mein Name ist Feuerstein. Ich bin Kulturattaché aus Berlin.« Der Torwächter zog die Augenbrauen in die Höhe.

»Schön guten Tag, Herr Feuerstein, ich fürchte allerdings, dass mir ein Attaché nicht angekündigt ist.«

»Nein, nein«, beeilte Feuerstein sich zu sagen, »ich möchte hier kein Zimmer nehmen. Vielmehr bin ich nur zu Besuchszwecken hier; ein dienstlicher Besuch, wenn ich so sagen darf.«

»Sie dürfen so sagen. Sie dürfen mir sogar mitteilen, wen Sie denn zu besuchen wünschen«, antwortete der Torwächter in wohlwollendem und unmerklich ironischem Ton.

»Ich würde gern den Schriftsteller Thomas Mann sprechen, wenn es sich ermöglichen lässt.«

»So, unsere Berühmtheit. Nun ja, damit hätte ich wohl rechnen müssen, wenn sich extra jemand aus Berlin herbemüht.

Und Sie haben Glück, Herr Feuerstein, der Herr Mann befindet sich tatsächlich gerade im Haus, wenn ich richtig orientiert bin. Sie werden jedoch verstehen, dass ich nicht einfach… Nun, die Privatsphäre unserer Gäste ist uns heilig.«

»Das ist mir natürlich bewusst«, antwortete Feuerstein und glaubte sich schon abgewimmelt. Doch zu seiner Überraschung bescherte der Torwächter ihm ein ermutigendes Lächeln und kündigte die Möglichkeit an, auf das Zimmer zu telefonieren und anzufragen, ob der Herr Thomas Mann den Attaché Feuerstein aus Berlin zu empfangen bereit sei. Der Angestellte setzte eine dienstliche Miene auf und verschwand hinter einer Trennglasscheibe aus Milchglas.

Feuerstein hörte, wie der Mann mit würdig-devoter Telefonstimme mit jemandem sprach, konnte jedoch nur vereinzelte Silben aufschnappen. Als der Empfangschef zurückkehrte, war seinem Gesicht abzulesen, dass das Telefonat nicht ohne Schwierigkeiten geblieben war.

»Herr Mann ist bereit, Sie zu empfangen«, erklärte er mit grämlichem Unterton, um zu signalisieren, dass der Schriftsteller nur mit Unmut zugesagt hatte. »Natürlich nicht in seinen Zimmern. Aber wenn Sie mir bitte in den Spiel-Salon folgen möchten.«

Der Empfangschef verließ seinen Posten, führte den Attaché durch einen Zwischenflur in einen mittelgroßen Saal und verabschiedete sich mit dem Hinweis, dass er wieder auf seinen Posten müsse, wo Feuerstein ihn, wenn er etwas benötige, finden könne. Im benannten Salon war zu dieser Stunde kaum mit anderen Gästen zu rechnen. An den fensterlosen Wänden waren ein paar beschirmte Lampen angebracht, die den Raum in gelb-gräuliches Halblicht tauchten. Es roch nach kaltem Rauch und Feuerstein stellte sich vor, wie das Zimmer erst in den Abendstunden, wenn die Hotelgäste den Salon seiner im Namen angedeuteten Bestimmung zuführten, aus dem Dornröschenschlaf erwachen würde. Er rückte einen der Polsterstühle zurecht, um die Tür im Blick zu behalten, und setzte sich. Er spürte sein Herz gegen die Rippen pochen, doch nach einer Weile, von deren objektiver Dauer in Minuten er keine Rechenschaft hätte ablegen können, fühlte er nur noch den lähmend-quälenden Zangengriff des Wartens. Er lauschte auf die Geräusche des Hotelbetriebs, die gedämpft herüberklangen, bis plötzlich die Gewissheit in ihm erwachte, vergessen worden zu sein. Er sprang auf, lief einmal im Kreis und setzte sich wieder. Fünf Minuten, sagte er sich, fünf Minuten wolle er noch warten und dann entschieden etwas unternehmen. Nach einiger Zeit, es war wohl doch länger als die gesetzte Frist geworden, öffnete sich die Tür und sein Herz sprang mit einem schreckhaften Schlag wieder hervor, als wolle es zum Hals hinaufhüpfen. Zur Tür herein kam jedoch nicht Thomas Mann, sondern eine zierliche Frau, trotz ihrer gut fünfzig Jahre von kindlichem Gepräge. Eine Sportmütze trug sie über das Ohr gezogen, dazu eine karierte Jacke, als sei sie gerade von einem Spaziergang zurückgekehrt. Mit dem federnden Schritt derer, die in ihrer Jugend viel Sport getrieben haben, trat sie auf Feuerstein zu, indem sie ihn mit ihren übergroßen, schwarzen Augen betrachtete, ja, geradezu unverfroren musterte. Ihr Blick wanderte nach unten auf Feuersteins abgetragene Schuhe und es war, als zwänge sie ihn, sich selbst mit ihren Augen zu sehen, so dass er sich wie ein Strizzi vorkam, wie ein Ludewig, der sich, in einen drittklassigen Anzug gehüllt, unrechtmäßig hier eingeschlichen hatte.

»Ich bin Katia Mann«, sagte sie, indem sie ihren weichen Mund beim Sprechen mit verwöhnter Geringschätzung vorschob.

Feuerstein, der vergessen hatte, sich zu erheben sprang auf und reichte ihr die Hand. »Mein Name ist Jan … oder besser gesagt Tadeusz … Tadeusz Feuerstein, Attaché Feuerstein …«

»So, ganz sicher scheinen Sie sich Ihres Namens nicht zu sein«, antwortete sie.

»Ja … doch. Ein Versehen meinerseits. Nicht, dass man wegen seines eigenen Namens ein Versehen … das wäre ja kurios. Es ist nur … es ist so, dass ich einen neuen Namen angenommen habe. Tadeusz Feuerstein. Aus Gewohnheit habe ich meinen alten Namen genannt. Ich bitte um Verzeihung und hoffe, dass ich damit kein Misstrauen erregt habe.«

»Tadeusz,- ein ungewöhnlicher Name, nicht wahr. Wer heißt schon Tadeusz?«

»Mir wurde der Name zugeordnet,- von offizieller Stelle. Ich muss mich selbst noch daran gewöhnen.«

»Ich wollte Sie nicht in Verlegenheit bringen. Setzen wir uns doch.«

Katia Mann deutete auf die Stühle. Sie selbst setzte sich mit übergeschlagenen Beinen auf ein mit gelbem Stoff bespanntes Canapé, das mit dem Rücken an der Längswand stand.

»Wenn ich ehrlich bin, Herr Tadeusz Feuerstein, ich bin einigermaßen überrascht. Der Empfangschef annoncierte einen Herrn aus Berlin, einen Abgesandten der Regierung, einen Attaché, wie Sie selbst sagen. Ich hatte - verübeln Sie mir die Bemerkung nicht - mit einem Menschen von anderem Typus gerechnet.«

Feuerstein wagte es, ihr Lächeln zu erwidern. Er sei zwar vom Propagandaministerium geschickt, aber im Grunde arbeite er als Germanist an der Universität. Plötzlich spürte er einen eisigen Luftzug, als sei im Winter ein Fenster aufgegangen. Er schaute sich rasch um, konnte aber keine Ursache ausmachen.

»Sie waren auf Vortragsreise«, sagte er, »und nun sind Sie im Erholungsurlaub, nicht wahr? Es muss ja keine Rede davon sein, dass Sie auf der Flucht sind.«

»Was genau unser Aufenthalt in der Schweiz bedeutet, darüber haben wir noch kein abschließendes Urteil gefunden«, erklärte Katia Mann.

»Sehen Sie, ›Flucht‹ ist ein dramatisches Wort. Wir werden jedoch sagen dürfen, dass man in München nicht gut auf meinen Mann zu sprechen ist. Vielleicht wäre eine Rückkehr nach Deutschland für ihn nicht ohne Risiko.«

»Das kommt darauf an, in welchem Sinne Sie nach Deutschland zurückkehren«, sagte Feuerstein, »unter welchen Vorzeichen. Ihr Mann ist der bedeutendste Repräsentant deutscher Kultur. Seine Reputation in aller Welt ist außerordentlich. Es ist nun die Frage, ob er auch in Zukunft dieser Repräsentant sein möchte.«

Feuerstein spürte sofort, dass er einen Fehler gemacht hatte. Zornmütig funkelte die kleine Frau ihn mit ihren schwarzen Augen an.

»Glauben die Herren in Berlin oder in München oder wo auch immer, meinen Mann von diesem Repräsentantentum lossprechen zu können? Die neue Regierung sollte sich nicht mit Deutschland verwechseln. In ihm und seinem Künstlertum fließen deutscher Geist und deutsche Kultur zusammen, unabhängig davon, wie der Reichskanzler oder Herr Doktor Goebbels dazu stehen.«

Feuerstein rutschte nach vorn bis auf die Stuhlkante, als sei er im Begriff, sich auf die Knie zu stürzen.

»Natürlich, ganz und gar. Ich habe mich wohl ungeschickt ausgedrückt. Eben weil es so ist, wie Sie sagen, ist es Berlin daran gelegen, dass Ihr Mann Deutschland gewogen und erhalten bleibt. Es soll doch bitte nicht der Eindruck entstehen, dass der Führer oder die Partei den Autor ins Exil treiben. Thomas Mann ist Deutschland, aber, das müssen Sie erlauben zu sagen, auch die NSDAP ist jetzt Deutschland. Deutschland ist das große Band, das uns vereinigt.«

Feuerstein hielt inne und beobachtete, wie sich Katia Manns Mundwinkel zu einem Schmunzeln kräuselten. Hatte er zu dick aufgetragen? Hatte er sich zu einem albernen Pathos verstiegen?

»Um im Bild zu bleiben, Herr Feuerstein, mir ist nicht daran gelegen, dass dieses Band zerschnitten wird. Mein Mann hängt an seiner Heimat, an unserem Vaterland, um diese hochpatriotische Vokabel ins Spiel zu bringen. Er ist durch und durch deutscher Schriftsteller, denken Sie nicht auch? Ihn von Deutschland zu trennen, hieße, ihn von seiner Lebensader abzuschneiden. Sie haben das Wort ›Exil‹ benutzt. Bei dem Wort - ich vertraue es Ihnen an - krampfte es sich in mir zusammen. Gestern erst erzählte er von dem Riesen Antäus und meinte doch in Wirklichkeit sich selbst. Seine ihm verliehenen Kräfte schwinden, sollte man ihn von seiner Muttererde dauerhaft trennen.«

Katia Mann beugte sich vor und berührte Feuerstein am Ellenbogen.

»Ist Ihnen kalt? Ziehen Sie doch Ihren Paletot über. In diesem Raum wird erst abends geheizt, fürchte ich.«

Feuerstein schüttelte den Kopf, obwohl ihn tatsächlich fröstelte.

»Ich bin ziemlich sicher, dass es den meisten Autoren, die im Augenblick im ›Exil‹ Zuflucht gesucht haben, so geht wie meinem Mann. Sein Bruder Heinrich zum Beispiel …«

Feuerstein hob abwehrend die Hand: »Sein Bruder, gewiss, Familienbande sind überaus stark. Aber das darf ich vielleicht behaupten: Sein Bruder steht politisch auf wesentlich radikalerem Feld als Ihr Mann. Oder wie er selbst damals angedeutet hat: Heinrich ist mehr Frankreich und Zivilisation als Deutschland und Kultur.«

»Heute würde er die Dinge vielleicht anders formulieren«, antwortete sie. »Da Sie schon von seinem Bruder sprechen, möchte ich daran erinnern, dass Thomas Mann in seinem Tun nicht frei ist. Er steht sozusagen immer im Scheinwerferlicht der Kritik, ob nun von familiärer oder auch öffentlicher Seite aus. Er kann nicht nur auf seinen persönlichen Vorteil sehen. Ich frage Sie unverblümt: Was erwarten Sie von uns?«

Feuerstein senkte den Blick. Katia Mann schien den Handel zu eröffnen. Nun galt es, ein brauchbares quid pro quo herauszuholen.

»Ihr Mann hat sich mit öffentlichen Verlautbarungen zur Regierung in Deutschland bislang zurückgehalten. Wenn er weiterhin diese Zurückhaltung übt, wäre das nichts, was in den Scheinwerfer der Kritik geraten könnte.«

Katia Mann wiegte den Kopf: »Ob er weiterhin Zurückhaltung üben kann, hängt doch auch sehr von der Regierung ab. Wenn Berlin sich weiter radikalisiert, wird man unbedingt von ihm erwarten, dass er öffentlich Position bezieht. Doch abgesehen davon, kann ich mir nicht vorstellen, dass seine Zurückhaltung alles ist, was sich die Staatsführung von uns wünscht.«

»Das ist wohl richtig. Es wäre auch über einen symbolischen Akt nachzudenken. Ich meine hinsichtlich des Punktes, ob er sich zum Lager des Exils zählen möchte oder nicht. Im Augenblick scheint die Frage eher unentschieden und Sie befinden sich quasi in einer Grauzone …«

»Was beide Seiten uns einigermaßen übelnehmen. Was glauben Sie, könnten wir in der Angelegenheit unternehmen, Herr Feuerstein? Sie scheinen bereits etwas im Auge zu haben.«

»Nun, Sie befinden sich offiziell im Urlaub und das Ministerium ist bereit, Ihren Aufenthalt hier in der Schweiz unter eben diesem Etikett zu verbuchen. Aber jeder Urlaub geht einmal zu Ende.«

Katia Mann zupfte an den Haarsträhnen, die unter der Sportmütze hervorlugten.

»Sie reden von unserer Rückkehr nach Deutschland. Das ist als politisch-symbolischer Akt einigermaßen heikel, wie ich Ihnen versichern kann. Aber noch viel mehr beunruhigt mich der Gedanke in praktischer Hinsicht. Herr Feuerstein, sagen Sie mir: Wären wir in Deutschland denn sicher? Könnten wird über unser Vermögen, unsere Einkünfte und unser Haus frei verfügen, wie es unbescholtenen Menschen zusteht?«

Feuerstein rieb sich das Gesicht. Ja, konnte er das? Er dachte an von Alberti und an Heydrich.

»Die Regierung schickt mich. Dass ich hier bin, ist doch im Grunde das sichere Zeichen, dass man Ihnen mit Wohlwollen begegnet.«

»Ja, Sie sind hier und ich finde in Ihnen einen durchaus sympathischen Menschen. Sie sind jedoch ein Mann des Geistes und der Geist steht selten in Koalition mit Macht und Einfluss, besonders im jetzigen Deutschland, wie ich behaupten möchte. Für uns steht einiges auf dem Spiel. Wenn wir die deutsche Grenze überschreiten, bedeutet das für uns ein erhebliches Risiko. Da wäre es nicht zu viel verlangt, denke ich, wenn man einen … nein, ich will nicht von einem Beweis sprechen, aber wenn man uns einen Fingerzeig zukommen ließe.«

Katia Mann lehnte sich zurück und richtete ihren Blick an Feuerstein vorbei ins Weite.

»Einen Fingerzeig?«, fragte der Attaché, »ich bin mir nicht sicher, ob ich das richtig auffasse.«

»Ein Zeichen, direkt von Berlin ausgehend, aus dem jenes Wohlwollen, von dem Sie sprachen, deutlich abzulesen ist.«

Feuerstein nickte, wusste aber nicht, ob er tatsächlich zusagen konnte. Über Befugnisse hatte man nicht mit ihm gesprochen. Er würde von Alberti fragen müssen.

»Ich werde sehen, was ich ausrichten kann. Mit Sicherheit wird man Verständnis für Ihre Situation haben«, sagte Feuerstein, was allerdings gelogen war. Höchstwahrscheinlich würde man keinerlei Verständnis aufbringen. Von Alberti würde die Schriftstellerbagage kapriziös und anmaßend finden.

»Sie entschuldigen mich«, unterbrach Katia Mann seine Gedanken, »ich werde zum Tee erwartet.«

Sie erhob sich und reichte dem Attaché zum Abschied ihre schmale, aber erstaunlich fest zugreifende Mädchenhand. Sie drehte sich um, federte hinaus und Feuerstein fand sich wieder allein im Spielsalon stehen, vernahm jetzt auch wieder den Geruch, den die zahllosen hier genossenen Zigaretten und Zigarren in Möbeln und Tapeten hinterlassen hatten.

Als er den Salon verließ und dem Ausgang zustrebte, lächelte der Empfangschef ihm freundlich zu. Der Gedanke an Kafka und den Torwächter war verfehlt gewesen. Nur dass Feuerstein den Untersturmführer von dem Beweis oder Fingerzeig würde berichten müssen, lag ihm auf der Seele. Von Alberti würde nicht mit Hohn sparen; vor allem aber würde er ihm, Feuerstein, vorhalten, warum er ein solches Ansinnen nicht sofort und mit der nötigen Klarheit zurückgewiesen hatte.

Als er im eigenen Hotel ankam, schien der Concierge bereits auf ihn zu warten. Mit aufgeblähter Wichtigkeit ließ er wissen, dass er eine Nachricht für den Herrn Attaché habe, und erst nachdem Feuerstein gefragt hatte, worum es gehe, gab der Angestellte mit aufgerissenen Augen bekannt, der Untersturmführer von Alberti warte ihn in seinem Zimmer, umgehend.

Feuerstein ärgerte dieses ›umgehend‹ und er erwog, von Alberti nun erst recht zappeln zu lassen. Möglich war auch, dass die ärgerliche Vokabel eine eigenmächtige Hinzufügung des Concierge gewesen war. Feuerstein bezwang also die Lust zum Trotz und suchte »umgehend« Albertis Zimmer auf. Zuerst gab es auf das Klopfen keine Antwort und erst nach einer energischen Wiederholung erklang ein schwaches »Herein«.

Die Vorhänge waren vor die Fenster gezogen, um das Tageslicht, so gut es ging, auszusperren. Der Geruch von Medizin wölkte durch den Raum. Von Alberti lag im Halbdunkel auf dem Bett, einen Handrücken an die Stirn gelegt.

»Kommen Sie schon rein und lassen Sie vor allem das Licht aus«, flüsterte er.

Feuerstein trat vorsichtig näher, um nicht über die Schuhe und Kleiderhaufen zu stolpern, die auf dem Boden verstreut lagen.

»Sind Sie krank? Kann ich etwas für Sie tun?«, fragte Feuerstein.

»Es ist nichts weiter. Nur die übliche Migräne. Wenn Sie etwas für mich tun wollen, dann setzen Sie sich und stehen Sie da nicht nutzlos rum. Berichten Sie. Wie war es bei dem gesalbten Großschriftsteller? Haben Sie mit ihm gesprochen?«

Feuerstein befreite den einzigen Stuhl von ein paar Socken und Unterhosen und setzte sich. Der Untersturmführer schien noch schlechter gelaunt als sonst. Feuersteins Trotz, der vorhin aufgeflackert war, meldete sich wieder zur Stelle.

»Ja, ich habe mit Herrn Mann gesprochen. Er hat mich freundlich empfangen. Also im Grunde nicht er selbst, sondern seine Frau. Ich darf dennoch behaupten, dass unsere Unterredung nicht ganz ohne Erfolg war.«

»Sieh an, nur seine Frau und nicht ganz ohne Erfolg«, wiederholte von Alberti, aber es klang eher leidend als höhnisch.

»Thomas Mann ist über das Interesse, das das Ministerium ihm entgegenbringt, glücklich und dankbar für die Aufmerksamkeit. Er hat für unsere Regierung durchaus Verständnis gezeigt. Von einer Chance auf Erneuerung hat er sogar gesprochen. «

»Hat er das? Oder hat sie das?«, fragte von Alberti, »So oder so. Er hat verdammt recht. Und für diese Erneuerung werde ich alles tun, was in meinen Kräften steht …«

Von Alberti brach ab und wurde von einem Hustenanfall geschüttelt. Als er sich erholt hatte, fragte er: »Hat es Zeugen für das Gespräch gegeben?«

»Nein, keine Zeugen.«

Von Alberti schwieg einen Moment. »Das macht nichts. Es spielt keine Rolle. Und wovon war außerdem die Rede?«

»Er sagte … nun, sie sagte, dass sie sich im Grunde eine Rückkehr nach Deutschland wünschen.«

»Im Grunde… was heißt ›im Grunde‹?«

»Sie haben gewisse Befürchtungen, bei denen ich ihnen sogar beipflichten möchte.«

»So, möchten Sie das?«, murmelte von Alberti.

»Denken Sie nur an den Haftbefehl, den dieser Heydrich auf seinem Schreibtisch liegen hat. So gesehen sind die Befürchtungen nicht gänzlich unbegründet.«

Von Alberti stemmte sich seitlich hoch und sah Feuerstein zum ersten Mal an, seit dieser das Zimmer betreten hatte.

»Heydrich, dieser spießige Streber. Der soll sich nicht einfallen lassen, uns in die Quere zu kommen.«

Von Alberti griff nach einem Glas Wasser, das auf dem Nachtschrank stand, und trank vorsichtig einige Schlucke.

»Vielleicht ist es ja denkbar, Herrn Mann, ich möchte sagen, einen Fingerzeig für seine Sicherheit zu gewähren.«

»Na, Sie machen mir Spaß, einen Fingerzeig für die Sicherheit … Ihr Büchermenschen seid schon ein drolliges Völkchen. Aber gut, wir werden sehen. Möglicherweise lässt sich etwas finden, etwas, das uns sozusagen nichts kostet und den verehrten Mandarin trotzdem zufrieden stellt. Für den Mai sind Aktionen vorgesehen und vielleicht lässt es sich einrichten, dass man Thomas Mann dabei ›übersieht‹. Ich werde mit Berlin telefonieren ... aber erst später. Wenn Sie mich jetzt bitte allein lassen, Herr Attaché ...«

Feuerstein verabschiedete sich und ging auf sein Zimmer. Während er aus den Schuhen schlüpfte, legte er sich rücklings aufs Bett, den Blick auf den Stuck gerichtet, der die Zimmerdecke einfasste. Er war zufrieden mit sich. Er hatte seine dienstliche Mission vollbracht, hatte aber nichts getan, was ihm eines Tages auf das Gewissen drücken könnte. Und wenn er sich nicht täuschte, hatte er bei Katia Mann einen ordentlichen Eindruck hinterlassen.

Am 29. April 1933 um 7 Uhr in der Früh packte Katia Mann die Koffer. Es galt, Abschied zu nehmen von Lugano, einem Aufenthaltsort, den Thomas Mann als heiteres und wohltuendes Asyl empfand. Die Abreise geschah jedoch bei strömendem Regen; erst mit dem Omnibus, dann mit dem Zug nach Zürich. Schließlich ging es weiter nach Rorschach, wo man im Hotel »Anker« ein Zimmer gebucht hatte. Folgt man den heutigen Anpreisungen der städtischen Tourismusabteilung, so ist Rorschach eine kulturell lebendige Hafenstadt am Bodensee und als solche ein idealer Ausgangspunkt für Ausflüge zu Wasser oder zu Land.

Für Thomas Mann war es jedoch ein Ort des Leidens; er litt unter der gewittrigen Schwüle, er litt unter einem schaurigen Gemütszustand wegen der nahen Grenze und er litt unter oder besser gesagt: in einem kaum mittelmäßig zu nennenden Hotelbett, das ihm eine unruhige Nacht bescherte. Um fünf Uhr wachte er auf von dem Schreckensgedanken an den Handkoffer mit den Tagebüchern. In seiner ängstlich-nervösen Stimmung überlegte er, Katia zu wecken, ließ ihr aber dann doch die notwendige Erholung des Schlafs. Seine Sorge wegen der Tagebücher verstand sie so halb und halb und mehr musste sie auch nicht verstehen von diesem Anschlag gegen die Geheimnisse seines Lebens. Sie waren schwer und tief. Furchtbares, ja Tödliches konnte geschehen. Thomas Mann griff nach der halben Phanodorm, die er auf dem Nachttisch bereitgelegt hatte, und die Tablette schenkte ihm tatsächlich noch etwas Schlaf.

Schon zwei Stunden später saß das Ehepaar Hand in Hand in einem Zugabteil erster Klasse mit einem Billett nach Basel in der Tasche. Sie hatten das Abteil für sich, ansonsten hätte der Schriftsteller das Händchenhalten wahrscheinlich vermieden, obwohl seine nervöse Erschöpfung der Nähe und des Halts bedurfte. Nun allerdings zog Katia die Hand zurück und führte sie mit einem Räuspern zum Mund.

»Der junge Mann in Lugano«, fing sie ohne Umschweife an, »dieser Herr mit den zwei Namen …«

»Du meinst den Attaché?«, fragte Thomas Mann, während sein Blick durch die gläserne Schiebetür und den Gang hinunter schweifte, als hielte er nach dem Schaffner Ausschau, der aber bereits vor einer halben Stunde das Ordnungsgemäße der Fahrkarten kontrolliert hatte.

»Seit dem Treffen ist nicht mehr die Sprache auf ihn gekommen, nicht von deiner Seite und deshalb habe auch ich vermieden, an ihn zu erinnern. Gestern hast du sogar Golo gegenüber nichts angedeutet. Du wirst deine Gründe haben. Ob das gute Gründe sind, sei dahingestellt. Du weißt, dass ich deine Entscheidungen in der Regel respektiere und damit basta. Nun aber erlaube mir, dass ich auf diesen Herrn Attaché zu sprechen komme.«

»Du hast mit dem Mann geredet. Worüber könnte ich dir also noch Auskunft geben?«

»Mein lieber Thomas, jetzt bitte keine Ausflüchte. Dafür ist die Sache zu ernst. Dieser Herr Feuerstein ... hat dir - im Namen der Nazi-Bande - ein Angebot gemacht, wenn ich nicht irre. Du sollst Deutschland nicht abtrünnig werden. Wie ist deine Haltung dazu? Bisher bist du meinen Nachfragen ausgewichen. Nun möchte ich aber doch endlich wissen, was du darüber denkst. Und ich möchte auch meine Gedanken dazu äußern.«

Der Schriftsteller zog ein Tuch aus der Rocktasche, nahm die Brille ab und putzte eine Weile daran herum. Erst als die Augengläser wieder auf der Nase saßen, antwortete er: »Du weißt, wie die Dinge stehen. Du hast es von Golo gehört: Man beschlagnahmt unsere Autos, man durchschnüffelt unser Heim. Und das empfindliche Grammophon lassen wir nach Basel expedieren. Das ist Auflösung, ganz unwürdige Zustände sind das.«

»Das sind materielle Dinge. Und wir werden nicht am Bettelstab enden, wenn wir Deutschland fernbleiben.«

»Ja, es sind materielle Dinge. Aber sage nicht, es seien ›nur‹ materielle Dinge. Du weißt, meine nervliche Konstitution, ja, meine Existenz bedarf eines gewissen Rahmens, eines Minimums an Komfort und Behaglichkeit.«

»Und ob ich das weiß, mein Lieber, niemand weiß das besser als ich. Aber willst du dich allen Ernstes auf einen Handel mit dem Regime einlassen? Sie sperren unschuldige Menschen ein und foltern sie. Es sind Mörder.«

Thomas Mann hob das Kinn und machte ein offizielles Gesicht, wie er es tat, wenn er glaubte, fotografiert zu werden.

»Ich bin mir über die Machenschaften im Klaren, nicht weniger als du. Die Partei ist aber nicht mit Deutschland zu verwechseln. Das hätten sie nur zu gern, dass wir täten, als seien sie und Deutschland ein und dasselbe. Aber auch ich bin Deutschland. Und was bleibt uns übrig? Sollen wir hier in der

Schweiz hocken und uns hinter Stillschweigen verstecken? Auch die passive Gegnerschaft zum Regime wird als aktive gedeutet und empfunden. Es fragt sich, ob ich bei meiner singulären, mit anderen Schicksalen nicht zu verwechselnden Stellung das Recht habe, die Welt gegen eine deutsche Regierung aufzurufen, die bleiben muss und sich entwickeln kann, weil nichts da ist, was an ihre Stelle rücken könnte.«

»Ich weiß nicht, was die Kinder dazu sagen werden«, antwortete Katia, was ungefähr bedeutete, dass sie sehr wohl eine Vorstellung davon hatte, was die Kinder (und sie dachte vornehmlich an Klaus, Erika und Golo) davon halten würden. Sie würden nämlich empört sein und ihrem Vater die Hölle heiß machen. Katia schloss die Augen und zog sich in ein Schweigen zurück, ließ es aber zu, dass Thomas Mann wieder ihre Hand nahm.

8. München

Es erging die Order, dass sich von Alberti und Feuerstein wieder nach München zu verfügen hätten, wo sie auf weitere Befehle warten sollten. Von Alberti, weiterhin leidend und in schlechter Verfassung, atmete auf, als der Zug die Grenze passierte und sie über deutschen Boden rollten. Die biederrepublikanische Luft der Schweiz hatte ihm nicht behagt. Er hegte das typisch deutsche Misstrauen gegen die »Welt«, - so sonderbar es scheinen mag, wenn man das enge Nachbarland im Gegensatz zum weiten und mächtigen deutschen Reich als »Welt« bezeichnet. Die Schweiz, neutral, mehrsprachig, französisch beeinflusst, von westlicher Luft durchweht, war tatsächlich, ihres winzigen Formats ungeachtet, weit mehr »Welt«, weit mehr europäisches Parkett als der politische Koloss im Norden, wo das Wort »international« ein Schimpfwort war und ein dünkelmütiger Provinzialismus die Atmosphäre verdorben und stockig gemacht hatte.

Feuerstein hingegen kehrte mit schwankenden Gefühlen nach München zurück. Er wusste nicht, was er von der Stadt halten sollte. Da waren die Pinakotheken, Schwabing, die Kunstgalerien und das ganze geistige Leben. München leuchtete oder hatte wenigstens geleuchtet. Vielleicht jedoch - er konnte sich des Gedankens nicht erwehren - vielleicht war es auch nur eine schimmernde Fäulnis gewesen und vielleicht war es an der Zeit, dass die Dekadenz herausgeschält und vom echten deutschen Strahlen verdrängt wurde.

München - das war die Hauptstadt der Bewegung. Aber die Bewegung, das waren auch Männer wie Heydrich und auch wenn Feuerstein nicht eines Sinnes war mit Mario von Alberti, so teilte er doch dessen Abneigung gegen den Chef der Politischen Polizei, ja, Feuerstein spürte Unbehagen, wenn er an Heydrich dachte. Der Attaché war einverstanden mit den Braunhemden, er konnte mitfühlen mit der Erhebung, der blinden Inbrunst, dem Aufstand, dem Aufbruch, dem reinigenden Neubeginn, der völkischen Wiedergeburt, dem heiligen Taumel, - die düstere Kehrseite konnte er sich aber nicht verhehlen: die wüste Rohheit, viel Schlagetot-Gemeinheit, viel schmutzige Lust am Schänden, Quälen und Erniedrigen.

Der Untersturmführer und der Attaché bezogen dasselbe Hotel in der Schellingstraße wie zuvor. An der Rezeption lag bereits eine Nachricht aus Berlin für die Männer bereit: Man wolle dem Vorschlag des Untersturmführers folgen, hieß es. Die Rede war von dem »Fingerzeig«, um den Katia Mann gebeten hatte, und Feuerstein erfuhr nun, dass man im Mai Bücherverbrennungen inszenieren wolle, bei denen man die Werke Thomas Manns von dem Feuertod zu verschonen gedenke.

»Ich verstehe«, sagte Feuerstein, »das wird uns weder materiell noch ideell etwas kosten. Und ich bin sicher, dass Thomas Mann mit dem Fingerzeig zufrieden sein wird.«

Ein Anflug von hochstapelnder Anmaßung durchschauerte Feuerstein, als er von »uns« sprach, und er war unsicher, wie von Alberti das aufnehmen würde. Aber dieser zeigte nur ein schwaches Lächeln und ließ es gut sein.

»Machen Sie ein paar Tage frei, Herr Attaché, genießen Sie München. Wer weiß, wohin Berlin uns als nächstes schicken wird. Auch hier gibt es Etablissements, die Ihren Neigungen entgegenkommen werden.«

Feuersteins Zimmer war noch luxuriöser als bei dem ersten Besuch des Hotels. Es ging nach hinten raus und war damit von den Straßengeräuschen abgeschirmt. Es gab sogar einen kleinen Balkon, auf dem ein kreisrundes, schlankbeiniges Tischchen stand mit einem Stuhl von passendem Design.

Nachdem der Attaché seine Kleider ausgepackt und seinen Schatz, die Tagebücher, hinten im Schrank versteckt hatte, setzte er sich auf den Balkon und atmete die milde, von Frühlingsduft gesättigte Luft. Aus einem der benachbarten Zimmer klang unterdessen ein Husten herüber bei dem Feuerstein eine Formulierung aus dem »Zauberberg« einfiel: Ein Rühren im Brei organischer Auflösung. Nein, so schlimm hörte sich dieser Husten nicht an, aber doch mindestens bedenklich und Feuerstein fragte sich, ob er vom Untersturmführer stammte.

Plötzlich fiel ihm die Bemerkung von Albertis ein, dass es Etablissements gebe, die seinen, Feuersteins, Neigungen entgegenkommen würden. Zuerst hatte er nicht weiter darauf geachtet, doch nun wurde er stutzig. Welche Neigungen hatte von Alberti gemeint? Und war der Ausdruck »Etablissements« ein Euphemismus für Orte, die zu besuchen man offiziell unbedingt zu leugnen hatte?

Um Feuersteins heftig aufflackernde Befürchtung zu verstehen, müssen wir einen Blick in sein vergangenes Leben werfen, bevor er Feuerstein geworden war und noch bevor die Partei die Macht übernommen hatte: Bis kurz vor Weihnachten hatte Feuerstein eine Freundin gehabt, die ihm mit den Worten, eine Liebschaft könne er sich finanziell nicht leisten, den Laufpass gegeben hatte. Doch hatte sie nicht nur aus pekuniären Gründen den Schlussstrich gezogen, sondern auch, weil er in körperlicher Hinsicht das eine und andere schuldig geblieben war. Der Grund dafür war jedoch weniger körperlicher als geistig-erotischer Natur, denn Feuerstein fühlte sich - um es klar zu sagen - zu Männern hingezogen; der Gedanke an einen festen, behaarten Männerkörper erregte ihn und die Tatsache des Verbotenen konnte ihn in verzweifelte Wollust treiben. Vielleicht ruhte diese Neigung von Anfang an in ihm oder doch zumindest seit den Tagen der Pubertät, aber damit ist noch nicht alles gesagt und entschieden; am Ende bedarf die Neigung auch ihrer Entdeckung und des Eingeständnisses. Dazu hatte vor zehn Jahren ein Mann namens Walter Gruber verholfen und er hatte ans Licht gebracht, was schon seit der Pubertät in Feuerstein bzw. Smetana gegoren hatte.

Im Rahmen einer Feier, unterstützt vom Alkoholrausch, hatte Gruber ihn die Süße und Sünde homoerotischer Ausschweifungen kosten lassen. Bald nach dieser Initiation verliebte Smetana sich in einen jungen, anämisch aussehenden Mann namens Paul Ehrsam, der seinen Lebensweg als Musiker – er spielte die Viola d'amore – zu meistern gedachte. Sie verlebten ein paar glückliche, wenn auch von Heimlichkeit gedrückte, Jahre miteinander. Als aber die radikalen Kräfte in Deutschland stärker wurden und an Macht gewannen, riss Feuerstein sich von seinen Neigungen los und bemühte sich um ein Dasein, das als normal und gesund gelten konnte, und zwar nach Maßstäben, die er selbst im Grunde als richtig und vollgültig anerkannte. Von gelegentlichen Ausnahmen abgesehen, während der seine Triebnatur die Oberhand gewann, waren seine Bemühungen erfolgreich.

Jetzt aber, während er von Albertis hinfälligem Husten lauschte und der Münchner Himmel sich blau über ihm wölbte, überwältigte ihn ein furchtbarer Verdacht. Er spürte, wie ihm die Farbe aus dem Gesicht wich. Er öffnete den obersten Hemdknopf und rieb sich die Schläfen. Gerüchte besagten, dass Thomas Mann Liebesbeziehungen mit Männern unterhalten habe, dass die Ehe und die Kinder eine bürgerliche Fassade seien, hinter der der Großschriftsteller seine Homosexualität verborgen halte, sogar vor sich selbst. Waren das nur Gerüchte? Nein, es entsprach wohl der Wahrheit. Feuerstein wusste Bescheid. Er hatte Thomas Manns Tagebücher gelesen. Die Aufzeichnungen waren eindeutig genug. Warum also - mit innerem Beben stellte er sich die Frage - warum hatte das Ministerium gerade Smetana für die Mission ausgewählt? Hanke hatte Gründe genannt, die einleuchtend geklungen hatten. Und da Feuerstein sich als der Erwählte geschmeichelt fühlte, war er weit davon entfernt gewesen, an den genannten Gründen zu zweifeln. Vielleicht war er zu leichtgläubig gewesen. Wusste man von seiner Vergangenheit und seinen Neigungen? Wusste von Alberti davon? Hatte er darauf angespielt, als er von jenen Etablissements gesprochen hatte? Es schauderte Feuerstein, wenn er an mögliche Konsequenzen dachte. Würde man, wenn man meinte, er habe ausgedient, seine Vergangenheit ans Licht zerren? Ihm den Prozess machen und ihn in irgendeinem Kellerloch verschwinden lassen, wie man schon viele andere Existenzen ausradiert hatte? Männer wie Goebbels, Hanke oder auch Heydrich waren schlau und skrupellos, wenn es um die »gute Sache« ging. Jeder Schachzug war ihnen zuzutrauen, zumal wenn das Bauernopfer nur aus einem kleinen schwulen Germanisten bestand, der kaum seinen Lebensunterhalt aufbrachte.

Feuerstein ging ins Zimmer und schloss die Balkontür. Er sagte sich, dass er sich wahrscheinlich zu viele Sorgen machte. Die germanisierend-männerbündische Verherrlichung des Leibes hatte auch in höchsten Kreisen der SA die gleichgeschlechtliche Liebe wuchern lassen. Feuerstein hatte davon gehört. Vielleicht gab es so etwas wie eine stillschweigende Duldung.

Am nächsten Tag verließ Feuerstein gleich nach dem Frühstück das Hotel, um durch die Straßen zu schweifen und - wie von Alberti gesagt hatte - München zu genießen. Der Himmel strahlte weiterhin in makellosem Blau und die Straßen und Fassaden prunkten reinlich wie nach einem Frühjahrsputz. Feuerstein schlenderte bis zur Ludwigstraße, wo die renaissancehafte Pracht auf ihn wartete, oder vielmehr nicht auf ihn wartete, sondern sich in würdevoller Duldung von dem Touristen betrachten ließ. So etwa gingen Feuersteins Gedanken, die er am Abend in ein Tagebuch zu notieren den Plan gefasst hatte. Er gedachte nämlich dem Vorbild des Schriftstellers nachzueifern und seine Tagesbegebenheiten und Gedanken schriftlich festzuhalten, um dem träumerischen, nur halb zulässigen Gedanken der Mythus-Verwandtschaft Nährfutter zu spenden. Auf dem Weg hatte er bereits eine Papeterie ausgemacht, in der er später geeignete Hefte erwerben wollte. Nun aber hielt er auf die Feldherrenhalle zu, mit dem Ziel, bis zum Marienplatz vorzustoßen und zur vollen Stunde dem Figurenspiel der Rathausuhr zuzusehen. Schon von Weitem bemerkte er eine Art Auflauf auf dem Vorplatz der Feldherrenhalle und als er näher heran war, stellte sich heraus, dass ein großer Trupp SS-Soldaten in Formation angetreten war. Feuerstein schätzte sie auf mindestens vierhundert Mann. In quadratischer Ordnung hatten sie sich aufgestellt und harrten aus in strammer Haltung. In den Uniformen schienen sich sogar die Gesichter der Männer zu ähneln, als seien sie alle Sprösslinge einer übergewaltigen Mutter. Unbedingtes Ebenmaß und eisige Regelmäßigkeiten waren die Leitideen, die hier zur Anschauung gelangten. Dies erschien Feuerstein das Unheimliche, geradezu Lebensfeindliche daran. Es war alles zu regelmäßig; die zum Leben geordnete Substanz war es niemals in diesem Grad, dem Leben schauderte vor der genauen Richtigkeit, es empfand sie als tödlich. Feuerstein hielt es mit der Bewegung, sofern sie das Nationale und Völkische vertrat im Sinne der Romantik. Die Kultur und der Geist, dachte Feuerstein, konnten nur national sein und somit wesensmäßig im Volk gründen. An eine europäische Kultur, wie sie vielleicht noch im Mittelalter denkbar gewesen war, mochte er nicht glauben. Eine europäische Kultur würde zwangsläufig in utilitaristische Zweckrationalität münden, würde also in letzter Konsequenz aufhören Kultur zu sein. Auf undeutliche Weise ahnte Feuerstein, dass dieses Ende der Kultur mit der ebenmäßigen Quadratur der SS-Soldaten in unterirdischer Verbindung stand. Vielleicht aber, dachte er, bedurfte der romantische Geist dieser kalten Regelmäßigkeit der Uniformen. Vielleicht mussten sie - für eine Weile, für die Weile des Kampfes - eine Symbiose eingehen, damit am Ende das deutsche Wesen nicht untergehe. Er bemühte sich, den Gedanken zur Klarheit zu formen und sich einzuprägen, um auch ihn später ins Tagebuch aufzunehmen. Allein der Plan, sein Innenleben zu verschriftlichen beschenkte ihn mit dem Gefühl, dass sein Dasein an Substanz, ja, an Bedeutung gewinne. Doch dann erschrak Feuerstein. Was war, wenn solche Aufzeichnungen in fremde Hände gerieten? Thomas Manns Tagebücher bewiesen, dass derlei geschehen konnte. Nun war Feuerstein kein Mann von allgemeinem Interesse, dass man sich viel um seine Notizen scheren würde. In dem Punkt machte er sich keine Illusionen. Allerdings war er vom Ministerium erwählt worden und das große Auge der Partei ruhte auch auf ihm. Er würde mit seinen Gedanken, sollte er sie tatsächlich aufschreiben, vorsichtig umgehen müssen. Alle möglichen Verwicklungen müsste er in den Blick nehmen. Am Ende mündeten seine sorgenden Gedanken in der Erwägung, dass es das Sicherste wäre, wenn er auf die Verschriftlichung lieber verzichtete. Ein Gedanke war leicht und flüchtig und nur für den greifbar, der ihn dachte. Wenn er jedoch sich in der Schrift materialisierte, veränderte er sein Wesen und konnte zur Gefahr werden. Die Verbindung der SS-Männer mit dem Unheimlichen und Lebensfeindlichen konnte zu leicht missverstanden werden, um sie dem flüchtigen Reich des Nur-Gedachten zu entreißen und auf dem Papier zu unabweisbarer Tatsache werden zu lassen.

Mit seinen Gedanken beschäftigt, schlenderte Feuerstein zum Marienplatz, vergaß, die mechanische Vorführung des Glockenspiels zu betrachten, ließ sich durch die Innenstadt nach Nord-Osten treiben bis zur Münzstraße und fand sich schließlich wieder vor einem weiß getünchten Gebäude im Neorenaissance-Stil mit wuchtiger Arkade, die dem Portal vorgelagert war. Die Flügel der Tür standen offen und lärmiger Tumult drang nach draußen wie von mehreren tausend Menschen. Der Zufall hatte Feuerstein zum Hofbräuhaus geführt, wo man 1919 die Kommunistische Räterepublik ausgerufen hatte und schon ein Jahr später am selben Ort die NSDAP aus der Taufe gehoben worden war. Vielleicht fand sich in diesem Hort, in der Verbindung von Braukunst, festlicher Ausgelassenheit und trachtenhafter Mode der Wurzelgrund völkischer Kultur, die Feuerstein in der Bewegung sehen zu können hoffte, das notwendige Gegengewicht sozusagen zur Schlagetot-Mentalität der SS. Er beschloss, hineinzugehen und in die Gepflogenheiten und Traditionen einzutauchen, so gut es einem Menschen wie ihm gelingen mochte. Üblicherweise mied er Menschenmassen, doch andererseits musste er - wenn der Gedanke an das Volk nicht nur ein akademisches, lebloses Konstrukt bleiben sollte - mit den Menschen in Berührung kommen.

Dieser Wunsch erfüllte sich auch im nächsten Augenblick, jedoch anders, als Feuerstein gedacht hatte. Ein farbentragender Student stürzte durch die offene Tür, streifte Feuerstein an der Schulter, geriet ins Taumeln und ging auf die Knie. Auf die Hände gestützt erbrach er sich mit grässlichem Geräusch. Feuerstein zweifelte, was hier zu tun war. Vorsichtig einen Schritt herantretend, vergewisserte er sich, dass der junge Mensch zwar in einem schlimmen, es ihm am nächsten Tag heimzahlenden, aber sonst in keinem bedrohlichen Zustand befand, wandte sich rasch ab und überließ den stöhnenden Mann seiner Katharsis. Er betrat das Gebäude, wo das Stimmengetöse sofort anschwoll. Säuerliches, von Tabaksqualm schwangeres Dunstgebräu schlug ihm entgegen und umschlang ihn mit tausend weichen Armen. Der strahlend blaue Apriltag war wie ausgelöscht. In dem gewölbeartigen Saal herrschte eine eigene unveränderliche Tageszeit, ein Zwitterding zwischen Nacht und Tag. An dutzenden, derben, langen Holztischen saßen Frauen und Männer vor riesigen Bierhumpen. Es mussten tausend oder mehr Menschen sein. Die leibhafte Masse traf Feuerstein mit Wucht und brachte ihn zum Stehen. Mit gespreizten Ellenbogen, fünf oder mehr der gewaltigen Krüge mit jeder Hand an den Henkeln haltend, stampften die Bedienungen durch das Gewoge, um den Trinkern Nachschub zu liefern.

Nachdem Feuerstein sich einige Minuten umgesehen hatte und von den stampfenden Krugschleppern unbeachtet geblieben war, näherte er sich einem Stuhl, der an der Stirnseite einer der Langtische leer geblieben war. Er fragte ein Paar, das am nächsten saß, ob er Platz nehmen dürfe. Doch offenbar war seine Stimme zu schwach, sich gegen den Lärm zu behaupten. Vornübergebeugt wie zwei Sumo-Ringer waren Frau und Mann, beide mit grauen Filzhüten geschmückt, in einen Disput verwickelt, ohne Feuerstein zu beachten. Mit wütender Stimme belehrte der Mann die Frau dahingehend, dass es in Deutschland immer noch am besten gegangen sei, als der Kaiser das Ruder in der Hand gehabt habe. Etwas Höheres als den Kaiser gäbe es nämlich nicht. Als Feuerstein sich gesetzt und der Mann den neuen Gast bemerkt hatte, brach er seine Rede sofort ab.

»Pass auf, was du sagst«, raunte die Frau, »du mit deiner großen Klappe.«

Das Verstummen breitete sich am Tisch aus und auf der Suche nach einer Ursache blieben die huschenden Blicke an Feuerstein hängen, dem unangenehm wurde in seiner Haut. Doch die Aufmerksamkeit wurde schnell wieder von ihm fortgerissen. Ein paar Tische weiter war ein Tumult entstanden; Schreie schrillten durch den allgemeinen Lärm; Männer sprangen auf und ließen ihre Stühle umstürzen; ein Bierkrug flog durch die Luft und zerbarst auf dem Fußboden; Fäuste wurden geschwungen und trafen Gesichter. Wie eine Welle schwappte die Gewalt durch den Saal und hatte im Nu auch Feuersteins Tisch erreicht. In Panik brüllend presste die Frau mit dem Filzhut ihr Täschchen an die Brust, als versuche sie hineinzukriechen. Ihr Mann war aufgesprungen und drang mit erhobenen Fäusten auf Feuerstein ein. Da er sich zu keinem ernsthaften Schlag überwinden konnte, jedoch schon einmal in Bewegung war, drückte er sich mit Kraft gegen Feuerstein, so dass sein Kopf sich in Feuersteins Schulter bohrte. Mit einer Drehung, die mehr dem Anrennen seines Gegners als einer Absicht entsprang, ließ Feuerstein den Angreifer ins Leere rennen. Der Mann verlor die Balance und schlug lang hin, wo er sofort zum Hindernis für andere wurde, die fluchend über ihn stolperten. Im Pulk derer, die zum Ausgang flohen, ergab sich für eine Sekunde eine schmale Passage. Mit zitternden Knien warf der Attaché sich in diese Schneise und ließ sich von den Flüchtenden nach draußen schieben …

So endete also diese Erkundung des Volkes und seiner Gepflogenheiten und Traditionen nach nur wenigen Minuten und Feuerstein erinnerte sich solcher, schon aus der Kindheit herrührender Erfahrungen, dass auch immer mit Eruptionen des Irrationalen zu rechnen war, wenn man an das Volk dachte.

Die Alte Pinakothek liegt etwa eine halbe Stunde Fußweg vom Hofbräuhaus entfernt. Und doch war es Feuerstein, als habe er den einen Kontinent verlassen und einen anderen betreten. Auf dem Vorplatz ließ sich ein Kind im Matrosenanzug auf einem geräderten Holzpferd von seinen Eltern durch die Sonne ziehen. Die Luft schien hier klarer zu sein und der Himmel milder. Seinen Zweck, ein Aufbewahrungsort der Kunst zu sein, sah man dem Gebäude auf den ersten Blick an. Nicht ohne Grund war die Alte Pinakothek im 19. Jahrhundert zum Vorbild für Galerien in Rom und Petersburg geworden. Feuerstein erwarb eine Eintrittskarte und begann ohne Plan oder Vorsatz seine Wanderung durch die Säle. Nur mit Mühe gelang es ihm, seine Aufmerksamkeit auf die Bilder zu richten. Zu sehr tummelten sich seine Gedanken um Mario von Alberti, Thomas Mann und vor allem um den Vorfall im Hofbräuhaus. Er war stehen geblieben und ohne es zu wissen, hatte er die Blicke auf ein Gemälde Johann Heinrich Tischbeins des Älteren gerichtet; eine Darstellung der Kalliope mit einer Wachstafel in den Händen. Der Attaché erschrak, als er plötzlich eine Stimme hinter sich hörte:

»Nenne mir, Muse, die Taten des vielgewanderten Mannes, welcher so weit geirrt, nach der heiligen Troja Zerstörung.«

Er drehte sich um. Die Stimme gehörte zu einer Frau von etwa vierzig Jahren, gekleidet in einen grau-violetten Mantel, unter dem ein graues Gewand zum Vorschein kam. Ihre schwarzen Augen ruhten mit schalkhaftem Ausdruck auf ihm, wie man etwa einen alten Bekannten betrachten würde, den man zufällig wiedertrifft.

»Ich verstehe nicht. Wie meinen Sie das?«, fragte Feuerstein.

Anstatt zu antworten, erklärte sie, dass das Gemälde eigentlich nicht hierhergehöre; die Leihgabe eines anderen Museums vielleicht. Umso glücklicher sei sie, das Bild »beäugen« zu können.

»Denn ob Sie es glauben oder nicht. Diese Kalliope sieht aufs Haar aus wie meine Ururgroßmutter. Ich versichere Ihnen: bis aufs Haar.«

»Sie meinen tatsächlich Ihre Ururgroßmutter?«, fragte Feuerstein und ärgerte sich im selben Moment schon über die Bemerkung. Jetzt würde die Frau ihn in ein Gespräch verwickeln und er würde sie nicht leicht wieder loswerden.

»Sie war übrigens reinblütige Griechin. Ist das nicht ein ulkiger Zufall? Ich glaube allerdings nicht. Mit Sicherheit ist es mehr als Zufall. Denn auch ich bin so etwas wie eine Muse der Literatur. Denken Sie nicht auch, dass ich ihr ähnlichsehe?«

Die Frau stellte sich neben das Gemälde und hob die Arme, als halte auch sie eine Wachstafel in den Händen. Offenbar handelte es sich um eine verwirrte Person, wie sie Feuerstein aus Berlin vertraut waren. Allerdings war die Ähnlichkeit der Frau mit Kalliope nicht zu leugnen. Man musste nicht übermäßig übertreiben, um zu behaupten, sie ähnele ihr bis »aufs Haar«. Feuerstein lächelte unverbindlich und tat so, als sehe er auf die Uhr, obwohl er keine bei sich trug.

»Es bereitet jedoch kein Vergnügen mehr, eine Dienerin der Literatur zu sein«, fing die Kalliope wieder an. »Wo früher die Haine der Dichter waren, wachsen heute Stahl und Stacheldraht.«

Sie trat näher an Feuerstein heran und zupfte sogar an seinem Ärmel.

»Man dient nicht der Kunst, sondern die Kunst muss der Religion dienen, der weltlichen Religion«, flüsterte sie, »wenn nicht, dann landet sie im Feuer…ins Feuer«, wiederholte sie, während sie mit ihren schwarzen Augen funkelte.

Feuerstein lächelte wieder, obwohl das zu der Prophezeiung der Muse gar nicht passen wollte.

»Eine meiner Schwestern hat heute Geburtstag. Sicher wartet sie schon. Sie rühmt sich, den besten Kuchen zu backen. Sie entschuldigen mich also.«

Und mit tänzerischen Schritten entfernte sich die Kalliope in Richtung Ausgang.

Feuerstein blieb zurück mit dem Gefühl, eine »Begegnung« erlebt zu haben. Eine Epiphanie? Er lachte. Was für sonderbare Einfälle ihm kamen. Andererseits, dachte er, bin ich nicht frei, in der Frau eine Verwirrte zu sehen oder eben die Muse Kalliope selbst? Welche Instanz sollte hier über richtig und falsch entscheiden? Denn der Mythus ist nichts anderes als die ewige Wiederkehr eines Musters. Dieser Einsicht würde Feuerstein untreu werden, wenn er die Möglichkeit, dass es sich bei der Person um Kalliope gehandelt hatte, aus bornierter Allerweltsvernunft ausschlösse. Vielleicht hing die Wirklichkeit nur von der inneren Haltung ab. Aber das war natürlich ein gefährlicher Gedanke; eine unpassende innere Haltung konnte einen ins Irrenhaus bringen, oder sogar an schlimmere Orte.

Unschwer wird man in diesem Kapitel eine Zwischenepisode erkennen, sodass die Frage nicht ausbleiben wird, ob ein solches Intermezzo nicht gut und gern verzichtbar sei. Die Handlung wird kaum vorangetrieben und bestenfalls lässt sich die Passage durch ihre abstrakt-thematische Ebene rechtfertigen. Es geht, wie man gesehen hat, um nichts weniger als um die Tatsache, dass der Mensch sich zu Gelegenheiten, für sein Leben weichenstellenden Gelegenheiten, zwischen zwei Polen befindet, zwischen Antipoden, die eine Entscheidung von ihm verlangen. Bekanntlich sagte Gott am letzten Schöpfungstag zum Menschen: Ich habe dich in die Mitte der Welt gesetzt, damit du von dort bequem um dich schaust, was es alles in dieser Welt gibt. Wir haben dich weder als einen Sterblichen noch einen Unsterblichen geschaffen, damit du als dein eigener, vollkommen frei und ehrenhalber schaltender Bildhauer und Dichter dir selbst die Form bestimmst, in der du zu leben wünscht. Es steht dir frei, in die Unterwelt des Viehs zu entarten. Es steht dir ebenso frei, in die höhere Welt des Göttlichen dich durch den Entschluss deines eigenen Geistes zu erheben.

Eine gute Stunde später saß Feuerstein im Hotel auf seinem kleinen Balkon und schrieb in das fadengeheftete, von einem festen Einband umschlossene Kladdebuch, das er wie geplant in der Papeterie erworben hatte. Davon, seine Gedanken über die lebensfeindliche Regelmäßigkeit der SS-Truppenaufzuschreiben, hatte er Abstand genommen, auch wenn sie ihm richtig und bedeutsam erschienen. Stattdessen wollte er die Begegnung mit der mysteriösen Kalliope auf das Papier bringen und zusehen, wohin der Gedankenstrom ihn treiben würde. Aber über ein paar einleitende, die Architektur der Pinakothek schildernde Sätze war er kaum hinausgekommen, da hörte er die Zimmertür gehen und einen Moment später trat Mario von Alberti auf das freie Fleckchen, das der Balkon noch hergab. Kalter Schweiß überzog die wächserne Blässe seines Gesichts, denn um seine Gesundheit stand es schlimmer, als er zugegeben hatte.

»Es hat ein Donnerwetter gegeben«, sagte er, während er mit einem Taschentuch über die Stirn wischte. »Ich habe vorhin mit Berlin telefoniert. Während Sie sich offenbar herumtreiben und amüsieren, muss ich mir eine Standpauke von diesen Parvenüs anhören, als wäre es mein Fehler.«

Der Untersturmführer brach in einen Hustenanfall aus, so dass Feuerstein, selbst wenn er gewollt hätte, keinen Einwand hätte erheben können. Er stand auf und bot dem jungen Mann seinen Stuhl an. Ohne zu danken, setzte von Alberti sich und führte, als er wieder zu Atem gekommen war, seinen Bericht fort. Offenbar hatte es ein Missverständnis gegeben, von dem nicht mehr auszumachen war, ob es seinen Ursprung in München oder in Berlin gehabt hatte. Auf jeden Fall hatte Doktor Goebbels getobt (zumindest erzählte von Alberti die Geschichte so), dass man den Untersturmführer und Feuerstein nach München zurückbeordert hatte, während der Nobelpreisträger Thomas Mann mir nichts, dir nichts nach Frankreich reiste, ausgerechnet Frankreich, zum Erzfeind, wo die ganze Exilbagage sich zusammenrotte.

»Wir haben sofortigen Marschbefehl«, schloss von Alberti und stemmte sich bereits stöhnend hoch, als gelte es, keine Sekunde zu verlieren.

9. Die Begegnung

Ein dünner, dauerhafter Regen verschleierte die Rhône-Landschaft, die am Abteilfenster vorüberzog wie ein düsteres Aquarell. Seit dem Passieren der deutsch-französischen Grenze war es mit von Albertis ohnehin bedenklicher Laune weiter bergab gegangen. Dann hatte sich auch noch herausgestellt, dass es im Zug kein Waggon-Restaurant gab, ja, nicht einmal ein Warmgetränk war zu ordern. Der Untersturmführer klagte mit dem Blick aus dem Fenster über schlimme Behagensminderung. In Le Lavandou waren für die beiden Gesandten Zimmer in einem Hotel direkt am Meer reserviert. Bei geöffnetem Fenster konnte man die Wellen gegen die Felsen rauschen hören. Die Naturreize waren für von Alberti jedoch kein Trost. In diesem Kulturgebiet, jammerte er, sei alles schäbig, wackelig, unkomfortabel und unter seinem Lebensniveau. Obwohl sie nicht wussten, wie lange das Ehepaar Mann sich noch in dem Ort aufhalten würde oder ob sie überhaupt noch anwesend waren, nahm von Alberti einen halben Tag Ruhe in Anspruch. Erst am nächsten Morgen wollte er sich auf die Suche nach dem Nobelpreisträger machen und zum Mittag, so die Hoffnung des SS-Mannes, werde man den Schreiberling aufgestöbert haben. Diese Berechnung erwies sich aber als zu optimistisch, denn in dem kleinen Badeort schien es beinahe so viele Hotels wie Einwohner zu geben.

Zur Mittagsstunde hatten sie kaum die Hälfte der hiesigen Gasthäuser abtelefoniert. Bleich und erschöpft strich von Alberti eine Telefonnummer aus der Liste, die er vor sich liegen hatte.

»Mir reicht's. Ich werde eine Pause machen. Soll der Teufel das französische Gesindel holen.«

Feuerstein, an der Seite von Alberti sitzend, legte den Telefonhörer auf die Gabel und nickte. Die Gespräche, die er meistens mit seinem auf Schulniveau verbliebenen Französisch hatte bewältigen müssen, waren anstrengend gewesen. Sich reckend und Glieder schüttelnd erhoben sich die Männer von den einfachen Holzstühlen und verließen die hoteleigene Telefonkabine, die sie für Stunden blockiert hatten.

»Ich brauche frische Luft«, stöhnte von Alberti, »wollen Sie mich begleiten? Auf einen kleinen Spaziergang ...«

Der Untersturmführer bemühte sich um einen Kommandoton. Doch es war nicht Herrschsucht, die ihn - ungewohnt genug - bestimmte, nach Feuersteins Begleitung zu fragen. Vielmehr fühlte er sich so schwankend auf den Beinen, dass es ihm lieb war, jemanden an seiner Seite zu haben.

»Recht gern«, antwortete Feuerstein und da er merkte, wie wenig glaubwürdig das geklungen hatte, fügte er hastig hinzu: »Ich glaube, der Regen hat aufgehört.«

So war es auch. Die Sonne lugte durch die löchrige Wolkendecke und deutete an, dass sie, sollte sie vollends die Oberhand gewinnen, ein nahezu sommerliches Regiment führen würde.

Die beiden Deutschen hatten das Hotel kaum einen halben Kilometer hinter sich gelassen, als sie auch schon die lästig werdenden Mäntel auszogen und über die Arme hängten, wobei Feuerstein, mit Blick auf den bleichen und unsicher schreitenden von Alberti, anbot, auch das Kleidungsstück seines Begleiters zu übernehmen. Der Untersturmführer nahm das Angebot – nicht ohne Dank - an und erklärte, dass die Glieder ihm unbegreiflich schwer seien. So trotteten sie eine Weile schweigsam nebeneinander her, jeder in seine Betrachtungen versponnen; Feuerstein gedanklich vor allem bei den Tagebüchern, die ihm, wie er überzeugt war, eines Tages nützlich werden könnten. Lieber wäre es ihm allerdings, wenn er sie nicht für irgendeinen Nutzen würde einsetzen müssen, sondern sie dauerhaft in seinem Besitz erhalten könnte. Von Alberti hingegen war so tief in sich selbst vergraben, dass sich nicht sagen lässt, welche Wege seine Gedanken gingen. Die Welt drang nicht zu ihm durch und wäre Feuerstein heimlich davongeschlichen, so hätte der Untersturmführer den Weg zurück zum Hotel allein nicht gefunden. Daher bemerkte er auch nicht die Menschenmenge, die sich an einer Bushaltestelle versammelt hatte. Erst als Feuerstein ihn anstieß und »da ist er«, flüsterte, erwachte von Alberti aus seinem Somnambulismus und riss die Augen auf wie jemand, der aus einem Albtraum aufschreckt.

»Wie? Wer ist da?«

»Thomas Mann, da an der Bushaltestelle. Da steht er mit seiner Frau.«

Von Alberti straffte sich und griff rasch nach seinem Mantel.

»Sieht so aus, als wollte er Reißaus nehmen«, sagte der SS-Mann, nachdem er sich orientiert hatte.

Tatsächlich war das Ehepaar von einigen Gepäckstücken umgeben wie von Festungszinnen, als wollten sie sich vor etwaigen Zudringlichkeiten schützen. Seiner kränkelnden Schwäche ungeachtet stürmte von Alberti plötzlich los, so dass Feuerstein kaum Schritt halten konnte.

»Hallo, Sie da«, rief er, während er mit seinem Mantel winkte wie mit einer Flagge. Der Schriftsteller, als er gewahr wurde, dass der Anruf ihm galt, ging, nahezu ohne sich zu bewegen, in Deckung. Mit einem unmerklichen Einziehen des Kopfes schien er sich hinter seiner Frau verkriechen zu wollen. Von Alberti rannte weiter wie ein Infanterist, der den feindlichen Schützengraben erstürmen will. Bei der Haltestelle angekommen jedoch, stoppte er, schob den Attaché Feuerstein vor und sagte: »Guten Tag. Entschuldigen Sie, Sie kennen sich ja.«

Thomas Mann setzte sein offizielles Gesicht auf.

»Nicht dass ich wüsste«, antwortete er und wandte sich mit einer Vierteldrehung ab, als könne er die Störung damit abtun.

»Das ist der Attaché aus Berlin«, erklärte Katia Mann, »der uns in Lugano im Hotel aufgesucht hatte.«

Feuerstein verbeugte sich. »Darf ich vorstellen? Das ist... Herr von Alberti, ebenfalls aus Berlin.«

»Sie sind wohl nicht zu Urlaubszwecken hier«, sagte Katia, indem sie ihre Unverblümtheit mit einem Lächeln abmilderte.

»Nein, sind wir nicht«, antwortete Feuerstein, »nach unserer letzten Begegnung war der Zweifel wach geworden, ob ich hinreichend deutlich gemacht hatte, welches Interesse Deutschland an ihrem Mann hegt.«

Der Untersturmführer rollte mit den Augen, schwieg aber.

»Das ist wahr«, sagte Katia, »welcher Art dieses Interesse ist, ist wohl die Frage.«

Von Alberti quittierte die ironische Bemerkung mit einem sardonischen Lächeln, während Feuerstein den Schriftsteller musterte wie ein Museumsstück, das undenkbarerweise zum Leben erwacht war. Da stand er also leibhaftig, - der Nobelpreisträger, Smetanas Idol, seit er die Welt der Literatur für sich entdeckt hatte. Ein Mensch aus Fleisch und Blut; fleischiger sogar und irgendwie realer, als er auf den Fotos wirkte. Er hatte sich den Autor des Tonio Kröger eher fragil vorgestellt, zarter, ein wenig leidend. Die Haupt- und Barthaare waren akkurat gestutzt und Feuerstein wurde von dem Gedanken überfallen, dass der Schriftsteller dieselbe Sorgfalt den Haaren widmete, die älteren Herren aus Nase und Ohren zu wachsen pflegten. Denn genau das war Thomas Mann: ein älterer Herr, - die Haut welk und das Gesicht gefurcht von nervöser Sorge. Ein Mann, der nur noch geistig in Betracht kam. Natürlich, dachte Feuerstein, es musste etwas Desillusionierendes haben, wenn man dem Mythus im realen Leben begegnete. Das lag in der Natur der Sache. Dann berührten sich ihre Blicke; die braunen Augen Tonio Krögers, dachte Feuerstein, oder Hanno Buddenbrooks; ich habe auch diese braunen Augen. Es war, als erkannten sie einander.

Dann war der Moment vorüber. Der Untersturmführer stieß ein grunzendes Husten hervor. Der Schriftsteller ruckte sein Gesicht wieder zur offiziösen Maske zurecht.

»Das Interesse der Regierung«, sagte Thomas Mann, »scheint sich vor allem auf meine Vermögenswerte zu richten. Meine Automobile sind beschlagnahmt, die Konten gesperrt.«

Von Alberti hob zum Einspruch die flache Hand und als er sich von der Hustenattacke erholt hatte, sagte er: »Es ist etwas komplizierter, leider. München und Berlin sind sich nicht in allen Dingen einig. Das Kompetenzgerangel zwischen regierenden Stellen, wie es nicht ausbleibt, wenn ein Staat sich frisch organisiert und ausrichtet. Was Berlin betrifft, ist es so, wie Herr Feuerstein deutlich gemacht hat. Man begegnet Ihnen und Ihrem Werk wohlwollend. Den Herrn Minister Doktor Goebbels selbst dürfen wir dazuzählen. Gewisse Herren in München hingegen wünschen offenbar, sich zu profilieren. Sie sind selbst Münchner, ich muss Ihnen nicht erklären, wie es in der bayrischen Metropole mitunter zugeht.«

»Jawohl, ich bin sogar Ehrenbürger der Stadt. Mit den höchsten Stellen bin ich bekannt, und doch …«

»Mit den höchsten Stellen?«, unterbrach ihn von Alberti. »Ist das wörtlich zunehmen, ich meine, dergestalt, dass Sie einflussreiche Fürsprecher in München haben?«

»Wir sind mit dem Herren Ritter von Epp bekannt«, erklärte Katia, »allerdings nur flüchtig, füge ich hinzu, um keine zu hohen Erwartungen zu wecken.«

»So, so, mit dem Reichsstatthalter von Bayern. Na, das ist doch was«, antwortete der SS-Mann.

»Ein Mann von Bonhomie«, ergänzte der Schriftsteller.

»Mag wohl sein. Was Ihre Besitztümer betrifft, sollten Sie sich vielleicht an ihn wenden. Ich meine: Wenn Sie schon mit von Epp bekannt sind … Beziehungen zu nutzen, ist auch in aristokratischen Kreisen nicht ehrenrührig.«

Inzwischen war der Bus vorgefahren und nachdem der Chauffeur den einen und anderen Plausch mit den Leuten geführt hatte, die - sei es, um tatsächlich die Busfahrt anzutreten, sei es aus Zeitvertreib - an der Haltestation standen, drängte er nun vorsichtig an die Vierergruppe heran, um in Erfahrung zu bringen, wie er mit den Gepäckstücken der Herrschaften verfahren solle. Katia Mann gab ihm auf Französisch eine knappe Anweisung und mahnte nun auch zum Aufbruch, denn trotz allen Mangels an Pedanterie empfand sie Pünktlichkeit als Tugend und dass die Abfahrt des Busses ihretwegen sich verspäten könnte, erschien ihr als sinnlose Unhöflichkeit. Man verabschiedete sich unter knappen Verbeugungen bzw. seitens des Schriftstellers mit einem Neigen des Kopfes und man wäre einigermaßen harmonisch auseinandergegangen, wenn der Untersturmführer nicht geglaubt hätte, dem Ehepaar ein halblautes »Heil Hitler!« hinterherschicken zu müssen. *Natürlich, du musst es noch verderben,* dachte Feuerstein, *du kleiner Satansbraten.*

Das Schimpfwort vom Satansbraten sei ausdrücklich hinzugefügt, um deutlich zu machen, dass der Attaché schlechter Laune war. Aus allgemeiner Antipathie heraus war er auf Mario von Alberti schlecht zu sprechen. Das habe ich wohlhinreichend deutlich gemacht. Jetzt aber hatte seine Verstimmung noch einen anderen, ganz konkreten Grund. Tausendmal hatte er sich das Zusammentreffen mit Thomas Mann ausgemalt, hatte in imaginären Dialogen vorweggenommen, wie sie sich über die »Buddenbrooks« und den »Zauberberg« austauschen würden, über die Schriftstellerei allgemein und in einem günstigen Augenblick würde er selbst, Feuerstein alias Jan Smetana, offenbaren, dass auch er in der Poesie seine Passion sehe. Und nun? Wie war es in Wirklichkeit abgelaufen? Vom Zeitplan eines Busfahrers waren sie gedrängt worden und der blasierte SS-Jüngling hatte sich in den Vordergrund geschoben, hatte sich mit Ratschlägen wichtig gemacht und am Ende die Stimmung verdorben. Feuerstein dagegen hatte danebengestanden wie ein Komparse, wie ein Anhängsel, dessen Anwesenheit verzichtbar war.

Er hätte sich noch tiefer in diese Vorstellungen hineingewühlt, wenn nicht ein Hustenanfall von Albertis den Attaché aus seinen Gedanken gerissen hätte.

»Würden Sie meinen Mantel wieder nehmen?«, fragte der Untersturmführer. »Und sagen Sie mal, mit diesem Thomas Mann ist doch irgendwas nicht richtig; nicht alles so, wie es bei einem Mann sein sollte, oder?«

Feuerstein blieb stehen und schaute seinen Begleiter ratlos an.

»Ist der Kerl vom anderen Ufer? Sie verstehen schon …«

Der Attaché zuckte zusammen und spürte, wie sich etwas in der Magengrube hob und senkte.

»Ich weiß nicht, ob ich das richtig auffasse. Die Metapher ist mir schon geläufig, das ja. Aber wie kommen Sie auf den Gedanken? Er ist verheiratet und hat Kinder, mehrere sogar.«

Von Alberti setzte in ernstem Ton fort: »Das sind starke Indizien, sicher. Aber wie dieser Mensch Sie angeguckt hat, wie einer, der sein Liebchen begafft, das er nachts besuchen will. Man kennt diese Kerle doch, die sich die Wangen rot schminken und die Haare färben, als würde man ihre runzligen Hälse dann nicht bemerken; mischen sich unter junges Volk, die alten Böcke. Na gut, zugegeben, so weit ist es mit Ihrem Thomas Mann nicht. Aber die Blicke hatten etwas in der Art. Ich habe ein Gespür für sowas.«

Die Lust zur Widerrede loderte in Feuerstein auf, doch er biss sich auf die Zunge, um den heiklen Punkt nicht weiter zu erörtern. Thomas Mann hatte ihm Blicke zugeworfen? Ja, das hatte er. Feuerstein hatte es selbst bemerkt. Und plötzlich, wie unter einer Erinnerung, einem Impuls, wandte er den Oberkörper, eine Hand in der Hüfte, in einer Drehung aus seiner Grundpositur und blickte über die Schulter zurück zur Bushaltestelle.

10. Der Brief

Sein ehemaliges Lieblingskind, Erika, war mit einer Freundin im Schlepptau aus irgendeiner europäischen Metropole ebenfalls nach Südfrankreich geflattert und verbreitete das übliche Maß an Durcheinander, Verärgerung und Lebenslaune in dem Hotel, in dem die Manns untergekommen waren. Von Albertis Vorschlag, sich an den Ritter von Epp zu wenden, war dem Schriftsteller so natürlich erschienen, dass er beinahe zu dem Glauben gelangte, selbst auf den Gedanken gekommen zu sein. Thomas Mann gewann seine Tochter dafür, ihr den Brief in die Maschine zu diktieren, und Erika, angetan davon, mit praktischen Fähigkeiten *usefull* sein zu können, stutzte erst, als sie begriff, an wen der Brief adressiert war. Ob ihr Vater sicher sei, wirklich an den Reichsstatthalter schreiben zu wollen und ob der Brief mit dem Anwalt Heins abgesprochen sei. Thomas Mann zeigte sich gegenüber seiner Tochter standhafter als gewöhnlich. Er erklärte, dass es um die Besitztümer und um die Konten gehe und dass von absolut informierter Quelle ihm der Rat zu dem Brief gegeben worden sei. Erika, die ganz gut wusste, dass der von ihren Eltern ausgehende Geldstrom die Lebensader war, an der die Existenz ihrer Geschwister (vor allem dachte sie an Klaus) und auch ihre eigene hing, ließ den Widerstand sinken, fügte sich und brachte ihre Schreibmaschinenkünste zur Geltung.

Sie erbot sich sogar, das Schreiben zum Postamt zu tragen und für die passende Frankierung zu sorgen. Wenn sie dem Brief schon innerlich nicht zustimmen konnte, dann wollte sie es ihrem Vater zuliebe wenigstens äußerlich, indem sie praktische Hilfe gewährte.

Der Brief erreichte bereits am übernächsten Tag das Prinz-Carl-Palais in München; ein Durchschlag ging an den Anwalt Valentin Heins, ebenfalls München. Dass die Stimmung in der Stadt seinem Schriftsteller-Klienten nicht günstig war, wusste der Anwalt. Einflussreiche Kräfte in der Stadt waren voller Missgunst gegen den Schriftsteller. Man titulierte ihn als dekadent und undeutsch und da kam der Wagner-Vortrag diesen Leuten ganz gelegen und man einigte sich darauf, dass der Herr Mann ein Nestbeschmutzer und Besudler höchster deutscher Kultur sei; - dass man den Vortrag eventuell gar nicht gelesen hatte, tat dem keinen Abbruch. Gegen solche Stimmungsmache war Valentin Heins natürlich machtlos und das waren auch nicht die Belange, um die sich der Anwalt zu kümmern hatte. Sein Auftrag war es, die wirtschaftlichen Interessen Thomas Manns zu wahren, soweit die juristischen Mittel reichten. Als der Bürogehilfe ihm die tägliche Korrespondenz auf den Schreibtisch legte, war es für Heins keine Frage, dass er das Schreiben seines bedeutendsten (und im Übrigen auch gut zahlenden) Klienten zuerst zur Hand nahm. Mit seinem ebenhölzernen Brieföffner schlitzte Heins das Kuvert auf und zog zwei Bögen Schreibmaschinenpapier heraus. Eine handschriftliche Notiz auf einem beiliegenden Zettelchen informierte darüber, dass das Brieforiginal an den Reichsstatthalter von Bayern gegangen sei. Beim Überfliegen des Schreibens zeigten sich erste Falten auf der Advokatenstirn, nach genauerem Studium war ihm klar, dass er sofort etwas unternehmen musste. Er steckte den Brief ein, ließ sich Hut und Mantel bringen und verließ im Eilschritt das Büro in Richtung Hofgarten. Zu dieser Zeit war der Amtssitz des Reichsstatthalters noch im Prinz-Carl-Palais am Beginn der Prinzregentenstraße untergebracht.

An der Pforte erfuhr Valentin Heins, dass der Herr Ritter von Epp in wichtiger Angelegenheit unterwegs sei und man über den Zeitpunkt seiner Rückkehr keine Kenntnis habe. Aber vielleicht sei sein Mitarbeiter, Herr Freiherr von Stengel, bereit, den Anwalt zu empfangen, wenn es denn tatsächlich so dringlich sei. Ja, das sei es, beteuerte Heins, obwohl er bezweifelte, dass seine Intervention erfolgreich sein könnte. Schlimmer noch, er wusste gar nicht, worin seine Intervention eigentlich bestehen sollte. Er würde irgendetwas improvisieren müssen; und das entsprach ganz und gar nicht seinem Naturell; seine Vorzüge lagen eher in der gründlichen Vorbereitung.

Ein Vierziger mit milden Gesichtszügen und müden Augen empfing den Advokaten. Er stellte sich als Freiherr von Stengel vor, bot dem Besucher an, an einem Teetischchen Platz zu nehmen und stellte sogar eine Tasse Mokka in Aussicht.

»Es ist, um ehrlich zu sein, nicht so, dass wir gerade von Arbeit überhäuft werden. Da können wir uns gern für eine Tasse hinsetzen, Herr Heins. Ich vermute, dass die Dringlichkeit Ihres Anliegens, das noch erlaubt.«

»Vielen Dank«, antwortete Heins, »ich hätte nur erwartet, dass Sie bis über beide Ohren beschäftigt sind, wo doch jetzt alles in eine neue Ordnung gebracht wird.«

»Das sollte man wohl denken. Aber vielleicht hält man uns hier für ein bisschen zu traditionell.«

Er lachte wie zu einem Scherz, in seiner Stimme war jedoch etwas von Bedauern und sogar eine Spur Unmut, die dem Anwalt nicht verborgen blieb. Wenn der Unmut sich gegen dieselben Mächte richtete (und darauf hoffte Valentin Heins), gegen die er seinen Klienten zu behüten versuchte, dann durfte er vielleicht hoffen, hier etwas ausrichten zu können.

»Ich vertrete die Interessen des Schriftstellers Thomas Mann.«

Von Stengel lächelte. »Ich weiß. Heute ist ein Brief von Herrn Mann eingetroffen. Darin erwähnt er Ihren Namen. Nicht jeder Besucher bekommt hier einen Mokka angeboten. Sehen Sie, ich bin aus der Nähe von Lübeck. Mein Vater war mit dem Thomas Manns bekannt. Eher flüchtig, nicht dass ein falscher Eindruck entsteht… Aber ich will Sie nicht mit meinen Familiengeschichten behelligen. Sie sind wegen des Briefs hier, nicht wahr?«

»Ja, dieser Brief«, fing Heins an, brach aber ab, als eine junge Frau mit einem Silbertablett hereintrat und zwei dünnwandige, mit dampfender Schwärze gefüllte Tässchen servierte. Als sie wieder gegangen war und die Männer von dem süßen, nahezu dickflüssigen Kaffee genippt hatten, fuhr der Anwalt fort: »Eine Kopie ist an meine Kanzlei gegangen. Leider ist der Brief erst heute eingetroffen. Ein Versehen, wie ich vermute. Vielleicht ist es auf dem Postweg zu Verzögerungen gekommen. Auf jeden Fall bin ich ganz sicher, dass es in Herrn Manns Absicht war, dass ich das Schreiben zuerst bekäme, um ihn juristisch zu beraten. Nun ist die Sache schief gegangen, wie man so sagt, und der Brief ist voreilig an die offizielle Stelle geraten, wenn er denn überhaupt … überhaupt an diese Stelle adressiert ist und nicht nur privat an den Herrn Ritter von Epp.«

Freiherr von Stengel setzte sein Mokkatässchen ab und wischte sich über die müden Augen.

»Ich bin mir nicht sicher, auf welchen Punkt Sie hinauswollen. Der Brief ist an den Reichsstatthalter gerichtet. Da besteht kein Zweifel. Handelte es sich um private Korrespondenz, hätte ich mir, wie Sie sich denken können, nicht erlaubt, Einsicht zu nehmen.«

Valentin Heins schreckte zusammen. »Sie kennen den ganzen Inhalt?«

Anstatt zu antworten fragte von Stengel: »Ihr Klient, der Schriftsteller Thomas Mann, hält sich seit Februar im Ausland auf. Ist das richtig?«

»Das erklärt sich ganz einfach. Er ist mit seiner Frau auf Vortragsreise gegangen. Die vertraglichen Verpflichtungen haben ihn nach Amsterdam, Brüssel und Paris geführt.«

»Eine sehr lange Vortragsreise ...«

»Wie Sie dem Brief entnehmen konnten, hat das Ehepaar einen Erholungsurlaub angeschlossen. Oder im Grunde ist es eine Art Kur. Man könnte sagen, dass sich Herr Doktor Mann der Gesundheit seiner Frau zuliebe noch im Ausland aufhält.«

»Ich verstehe«, sagte der Freiherr, während er mit einem Löffelchen in seiner inzwischen leeren Tasse rührte.

»Und auf keinen Fall ist es so, dass Thomas Mann aus Deutschland geflüchtet wäre und sich somit im Exil befände.«

Der Anwalt ruckte an seinem Hemdkragen und atmete, wie um Anlauf zunehmen, tief ein. »Von einer Flucht kann ganz und gar nicht die Rede sein ...«

»Das ist gut zu hören«, fiel ihm der Freiherr mit ironischem Lächeln ins Wort, »denn anderenfalls wären die Kontensperrungen und Beschlagnahmungen gleichsam legitimiert, nicht wahr?«

»In dem Punkt muss ich Ihnen zustimmen. Und ich sehe auch, auf welche Passage des Briefes Sie anspielen. Herr Mann deutet an, seinen Wohnsitz nach Zürich verlegen zu wollen ...«

»Ein neuer Wohnsitz würde über einen Kuraufenthalt um einiges hinausgehen, denke ich.«

Heins nickte. »In der Tat. Sie sehen also, dass dem Brief noch einiges an juristischem Feinschliff fehlt. Ich versichere Ihnen, dass Dr. Thomas Mann seinen Wohnsitz nicht ins Ausland verlegt hat noch verlegen will. Man muss ihm zugestehen, dass er sich in schweren seelischen Kämpfen befindet. In offene Feindschaft mit Deutschland zu geraten, ist das Letzte, was er beabsichtigt. Vielmehr - das darf ich wohl sagen - schließt er eine Rückkehr nach Deutschland nicht aus.«

Freiherr von Stengel lächelte und hob wie zur Beschwichtigung die Hand. »Selbstverständlich. An Thomas Manns Loyalität seinem Vaterland gegenüber habe ich nicht den geringsten Zweifel und ich bin sicher, dass auch Herr Ritter von Epp daran keine Zweifel hegt. Was also, Herr Heins, schlagen Sie vor? Was in dem Brief von einem Wohnsitz zu lesen ist, steht da Schwarz auf Weiß. Was sollen wir tun?«

Der Anwalt holte abermals tief Luft. »Lieber Herr von Stengel, ich erlebe Sie hier als einen Menschen mit Feingefühl und Verständnis für die schwierigen Zwischentöne des Lebens; weit entfernt von Prinzipienhuberei oder Kleinkrämertum. Allein deshalb riskiere ich es, folgenden Vorschlag vorzubringen; wenn Sie mir denn erlauben, auch unorthodoxe Ideen zur Sprache zu bringen.«

Der Freiherr rieb sich das Kinn wie jemand, der in Bereitschaft geht, sich in ein Schneckenhaus zu verkriechen.

»Sprechen Sie ruhig und lassen Sie mich dann prüfen, ob Ihr Vorschlag im Bereich des Möglichen liegt.«

»Nun gut; mein Vorschlag zielt darauf ab, dass Sie mir das Original des Briefes aushändigen und wir ihn als noch nicht oder noch nicht endgültig zugestellt betrachten, damit ich die eine oder andere Präzisierung daran vornehmen kann. Ich bin mir bewusst, dass mein Vorschlag einiges an Zugeständnis erbittet, dass er sogar verlangt, vom amtlich-korrekten

Verfahren ein paar Schritte abzuweichen, ein Auge zuzudrücken, wie man sagt.«

Valentin Heins lächelte gutmütig, obwohl das, wovon er sprach, mehr umfasste als eine geringfügige Verfahrensabweichung. Sein Vorschlag lief auf einen eindeutigen Dienstverstoß hinaus.

Freiherr von Stengel rieb sich den Nacken und erzeugte am Gaumen ein paar Schnalzgeräusche. »Amtlich-korrekt ist das fraglos nicht. Sehen Sie, hier ist der Brief. Ich lege ihn auf diesen Teetisch. Und wenn ich mich kurz abwende, hätten Sie Gelegenheit, das Schreiben an sich zu nehmen, und ich könnte dann vergessen haben, dass ich die Bögen dort hingelegt habe. Meine Erinnerung an den Brief würde vielleicht erst dann wieder einsetzen, wenn Sie ihn, in veränderter Fassung, unserem Haus wieder zustellen.«

Ohne noch einen Blick mit dem Advokaten zu wechseln, erhob sich von Stengel, trat ans Fenster und sah auf die Straße. Nach kurzem Zögern nahm Heins das Schreiben an sich und nach ein paar verlegenen Blicken, trennten sich die beiden Männer, denn beiden war angesichts des Vorgehens, auf das sie sich verständigt hatten, überaus unbehaglich.

11. Mythus

Von Alberti und Feuerstein wurden zurück nach Berlin beordert. Der Untersturmführer ließ zur Erklärung Bemerkungen über seinen Gesundheitszustand fallen; dennoch blieb Feuerstein im Zweifel, ob das der einzige Grund war oder ob das Ministerium neue Pläne ersonnen hatte. Oder ob man am Ende mit dem Erreichten unzufrieden war. Hatten die Herren in Berlin mehr von ihrem Attaché erwartet? Handfesteres? Denn was hatte er tatsächlich erreicht? Aus der Warte Berlins musste die Antwort lauten: nichts. Oder fast nichts, wenn man wenigstens das Ausbleiben einer öffentlichen Stellungnahme Thomas Manns als ein Etwas gelten lassen wollte. Man ließ Jan Smetana im Ungewissen. Das Ministerium bestellte ihn nicht ein und auch von Alberti ließ nichts von sich hören. Es war, als hätte es die letzten Wochen nicht gegeben; als wären sie nur ein lebendiger Traum gewesen.

Ich benutze hier wieder den Namen Jan Smetana, denn mit dem Entschwinden der jüngsten Vergangenheit ins Traumhafte war es auch mit dem Attaché zu Ende. Zwar besaß Smetana noch die Ausweispapiere, die die Existenz eines Tadeusz Feuerstein bezeugten, doch er hatte keinen Anlass, das Dokument zu benutzen; oder gar sich Feuersteins Bankkonto zu bedienen, wäre Smetana nicht in den Sinn gekommen. Wer in die Fänge der Macht geraten ist, braucht einen genauen Sinn dafür, was geboten ist und was nicht.

Einige Tage nach seiner Rückkehr erhielt Smetana Post von der Universität, er solle unverzüglich seine Lehrtätigkeit wieder aufnehmen. Und so glitt er schneller in sein voriges Dasein zurück, als er damals daraus emporgehoben worden war. Angesichts der kurzen Zeitspanne mag es übertrieben anmuten, von einem »damals« zu reden, doch erschien ihm die Epoche vor seinem Leben als Attaché Feuerstein so tief in der Vergangenheit versunken, dass es bedrückend und von dem Gefühl der Sinnlosigkeit umwoben war, wieder Jan Smetana zu sein. Als Einziges - neben dem Ausweis - waren ihm die Tagebücher Thomas Manns geblieben. Sie trösteten ihn etwas über die Smetana-Existenz hinweg; sie waren sein geheimer Schatz, der ihn auf unterirdische (um nicht zu sagen mythische) Weise mit dem Schriftsteller verband und der ihn aus der Masse der Durchschnittsmenschen heraushob. Abend für Abend las er in den Heften und drang ein in die Gefühls- und Gedankenwelt des Schriftstellers, was ihm umso leichter fiel, je mehr er dem Eindruck Raum gewährte, diese Welt sei ihm nur allzu vertraut, ja, sie sei aus verschollenen Urzeiten her seine heimliche Heimat, eine Heimat von solcher gedanklichen Fülle, dass er vermeinte, ohne größere Vorbereitung, quasi aus dem Stand, ein Seminar anbieten zu können mit dem Titel »Die neueste Literatur und der Mythus«.

Zur ersten Sitzung erschien ein knappes Dutzend Studenten und auch in den folgenden Wochen wurden es nicht mehr. Jan Smetana besaß keinen Ruf, der ein größeres Publikum hätte herbeilocken können und das Thema deutete auf alles andere als auf nationale Gesinnung, so dass es vielen Studenten opportun erschien, das Seminar zu meiden. Hatte man die Autoren der »neuesten Literatur« nicht erst am 10.

Mai ins Feuer geworfen? Die Institutsleitung jedoch ließ ihn gewähren. Man störte sich nicht an der kleinen Zahl der Seminarteilnehmer und man interessierte sich nicht für die Inhalte, die dienstags in Raum 314 der germanistischen Abteilung verhandelt wurden. Es war Smetana, als sei er vom Rest des Daseins abgekoppelt, als lebe er in einer schalldichten Kammer, in die nichts herein- und aus der nichts hinausdrang. Dennoch dozierte er nicht ohne Schwung. Da er sich in seiner Isolation von den üblichen alltagspraktischen Rücksichten befreit fühlte, war der Flug seiner Gedanken entfesselt und gewann rasch an beachtlicher Höhe. Ein Beispiel von dem, was er an den Dienstagvormittagen seinen Studenten vortrug, sei hier im Wortlaut wiedergegeben: Denn was ist der Mythos - oder Mythus, wie Thomas Mann meist zu sagen pflegte?

Im Allgemeinen wird der Mythus in Opposition zur Wissenschaft gesehen, insofern er als alternatives Erklärungsmodell gilt und die Naturphänomene (und nicht nur die), denen der Mensch in vorzivilisatorischer Stufe ausgeliefert war, verständlich und verstehbar macht und sie aus dem Dunkel der Bedrohung herüberholt in das Licht des Begreifens; die Natur also dem menschlichen Geist anschmiegt, damit sie den Charakter des absolut Fremden einbüße, damit der Bannzauber der Sprache (des Logos) sie domestiziere. Des Logos sage ich, denn das ist die Sprache, die Erzählung, mithin nichts anderes als der Mythus. Nun wird man mit dieser Verwandtschaft von Logos und Mythus unzufrieden sein; schließlich versteht man unter dem Logos doch auch die Vernunft und Rationalität, also die Grundsäulen der Wissenschaft,- und war eben nicht von einer Opposition von Wissenschaft und Mythus die Rede? In der Tat, aber doch nur in dem Sinne, dass beide, Wissenschaft und Mythus, auf demselben Felde tätig sind, nämlich auf dem des Begreifens und Verstehens, auf dem Feld der Aufklärung, um bei der Lichtmetapher zu bleiben. Jene Opposition besteht lediglich in der Methode, in der Art und Weise, wie die Natur von der Sprache eingehüllt und versteh- und handhabbar gemacht wird. Die Wissenschaft setzt auf Experiment, Empirie und auf die Rückführung auf Naturgesetze, um das Rätsel des Einzelfalls zu bannen, wobei die Transformation der Natur ins Menschlich-Geistige und Abstrakt-Gesetzesförmige noch dadurch forciert wird, dass man sich der ganz unanschaulichen Sprache der Mathematik bedient.

Und wie ist es nun mit dem Mythus bestellt? Worin liegt seine Erklärungsmethode? Nun, auch der Mythus setzt auf die Rückführung, und zwar auf die Rückführung auf ein Ur-Geschehen. Oder vielleicht ist es auch mehr als eine Rückführung, eher eine Vergegenwärtigung, das Ur-Geschehen wird in dem aktuellen Ereignis gleichsam lebendig; der Wechsel der Jahreszeiten - um einmal dieses Beispiel aufzugreifen - erklärt sich aus dem Geschehen um Ceres und Proserpina, die ein Teil des Jahres (den Winter über) in der Unterwelt bei ihrem Gemahl, Hades, zubringen muss, dann aber auch an die Oberwelt zurückkehren darf. Wenn nun der Frühling einkehrt, heißt das, dass Proserpinas Rückkehr in die Oberwelt gegenwärtig wird. Der Mythus ist - um es kurz zu sagen – die Wiederholung eines Musters. Jede Rückkehr des Frühlings wiederholt Proserpinas Aufstieg aus der Unterwelt. Und um nun auf Thomas Mann und den Joseph-Roman zu kommen, sei auch auf einen biblischen Mythus verwiesen: Jesu Tod und Auferstehung wird präfiguriert durch Josephs dreitägiges Verweilen in dem Brunnen, in den seine Brüder ihn schmissen. Auch hier wird der Einzelfall eliminiert. Das individuelle Ereignis verliert sich in dem mythischen Muster und findet dort gleichsam seine Beruhigung oder Entschärfung.

Das Fest übrigens - um auch dieses Beispiel kurz zu streifen - ist ebenso die Vergegenwärtigung eines Urgeschehens: Ihre Geburtstagsfeier ist, wie Sie natürlich wissen, die Vergegenwärtigung des Urgeschehens, nämlich Ihrer tatsächlichen Geburt.

Dieser Passus ist aus einem längeren Kontext herausgerissen und der Leser muss sich für das genauere Verständnis das eine und andere zurechtlegen, was aber, wie ich hoffe, möglich ist, und wenn sich der Sinn der Ausführungen nicht gänzlich erschließt, soll darin auch kein großer Schaden liegen.

So vergingen also seine Tage als Jan Smetana, einförmig, ein bisschen isoliert, während doch um ihn herum der Staat härter und stärker wurde und überall viel vom Volk die Rede war, zu dem sich Smetana, wie er im Stillen zugeben musste, weniger zugehörig fühlte als noch vor wenigen Monaten. Die nationale Tüchtigkeit dieses Volkes, so hieß es, würde Deutschland den Kontinent zu Füßen legen und den brüchigen Intellektuellentraum von einem europäischen Deutschland durch die Wirklichkeit eines deutschen Europas ersetzen. Herauszuheben aus dem Alltagsfluss der Zeit ist allerdings ein Freitag am Anfang des Junis, als seine Vermieterin ihm einen Brief in sein möbliertes Zimmer gelegt hatte. Der Umschlag war handschriftlich mit der Adresse versehen worden und diese Handschrift kannte Smetana nur zu gut. Er spürte sein Herz schlagen. Und wenn der Staub des Vergessens sich auf sein Leben als Attaché zu lagern angefangen hatte, dann war der jetzt mit einem Wisch beseitigt. Smetana setzte sich und zögerte noch eine Weile. Dann riss er mit beherzter Bewegung den Umschlag auf, zog die Blätter hervor und las:

»Lieber und verehrter Herr Smetana,

gestatten Sie mir, dass ich mich Ihres eigentlichen oder bürgerlichen Namens - wie man sagt - bediene, denn schon das Epitheton hilft mir, Sie in dem sympathetischen Licht zu sehen, in dem ich Sie gern betrachten möchte; ist doch das Bürgerliche von Haus aus, wenn ich so sagen darf, in meinen Augen das Synonym für alles Humane und Sittlich-Moderate; für Geisteshaltungen mithin, die auf unser gemeinsames Vaterland, wie es sich von seiner Regierungskaste her präsentiert, zur Zeit schlecht passen. Nun sind Sie selbst zwar von den Machthabern ausgesandt und stehen in deren Diensten, sind wohl auch Mitglied der Partei; doch weiß ich sehr gut, dass mit solchem formellen Parteigängertum noch nicht alles gesagt sein muss. Als Germanist sind Sie ein Mann des Geistes, als Dozent auch Erzieher unserer Jugend. Die seelische Zusammenordnung von sprachlicher und humaner Passion wird durch die Idee der Erziehung gekrönt und die Bestimmung zum Jugendbildner ergibt sich aus derjenigen zum Sprachgelehrten fast selbstverständlich. Meine Frau beschrieb Sie als einen eher sanften Menschen, dem das martialische Gebaren des Führers und seiner Paladine fremd sein dürfte. Vielleicht ist die kriegerische Geste notwendig, um gewisse Feinde unserer abendländisch-europäischen Kultur zurückzuschrecken und in die Schranken zu weisen. ›Vielleicht‹, sage ich, Herr Smetana,- ich will an dieser Stelle nicht darüber richten. Ich möchte mit diesen einleitenden Worten lediglich kennzeichnen, unter welchen Voramahmen ich zu Ihnen spreche, nämlich unter eben diesen einer in die Tiefen von Geschichte und Kultur reichenden Geistesverwandtschaft. Wenn ich in diesem Punkt nicht ganz irre, dann darf ich wohl auch glauben, dass Sie Ihren dienstlichen Auftrag, sich mit mir ins Benehmen zu setzen, in ähnlichem Sinne ausgeführt haben. Wo wir sind, ist Deutschland, könnte man sagen. Doch wäre damit nur die halbe Wahrheit kundgetan. Die andere Hälfte liegt bei jenen hakenkreuz-tragenden Menschen, die vor körperlichen Brutalismen nicht zurückschrecken. Geist und Macht, Kultur und Staat sind heute weiter auseinander als je; aber man muss erkennen, dass die Mächte der geistfeindlichen Rohheit die historischen Aufgaben an sich genommen haben und mit einer Energie, an der es der Republik vollkommen gebrach, durchführen. Ich kann nicht leugnen, dass manche Ausformungen des aktuellen Deutschtums mir Unbehagen bereiten. Und wie zum personifizierten Beweis, dass Deutschland gegenwärtig zwei Gesichter besitzt, waren Sie an jener französischen Bushaltestelle in Begleitung eben eines solchen anderen deutschen Gesichtes, eines ebenso jungen wie kränklich-bleichen Gesichts übrigens. Dass Sie mit Ihrem Begleiter und - wie ich vermute - seiner Sinnesart nicht einverstanden waren, konnte ich Ihrer Miene ablesen. Der Unmut stand Ihnen ins Gesicht geschrieben und auch auf meine Frau und mich machte der junge Mann einen durch und durch antipathischen Eindruck. Es mag Menschen in Deutschland geben, Menschen mit Einfluss und Bildung, die mich gern auf ihrer Seite sehen würden. Im Auftrag dieser Leute sind Sie, Herr Smetana, an mich herangetreten und ich möchte keinen Zweifel hegen an Ihrer Aufrichtigkeit. Es gibt aber auch gegenläufige Kräfte. Ich habe sie selbst zu spüren bekommen, als man in München auf schäbigste Weise meinen Ruf beschmutzt hat. Wichtige Stimmen in meinem privaten Umfeld raten mir dringend von einer Rückkehr nach Deutschland ab. Daher hatte meine Frau im Gespräch mit Ihnen nach einem Fingerzeig gefragt, nach einem Hinweis, wie sehr (oder wie wenig) ich in Deutschland Duldung und Sicherheit erwarten darf. Ja, es gab einen solchen Fingerzeig; ich bin darüber unterrichtet. Ich komme auf diesen Punkt zu sprechen, nicht weil er für mich besonders bedeutsam wäre, sondern der Vollständigkeit halber. Sie sollen nicht denken, ich ginge darüber hinweg oder zeigte mich undankbar. In diesem Sinne also beiläufig erinnere ich an den 10. Mai. Sehen Sie darin nicht den Hauptgrund für diesen Brief; vielleicht nicht einmal einen Nebengrund. Andererseits müssen Sie nicht glauben, dass ich Ihr Eintreten für meine Person unterschätze oder als gering veranschlage. Es ist also so, dass am Tage des genannten Datums öffentlich Dichtwerke ins Feuer geworfen wurden; die Bücher geschätzter Kollegen und weiß Gott nicht der schlechtesten Literaten, die in deutscher Sprache schreiben. Der Staat wollte – im Namen des Volkes - ein Exempel statuieren, wenn auch nur ein symbolisches, bei dem - zumindest für dieses Mal – nur Bücher den Feuertod sterben mussten. Auf manchem in die Flammen wandernden Buch war auch der Familienname Mann zu lesen, Bücher meines Bruders Heinrich, sogar solche meines Sohnes Klaus; jedoch der Name Thomas Mann fehlte. Meine Werke wurden verschont. Wie ich bereits am nächsten Tag erfuhr, war auf der Liste der verfemten Schriften dort, wo man meinen Namen hätte erwarten können, eine Lücke. Es ist natürlich, wenn ich das Ihrem Einfluss oder wenigstens dem ihres Begleiters (dessen Namen ich übrigens vergessen habe) zuschreibe. Auch auf die Möglichkeit hin, undankbar zu erscheinen, muss ich anmerken, dass die mir oder meinen Erzeugnissen gewährte Schonung nicht ganz angenehm ist. Bedenken Sie, wie ich nun dastehe, einer der wenigen Autoren von Rang und Namen, der offensichtlich von höchster Stelle diesen Ausnahmestatus hat verliehen bekommen; wie ich dastehe vor den Schriftstellerkollegen hier im Ausland, das für diese Frauen und Männer das Exil bedeutet. So manchen scheelen Blick habe ich seitdem auf mir ruhen gespürt und weiß mich kaum herauszuwinden, wenn ich nach einer Erklärung gefragt werde. Ich wiederhole, dass ich Ihnen schreibe als einem Mann des Geistes und der Literatur. Sogar von einer seelischen Verwandtschaft habe ich oben zu sprechen mir erlaubt. Hoffen wir beide also gemeinsam, dass meine Bücher dem deutschen Publikum in Zukunft zugänglich bleiben mögen, damit mein etwas peinlicher Ausnahmestatus wenigstens einen praktischen Nutzen habe. Für eine solche Zukunft wünsche ich Ihnen alles Gute. Ihr ergebener Thomas Mann

P.S. Aus meinem Haus in München sind vor einiger Zeit ein paar Hefte abhandengekommen oder genauer: entwendet worden; private Notizen von rein persönlichem Wert. Wenn der Verbleib dieser Hefte Ihnen zufällig bekannt sein sollte oder Ihr Einfluss weit genug reicht, etwas über den Verbleib in Erfahrung zu bringen, dann wäre ich für Hinweise jeder Art überaus dankbar.«

12. Sanary

In Sanary-sur-Mer, gelegen im Arrondissement Toulon, findet sich eine 1987 gestiftete Tafel, auf der deutschen und österreichischen Schriftstellern gedacht wird, die in der französischen Hafenstadt auf der Flucht vor der nationalsozialistischen Gewaltherrschaft Unterschlupf fanden. Die Namen von Bert Brecht, Lion Feuchtwanger, Erika Mann, Joseph Roth und Stefan Zweig sind da zu lesen, womit nur wenige beispielhaft genannt wären. Nachdem es, vom Zufall gelenkt, ein paar Autoren in den Mittelmeer-Ort verschlagen hatte, war eine geistige Gravitationskraft entstanden, die nach und nach weitere Kollegen angelockt hatte, nicht anders als es Menschen oft zu ihren Landsleuten zieht, wenn sie sich in der Fremde befinden. So entstand hier also ein Sammelpunkt deutschsprachiger Kopfmenschen, namentlich traf man zusammen in zwei gern frequentierten Cafés, nämlich der »Reserve« und dem »Le Goeland«, dessen Inhaberin, Mademoiselle de l'Espine, bei den Exilierten in dem Ruf stand, besonders hilfreich zu sein.

Es nimmt daher nicht wunder, dass auch Thomas Mann den Weg nach Sanary (bzw. in das benachbarte Bandol) fand, zumal er hier auf die Gesellschaft der freundschaftlich verbundenen Kollegen René Schickele und Lion Feuchtwanger rechnen durfte. Aber war er denn ein Teil der Migranten? War Thomas Mann auf der Flucht? Oder hatte sich der Vortragsreise nur ein längerer, inzwischen bald vier Monate währender, Urlaub angeschlossen? Er hatte sich bemüht, so viel Geld wie möglich auf ausländische Konten zu transferieren, er hatte sich Bücher aus seiner Bibliothek schicken lassen, sogar das geliebte Grammophon und nicht zuletzt jene Wachstuchhefte aus dem Schließschrank, an die er nicht ohne nervliches Erzittern denken konnte. Andererseits (natürlich gibt es ein Andererseits) lebte er, wie es einem Urlaubs-Dasein richtigerweise entsprach, in Hotels; was Bandol betraf, war es das Grand Hotel, und die Erwägungen, ein Haus zu mieten, hatte er sich bisher aus dem Kopf geschlagen, obwohl sein Bedürfnis nach Beständigkeit, Verlässlichkeit und Ruhe in den letzten Wochen immer drängender geworden war. Nicht zuletzt war da auch noch der Artikel in der Frankfurter Zeitung gewesen. Sein Ausbleiben hatte man als schweren Verlust bezeichnet. Der Münchner Agitation gegen ihn ungeachtet hielten die obersten Stellen in Berlin ihre schützende Hand über ihn und waren nicht willens, den Nobelpreisträger und Chefrepräsentanten deutschen Geisteslebens auf- und an die »feindlichen Kräfte« abzugeben. Man hatte sogar - oder: immerhin – den Attaché Feuerstein zu ihm geschickt, um zu sondieren, wie Thomas Mann zu dem neuen, jungen Deutschland stünde. Und was hatte der Schriftsteller getan? Nichts hatte er getan; er hatte geschwiegen; dem Drängen, er möge doch endlich ein Machtwort sprechen und ganz offiziell das Verdammungsurteil über die Nazi-Bande sprechen, getrotzt; er hatte stillschweigend das Recht für sich ausbedungen, seinen Standpunkt im Ungewissen zu lassen.

Der Mistral blies feinen Sand vom Strand herauf und vertrieb den Nobelpreisträger aus der Loggia, die seinem Zimmer vorgelagert war und in der er sich mit seiner Tolstoi-Lektüre niedergelassen hatte. Er zog sich in das Hauptzimmer zurück und setzte sich in einen niedrigen Lehnsessel. Das Möbel bestätigte Thomas Manns Überzeugung, dass in diesem Kulturgebiet alles schäbig und unkomfortabel war. Er seufzte und ächzte leise, jedoch weniger wegen des unerfreulichen Sessels als mit Rücksicht auf seine Ältesten, Klaus und Erika, die ins Zimmer getreten waren und mit ihrer quecksilbrigen Lebendigkeit sofort das Zimmer ausfüllten. Einem seufzenden und ächzenden Vater würde man doch wohl hoffentlich nicht gleich wieder mit Forderungen und Fragen in den Ohren liegen: Ob er länger in Frankreich zu bleiben gedenke; ob er sich gegenüber der Weltöffentlichkeit nicht endlich eindeutig erklären wolle; ob er allen Ernstes auch nur im Geringsten daran dächte, nach Deutschland zurückzukehren. *Einem leidenden, seinem 58. Geburtstag entgegenbangenden Vater wird man doch wohl einen Moment der Ruhe gönnen,* dachte Thomas Mann. Bei allem Talent seiner Kinder (und bis auf Monika und vielleicht Golo war er willens die Begabungen seines Nachwuchses anzuerkennen; sogar Bibi, wie Michael Mann familienintern gerufen wurde, hatte an der Geige beachtliche Fertigkeiten entwickelt, so dass eine Karriere als Berufsmusiker nicht ausgeschlossen schien) - trotz der zugestandenen Talente also war doch immer noch er, Thomas Mann, das eigentliche Genie der Familie, dem man Schonung, Duldung und Respekt schuldig war. Im Prinzip mochten Erika und Klaus der Sichtweise nicht widersprechen; aber natürlich war der Zauberer, wie sie ihn gern nannten, nicht nur das Familiengenie, ebenso sehr (und aus der aus den Kindheitstagen tradierten Perspektive sogar vor allem) war er ein weltferner Pedant und Träumer, der sich ereiferte, wenn man mit schmutzigen Schuhen über den Teppich lief, den es jedoch - anders als die Mutter- nicht kümmerte, falls die neuen

Handschuhe verloren gegangen waren, ja, der gar nicht wusste, dass man welche besaß oder Kinderhände ihrer bedurften. Erika, mit ihren kurz frisierten Haaren und den eng geschnittenen Hosen anmutend wie eine androgyne Schriftstellerphantasie aus einem französischen Roman, trat seitlich an ihren Vater heran und legte ihm eine Hand auf die Schulter. Mit der anderen wedelte sie mit einem Bogen Briefpapier. Thomas Mann versuchte, in väterlicher Zuneigung zur ihr aufzublicken, doch der vermaledeite Sessel ließ nur eine Halsverrenkung zu, so dass der Schriftsteller es dabei beließ, seinen Sohn ins Auge zu fassen. Klaus glitt wie ein Panther im Zimmer herum, während sein Blick von einer Ecke in die nächste flackerte, als sei er auf der Jagd; - so wie seit Monaten er fast immer auf der Jagd war, vornehmlich nach Morphium, jungen Männern und Beschäftigungen, die geeignet waren, seinem Leben ein Gewicht und einen Mittelpunkt zu verleihen. Beinahe war er Hitler und seinen Schergen dankbar. Der politische und literarische Kampf gegen die dunklen Mächte war wie ein Kompass, der Klaus bei aller Haltlosigkeit eine Richtung vorgab und ihn wenigstens vor den tiefsten Sümpfen aus Drogenexzessen und sexuellen Ausschweifungen bewahrte. Der gemeinsame Feind, das hatte Klaus gelernt, konnte ein mächtiger Verbündeter sein.

»Hör dir das an, Papale«, sagte Erika, während sie wieder mit dem Briefbogen wedelte, »Klaus hat einen Brief verfasst. Und rate mal an wen... an keinen anderen als Gottfried Benn. Stell dir vor. Ein ganz hervorragender Brief ist das geworden.«

Klaus sekundierte seiner Schwester mit einem verlegenen Lächeln, das etwa besagen sollte, dass er diesen Auftritt zwar wünschte, dass er ihn aber auch möglichst schnell hinter sich haben wollte. Thomas Mann zog die Augenbrauen hoch, wie er es auch früher getan hatte, wenn Erika mit kindlichem

Ernst Enthüllungen angekündigt hatte. Diesmal jedoch war er wirklich neugierig auf das Kommende, - und auch ein wenig beunruhigt. Erika stellte sich in Positur und las vor, indem sie den Tonfall ihres Bruders imitierte:

»›Wieviel Freunde müssen Sie verlieren, indem Sie solcherart gemeinsame Sache mit den Hassenswürdigen machen?‹ Nicht wahr? Das ist eine gute Frage. Es schwingt sogar eine Spur Mitleid mit, findest du nicht auch? Und diese Stelle muss ich noch vorlesen. Nicht wahr, Klaus, du erlaubst doch.

›Wer sich aber in dieser Stunde zweideutig verhält, wird für heute und immer nicht mehr zu uns gehören. Aber freilich müssen Sie ja wissen, was Sie für unsere Liebe eintauschen und welchen großen Ersatz man Ihnen drüben dafür bietet.‹ Ganz ausgezeichnet ist das; voller Raffinesse.«

Erika funkelte mit den Augen, als stünde der im Brief Angesprochene ihr leibhaftig gegenüber. Thomas Mann senkte den Blick und ließ den passenden Moment, den Brief zu loben, verstreichen. Zu sehr fühlte er sich gemeint als der, der sich »in dieser Stunde zweideutig« verhielt, um unbefangen durch eine Würdigung des Schreibens über den Kollegen zu richten. Wenn seine Kinder diesen Nebenklang der Worte nicht im Sinn gehabt haben sollten, so wurde er ihnen doch spätestens jetzt bewusst angesichts der Miene des Schriftstellers; und er erwartete das übliche, von wachsendem Vorwurf gefärbte Drängen, er möge doch bitte endlich die Stimme erheben, seine international gewichtige Stimme, und sich ganz offiziell gegen das nationalsozialistische Deutschland und für die Migranten aussprechen; er möge sich endlich zum Exil gehörig erklären. Allein, dieses Drängen blieb aus. Thomas Mann blickte auf und betrachtete Klaus, der unruhig sein Gewicht von einem Fuß auf den anderen verlagerte, die Hände hinter dem Rücken verschränkt, als halte er noch etwas im

Verborgenen; als sei der Brief nur die Ouvertüre gewesen für ein Eigentliches, mit dem herauszurücken er zögerte.

»Da ist noch etwas«, fing Erika tatsächlich an, wurde dann aber von ihrem Bruder unterbrochen.

»Lass nur, Schwesterlein, ich sag es am besten selbst. Es ist nämlich so, dass ich eine Zeitschrift herauszubringen gedenke. Ich habe auch schon einen Namen dafür: ›Die Sammlung‹. Ich weiß, das klingt weder besonders poetisch noch kämpferisch. Ich möchte damit andeuten, dass in ihr die Geistesgrößen unserer Gegenwart versammelt sein sollen; dass also auch eine gewisse Vielfalt vertreten sein wird, kein parteipolitischer Dogmatismus, keine Hetze. Es wird eher in die Richtung moderaten Intellektuellentums gehen, um es mal so zu formulieren. Wenn etwas die Artikel und ihre Autoren zusammenhält, dann lediglich der gemeinsame Feind …«

»Mir gefällt der Name«, fiel Erika ein, »er klingt gediegen und gewichtig. Damit passt er auch zu den Mitarbeitern und Beiträgern.«

Thomas Mann horchte auf.

»Sieh an«, sagte er, hielt dann aber inne, bevor er etwas Unüberlegtes sagte, etwa des Sinnes, dass er bei der Sprunghaftigkeit seines Sohnes nicht erwartet hätte, bereits von Mitarbeitern zu hören, dass also die Pläne schon zu einem derart konkreten Stadium gediehen waren.

»Ich habe mir erlaubt«, fügte Klaus hinzu, »das Erscheinen in ein paar Zeitungen zu annoncieren und die künftigen Mitarbeiter bekanntzugeben. Ich rede von Onkel Heinrich, Alfred Döblin, Feuchtwanger und Schickele, Aldous Huxley, Anna Seghers … und überhaupt fehlt kaum ein Name von Rang. Und deshalb steht dein Name auch in der Annonce. Du hast doch sicher nichts dagegen.«

In vorwegnehmender Dankbarkeit schmiegte sich Erika an ihren Vater. Dieser durschaute den manipulativen Zweck der

Annäherung natürlich nur zu gut, ließ sich nichtsdestotrotz milde stimmen, wollte jedoch pro forma auf einen gewissen Einwand bestehen.

»Ich habe nichts gegen das Figurieren auf eurer Liste, wäre dennoch gern vorher gefragt worden, wie ihr euch denken könnt. Oder wie du dir denken kannst, Klaus. Eri scheint hier ja eher die Übermittlerin und Dolmetscherin zu spielen.«

»Ganz so ist es nicht«, sagte Erika im Ton eines Geständnisses, hinter dem sich ein unverkennbarer Stolz verbarg.

»Erika hat durchaus Anteil«, erklärte Klaus, »im Grunde ist es sogar der Hauptteil, um den sie sich kümmert. Sie sorgt sich um die Finanzierung und hat auch schon ein paar Kontakte aufgenommen, zu Schweizer Industrie-Familien zum Beispiel ... nun, auf jeden Fall siehst du, dass deine Kinder aus den Kinderschuhen schon ganz mächtig herausgewachsen sind und dir hier nicht von Traumtänzereien erzählen.«

Wie sich im September, nach dem Erscheinen der ersten Ausgabe, zeigen sollte, würde die Zeitschrift einige Scherereien heraufbeschwören. Die Beiträge erwiesen sich nämlich als nicht so moderat und gediegen, wie Erika und Klaus es in Aussicht gestellt hatten. Klaus und Fritz Landshoff hatten politisch scharfe Invektiven verfasst; insbesondere ein Essay von Heinrich Mann erweckte den Zorn der Mächtigen in Berlin, so dass der Verleger des Nobelpreisträgers, Gottfried Bermann, aufgeschreckt wurde. Bermann übermittelte die Botschaft nach Sanary, Thomas Mann möge sich deutlich und vernehmbar von der Zeitschrift distanzieren, andernfalls sei die Veröffentlichung seines neuen Romans gefährdet. Die Ankündigung seiner Mitarbeit an der »Sammlung« habe den Fischer Verlag in seinen Grundfesten erschüttert. Der Autor zeigte ein Einsehen und erklärte in einem Telegramm, der Charakter des ersten Heftes habe nicht dem ursprünglichen Programm entsprochen. Sein Name werde von der Liste der

Mitarbeiter getilgt. Als er seinen Sohn brieflich darüber informierte, stürzte das Klaus in Trauer und Verwirrung, wie er seinem Tagebuch anvertraute.

Kehren wir aber zurück in den Mai,- oder in den Juni, den Monat von Thomas Manns Geburt und seiner Vorzugssympathie. Am sechsten des Monats wurde er 58 Jahre alt. Beim Aufwachen stellte er fest, dass die Quersumme der Ziffern die Dreizehn ergab, eine Zahl, mit der er auf vertrautem Fuß zu stehen glaubte und die ihm ein gutes Omen zu sein schien. Und obgleich er - wenn man von ästhetischer Artistik absieht - für Zahlenmystik nicht viel übrig hatte, erfreute er sich, wie seit Kindheitstagen, an der vexierhaften Beobachtung, dass die 6 auf den Kopf gestellt, eine 9 ergibt; und träumerisch-sinnlos spielte er mit dem Gedanken, dass er womöglich gar nicht an diesem Tag, sondern am neunten Juni oder gar am sechsten September Geburtstag habe. Aus der müßigen Gedankenspielerei rissen ihn seine Kinder, die gesammelt im Schlafzimmer erschienen, um dem Zauberer zu gratulieren. Sie hatten Nelken, Gebäck und Torte für den Frühstückstisch besorgt und Katia hatte eine Flasche Liqueur und »Duftwasser« aufgestellt. Leider konnte man für das Frühstück die Loggia nicht aufsuchen, denn der Himmel war grau und neigte zum Tröpfeln. Auch die Unterhaltung gewann keinen festlich-heiteren Schwung, sondern man blieb mal wieder (und wieder ohne Resultat) an der Frage des Hierbleibens oder Weggehens hängen.

Mit einem Ausflug nach La Ciotat gewann der Tag immerhin noch einen Anflug von Festlichkeit und am Abend ließ das Geburtstagskind mit Champagner aufwarten, was in der Nacht zu eigentümlichen Träumen führte, in denen der Schriftsteller vor dutzenden von leeren Heften saß und trotz aller Willensanstrengung seine Füllfeder nicht über das Papier führen konnte. Damit soll der Bericht aus dem Jahr 1933 enden.

13. Amerika

Drei Tage nach dem Osterfest des Jahres 1934 geschah Feuersteins Auferstehung. Als er an einem Donnerstag von der Universität, wo er sich mit Kollegen zu dienstlicher Besprechung zusammengefunden hatte, nach Hause zurückkehrte, fand er einen Umschlag auf dem Küchentisch vor, der ihn sofort an jenes Schreiben erinnerte, das ihn vor etwa einem Jahr in das Reichsministerium für Volksaufklärung und Propaganda befohlen hatte. Seine Gedanken überstürzten sich und er hatte Mühe, das Zittern seiner Finger zu unterdrücken, während er das Kuvert aufriss und den einfach gefalteten kleinen Bogen entnahm. Von den hoffnungsvollsten Erwartungen stürzte er hinüber oder besser gesagt: hinab zu schlimmsten, geradezu lebensvernichtenden Befürchtungen und von da wieder hinauf auf die Höhe glänzender Aussicht. Er bemühte sich, das Zittern zu beherrschen und entfaltete den Bogen. Doch was dort zu lesen war, bestätigte keinerlei Erwartungen, weder im guten noch im schlechten Sinne. Das Schreiben bestand - wie damals schon - lediglich aus einer knappen Einladung oder - um die eigentliche Bedeutung nicht zu bemänteln - aus dem Befehl, im Ministerium vorstellig zu werden. Unfähig, sich seiner Smetana-Existenz zu widmen, meldete er sich bei der Universität krank, obwohl er das Ausmaß seiner Aufregung gar nicht verstehen konnte und es auch durchaus übertrieben fand. In zäher Untätigkeit verging die Zeit, bis Feuerstein sich am geforderten Tag endlich auf den Weg machte. Das Parteiabzeichen trug er nicht länger - wie noch damals - an der bronzierten Schnur, sondern, sozusagen ordnungsgemäß, ans Revers eben desselben Anzugs geheftet, den er damals für die Reise in den Süden erworben hatte, der jedoch inzwischen, aufgrund häufigen Gebrauchs, erste Abnutzungsspuren und nach dem Besuch der Operette »der goldene Pierrot«, wozu Feuerstein sich von der Bekannten eines Kollegen genötigt gesehen hatte, rückwärtig einen kaum zu verhehlenden Fleck zeigte. Das Innere des Prinz-Karl-Palais hatte quasi eine zu dem Anzug gegenläufige Entwicklung genommen; es hatte den Baustellen-Status hinter sich gelassen und war zu einer respektablen Unterbringung geworden, wie sie dem mächtigen Propagandaministerium wohl zustand. Der Brunnen, an dem Feuerstein damals seine unpassende Spielerei aufgeführt hatte, plätscherte munter und von verborgenen Lichtquellen bestrahlt vor sich hin und in der Pförtnerloge hatte jener übellaunige, fleischige Portier einem jüngeren, schwarz uniformierten Menschen mit streng nach hinten pomadisierten Haaren Platz machen müssen, als wollte der Nationalsozialismus auf allen Posten und an allen Stellen hervorheben, dass er eine Bewegung der Jugend sei.

Zu Feuersteins Überraschung schien jedoch Hankes Büro kaum verändert. Immer noch standen Kartons mit Akten und Büchern herum und über dem mit Papieren übersäten Konferenztisch schwebte eine Wolke von blauem Zigarettendunst. Ohne von dem Schriftstück, in dem er mit einem Bleistift allerlei Markierungen und Randkommentare einfügte, aufzusehen, winkte der Ministerialreferent Feuerstein, Platz zu nehmen. Als er endlich den Bleistift zur Seite legte, griff er nach seinem Zigarettenetui, lächelte in Feuersteins Richtung und schlug die Beine übereinander.

»Da wären wir wieder«, sagte Hanke, »ist schon eine Weile her, nicht wahr? Wahrscheinlich haben Sie gedacht, wir hätten Sie vergessen, mein lieber Herr Smetana, was? Wen wir einmal am Wickel haben, den lassen wir nicht so schnell wieder aus den Klauen.«

Sein knappes Lachen unterband Hanke, indem er sich abrupt die Zigarette zwischen die schmalen Lippen stopfte. Er zog die Lippen zurück und ließ den Rauch durch seine leicht schadhaften Zähne sprudeln.

»Ihr Zögling, wenn ich mal so sagen darf, hat einen Brief an das Reichsinnenministerium geschrieben. Nein, keinen Brief, ein ganzes Traktat.«

Hanke griff auf den Tisch und hob zum Beweis das Bündel Papier in die Luft, indem er mit dem Bleistift gekritzelt hatte.

»Er beklagt sich, dass München ihm Scherereien macht und ihm ans Zeug flicken will. Scheint so, als hätte Heydrich einen ordentlichen Brass auf Ihr Schriftsteller-Idol, Herr Smetana. Wenn ich das richtig sehe, ist die Klage nicht einmal ganz unberechtigt. Es ist in München einiges nicht ganz vorschriftsmäßig gelaufen. Man hat Thomas Manns Wohnung requiriert und die Autos, die von SA-Leuten ›aufgebraucht‹ worden seien, wie unser Herr Mann sich ausdrückt. Aus Sorge um Hab' und Wohl wolle er nun im Ausland verbleiben - auf ›unbestimmte Zeit‹, schreibt er.«

Hanke deutete mit dem Finger auf eine Stelle des Briefes.

»Ich glaube«, sagte Feuerstein, »ich kann Herrn Manns Sorge verstehen. Der Herr Standartenführer Heydrich schien in der Tat nicht gut auf Thomas Mann zu sprechen zu sein. Sogar von einem Schutzhaftbefehl war die Rede.«

»Ach ja, dieser Haftbefehl. Ich befürchte, dass Minister Goebbels nicht besonders angetan davon ist. Und es ist Wasser auf Heydrichs Mühle, wenn er - was früher oder später geschehen wird - Kenntnis von diesem Brief gewinnen wird.«

Hanke hob ein Blatt vor die Augen. »Ihr lieber Herr Schriftsteller macht kein Hehl aus seiner - ich zitiere wörtlich- : ›angeborenen und naturnotwendigen Abneigung gegen das nationalsozialistische Staats- und Weltbild‹, umso weniger, als er die Geringschätzung kenne, die der ›siegreiche Nationalsozialismus der Speichelleckerei und dem eifrig sich empfehlenden Überläufertum‹ entgegenbringe. Ist das nicht allerliebst? Wie er im selben Satz uns seine Abneigung erklärt und sogleich sich gemein mit uns macht, indem er die Speichelleckerei - sich selbst davon lossprechend - aufs Tapet bringt? Nein, wirklich ganz reizend ist das. Ich sage Ihnen, Herr Smetana, an diesem Thomas Mann könnte uns ein blendender Redenschreiber erwachsen, wenn wir ihm unser ›Staats- und Weltbild‹ schmackhaft machen könnten. Wahrscheinlich ist das nicht zu erwarten, aber einen endgültigen Schlussstrich möchte er offenbar auch nicht ziehen. Immerhin fasst er sein Außenbleiben nicht als ›dauernde Trennung vom Vaterlande auf, sondern als eine vom Schicksal verordnete Episode, als Beurlaubung aus der Volksgemeinschaft, für eine unbestimmte, aber gemessene Frist.‹ Das ist einfach großartig.«

Hanke stieß seine Zigarette in den Aschenbecher und zupfte sogleich eine neue aus dem Etui.

»Um Beurlaubung bittet er uns. Wir sollen ihm quasi Erlaubnis erteilen für sein ›Außenbleiben‹. Oder deute ich die Zeilen falsch, Herr Smetana? Was würden Sie sagen?«

Feuerstein machte eine nachdenkliche Miene und täuschte, um Zeit zu gewinnen, einen Husten vor. Er wollte dem Ministerialreferenten nicht widersprechen, er mochte aber auch nicht glauben, dass Thomas Mann um Erlaubnis bat. Allerdings konnte er sich zu einer Durchdringung dieses Problems auch nicht finden, denn da war ein anderer Gedanke, der zuerst bewältigt sein wollte. Bevor er sich mit irgendwelchen Fragen, mochten sie sich auch um den Schriftsteller drehen, beschäftigen konnte, musste er wissen, warum Hanke ihn herbestellt hatte. Vielleicht sollte er ohne viel Federlesens diese Frage geradeheraus stellen. Vielleicht würde der Referent eine gewisse Forschheit durchaus goutieren.

»Mit Sicherheit interpretieren Sie das - wie ich sehe - umfängliche Schreiben völlig korrekt, denn wie sollte ich, da ich nur passagenweise davon Kenntnis habe, Einwände vorbringen können. Die Passagen, die Sie vorgetragen haben, das darf ich wohl sagen, lassen ein gewisses Schwanken erkennen, wie Sie ja selbst bereits festgestellt haben.«

»Ganz richtig, ein gewisses Schwanken. Sehen Sie, mein lieber Herr Smetana, in München kapriziert man sich auf Thomas Manns Ausbürgerung. Man möchte wohl ganz gern an seine Schatulle. Das Auswärtige Amt bestätigt allerdings, dass der Herr Nobelpreisträger sich bisher nicht hetzerisch gegen Deutschland betätigt hat. Ja, wir informieren uns auf allen Kanälen, wie Sie sehen. Man könnte fast sagen, dass Thomas Mann eine Herzensangelegenheit meines Ministers ist.«

»Das ist er für mich auch«, fügte Feuerstein spontan hinzu, erschrak dann aber über seine Vermessenheit. »Natürlich ist er das nicht in dem großen, staatsmännischen und von voller geistiger Souveränität getragenen Sinne. Eine Herzensangelegenheit kann sich bei mir natürlich nur im Unbedeutend-Privaten abspielen, kann nur ein rein subjektives Dafürhalten sein, dem keine Bedeutung zukommt.«

Karl Hanke, mit seiner Zigarette beschäftigt, hatte kaum zugehört und legte, bereits den nächsten Gedanken fassend, seine Stirn in Falten.

»Der Brief an das Innenministerium und die Auskünfte des Auswärtigen Amtes, sehen Sie, mein lieber Herr Smetana, das sind nur die offiziellen Kanäle, durch die uns Informationen zufließen, Informationen von Gewicht und Wichtigkeit, ohne

Zweifel; doch daneben existieren auch noch andere Kanäle, dunklere, über deren Wesen ich hier nichts Genaueres äußern möchte. Sie verstehen. Auf diesen Wegen ist uns zu Ohren gekommen, dass der Herr Nobelpreisträger eine Reise erwägt. Sonderbar, nicht wahr? Wo er sich doch schon auf Reisen befindet. Kurz und gut: Wohin zieht es ihn? Nach Amerika. Denken Sie nur, ausgerechnet in die USA. Sein amerikanischer Verleger hat ihn eingeladen. Sie werden verstehen, dass das für uns heikle Nachrichten sind. Den weltanschaulichen Feind finden wir nicht nur im marxistischen Osten, mehr noch ist er angesiedelt im Westen, jenseits des Atlantiks. Ich kann mir ausmalen, wie Heydrich geifern wird, der Schriftsteller schmeichle sich ein ins Herz des Liberalismus', der Dekadenz und eines im Urwesen unvölkischen Materialismus', er wolle sich einnisten in die Heimat konsumistischer Verweichlichung. Und wahrhaftig, ich kann das nicht ganz von der Hand weisen. Mir ist nicht wohl bei dem Gedanken, dass Ihr Thomas Mann in diesen jüdisch-antideutschen Dunst eintauchen wird, ganz und gar nicht wohl ist mir dabei, mein lieber Herr Smetana.«

»Können wir ihn denn an der Reise hindern?«, fragte Feuerstein; und wie bereits in früheren Unterredungen mit von Alberti schauderte er ob des Gebrauchs dieses »wir«; denn was war dieses Pronomen anderes als ein Ausdruck von Anbiederei, Anmaßung, Hochstapelei, ein Auslöser tiefer Scham also, die er sich selbst zufügte (sofern Scham nicht ohnehin immer ein Produkt eigenen Tuns ist). Aber das war nicht alles, das war nur die eine Seite der Wortbedeutung. Auf der anderen stand Feuersteins Verwunderung, dass manche Menschen mit einem solchen »wir« keinerlei Schwierigkeiten hatten. Wie selbstverständlich fügten sie sich in eine dergestalt sprachlich markierte Gemeinschaft und fanden nichts daran, dass auch die anderen es auf diese Weise trieben. Ja,

Feuerstein beneidete die Menschen um ein solches naiv-verbrüderndes Wir, aber - um das nicht zu unterschlagen - seinem Neid war auch eine Spur Stolz beigemischt, dass es sich bei ihm anders verhielt.

»Nein«, antwortete Karl Hanke, »an der Reise hindern können wir ihn nicht, zumindest nicht mit den gebotenen Mitteln. Jedoch können wir Herrn Mann unter Beobachtung und Kuratel stellen. Wir können ihn spüren lassen, dass er uns auch jenseits des Atlantiks nicht völlig und endgültig von der Leine geht, wenn Sie mich verstehen.«

Hanke präsentierte sein knappes, vom Zigarette-in-den-Mund-Stopfen befristetes Lächeln, das Feuerstein zu erwidern versuchte, obgleich er durchaus *nicht* verstand, was Hanke mit Beobachtung und Kuratel gemeint hatte.

»Wir würden Sie bitten, lieber Herr Smetana, ebenfalls eine Reise zu unternehmen. Ja, packen Sie Ihren Koffer und schlüpfen Sie wieder in die Rolle des Attaché Feuerstein, nicht wahr? Wie wäre das? Begleiten Sie unseren verehrten Großschriftsteller nach Amerika. Jawohl, nach Amerika. Da machen Sie große Augen. Wie sollten Sie auch nicht. Solche Offerten machen wir nicht jeden Tag und längst nicht jedem, wie Sie sich denken können. Und, mein lieber Smetana, oder meinetwegen: Feuerstein; ich will ganz ehrlich zu Ihnen sein. Ganz glücklich bin ich mit solchen Reiseplänen nicht. Was ich von Dekadenz und Materialismus vorhin dem Standartenführer Heydrich in den Mund gelegt hatte, entspricht zum guten Teil - ich hatte das betont - auch meinen Befürchtungen.«

Hanke führte die Zigarette zum Mund, inhalierte gierig und blies den Rauch in Richtung der über ihnen schwebenden Dunstwolke.

»Nun gut, meine Bedenken seien hier nur der Vollständigkeit halber erwähnt. Sie spielen fürderhin keine Rolle, denn es ist der Wunsch des Ministers, dass wir etwas unternehmen, und Ihre Amerikareise hält er für eine eventuell sinnvolle Maßnahme. Also werden Sie reisen. Das werden Sie doch, oder?«

Feuerstein, von der Frage überrascht, fuchtelte vor Erregung mit den Händen. Was eigentlich eine Ergebenheitsgeste hatte werden sollen, drohte zum Gefühlsausdruck zu geraten, der auf die eine oder andere Weise Hankes Argwohn heraufbeschwören konnte. Feuerstein senkte den Blick und klemmte die Hände unter den Oberschenkeln fest.

»Ich begreife jedes Ihrer Bedenken, - soweit mein Einblick reicht, versteht sich. Gern will ich Thomas Mann nach Amerika begleiten, oder was ich sagen will, ist, dass ich gern bereit bin, die Pflichten auf mich zu nehmen, die man mir anträgt ...für Deutschland und die gute Sache ...«

»Schon gut, Feuerstein; bevor Sie Ihre volle Bereitwilligkeit verlauten lassen, sollten Sie über die näheren Bedingungen informiert sein. Sie werden diesmal nämlich allein reisen müssen. Zum einen kostet eine Schiffspassage nach Amerika keinen Pappenstiel, aber das ist nicht der vordringliche Punkt. In der Hauptsache lässt der Gesundheitszustand Mario von Albertis, Ihres gewohnten Begleiters, eine Reise nicht zu. Zwar hatten wir über einen Ersatzmann diskutiert, aber immerhin verlangen die mit einer solchen Mission verbundenen Aufgaben einige Fähigkeiten und Erfahrungen, mit denen nicht jeder Hans und Franz aufwarten kann. Also, Herr Feuerstein, fühlen Sie sich einer solchen Reise allein und auf eigene Faust sozusagen gewachsen? Sind Sie fester Überzeugung, die Interessen Deutschlands auch jenseits des atlantischen Weltmeers pflichtgetreu verfolgen zu können?«

Karl Hankes Ton, der mit den letzten Sätzen immer ernster und eindringlicher geworden war, erleichterte es Feuerstein, seinen inneren Jubel, dass die Reise ohne von Alberti in

Aussicht stand, an die Kandare zu nehmen und nicht nach außen dringen zu lassen.

»Was ich allein, ohne den tüchtigen Untersturmführer, werde ausrichten können, darüber kann natürlich nur die Zukunft belehren und ich will keine sinnlosen Versprechen abgeben. Was jedoch meine festen Überzeugungen betrifft, kann ich Sie versichern, dass diese ganz in Ihrem Sinne sein dürften.«

Der Ministerialrerferent, in verschiedenen Unterlagen blätternd, nickte kurz, als verstehe Feuersteins Antwort sich von ganz allein. Allerdings war der Attaché unsicher, ob die knappe Kopfbewegung nicht auch einen Zweifel ausdrücken mochte an seinen festen Überzeugungen, oder wenn nicht an diesen, so doch an den Fähigkeiten, sie mit entsprechenden Taten zu verknüpfen.

14. Meerfahrt mit Don Quijote

Katia und Thomas Mann fuhren mit dem Zug nach Basel, wechselten in den Express nach Paris, verbrachten eine Nacht im Hotel »Mirabeau« und reisten in aller Frühe weiter nach Boulogne-sur-Mer. Ihr Mittagsmahl nahmen sie am 19. Mai 1934 bereits im Speisesaal der »Voldendam« ein, einem nur mittelgroßen, aber soliden Schiff der Holland-Amerika-Linie. Die Tische waren spärlich besetzt. Vier Passagiere der ersten Klasse waren in Boulogne an Bord gegangen, etwa ein Dutzend war von Rotterdam her anwesend und vier weitere würden sich in Southampton einfinden. Die Linie werde reichlich Geld zuschießen müssen, bemerkte Thomas Mann bei der Suppe; dazu machte er eine säuerliche Miene, - nicht wegen der Suppe - die war ausgezeichnet - sondern wegen des Umstandes, dass Katia und er nicht am »Captain's table« platziert worden waren. Der Name des Schriftstellers hatte den Verantwortlichen nichts gesagt und dass man es mit einer Berühmtheit zu tun habe, wie Katia diskret lancierte, tat man achselzuckend mit der Erklärung ab, dass es mit der Berühmtheit wohl nicht weit her sei, wenn niemand den Herren Thomas Mann kenne. Bei den Passagieren der ersten Klasse sah es nicht viel besser aus. Lediglich ein junger Holländer gab zu erkennen, dass er die »Buddenbrooks« gelesen habe, womit jedoch seine Vertrautheit mit dem Werk des Autors bereits erschöpft war. Als Mrs. Fisher aus Kalifornien erfuhr, dass ein leibhaftiger Schriftsteller und Nobelpreisträger an ihrem Tisch saß, insistierte sie darauf, dass er ihr die Titel seiner Bücher aufschrieb, und versprach hoch und heilig »alles« von ihm zu lesen, sobald sie zu Hause sei.

Eine halbe Stunde später, bei ihrem Verdauungsspaziergang auf dem Bootsdeck, warf sie jedoch den Notizzettel mit verächtlich-spöttischer Miene über Bord; war ihr die reservierte Steifheit des Dichters doch ziemlich auf die Nerven gegangen.

Tadeusz Feuerstein reiste nicht erster Klasse. Ohne Mario von Alberti an der Seite war gar nicht daran zu denken gewesen und im Grunde war es dem Attaché ganz angenehm so, denn in den dortigen gesellschaftlichen Sphären hätte er sich nur fremd und beobachtet gefühlt. Die Mitreisenden der »touring class« hingegen bestanden zum guten Teil aus jüdischen Auswanderern, und daneben seien namentlich der Maure Cide Hamete Benengeli sowie der aus Kentucky stammende US-Boy Sam Perkins erwähnt, zu denen Feuerstein im Laufe der Überfahrt nahezu freundschaftliche Bande herzustellen wusste. Der spanische Maure war - auf private Rechnung - unterwegs zu einem in New York stattfindenden Mathematikerkongress, hatte sich dafür in dem Unternehmen seines Cousins (um welche Branche es ging, blieb im Dunkeln) auf die Urlauberliste setzen lassen, nicht ohne einen gewissen Vorschuss für die Finanzierung der Reise rausgehandelt zu haben. Sam Perkins hingegen hatte von seinen bildungsgläubigen Eltern die Europatour geschenkt bekommen, bevor er in einem Werk in Green Bowl bei der Montage von Automobilen seinen Lebensunterhalt zu erwerben und auf eigenen Füßen zu stehen lernen sollte. Die Reise war, wie er mehrfach betonte, eine Zeit- und vor allem Geldverschwendung gewesen. Europa war ihm eng, alt und hinfällig erschienen und ihm fehlte die Vorstellung, was er denn hier Nützliches hätte lernen sollen, was er nicht viel besser - nämlich auf effizientere und fortschrittlichere Weise - in Kentucky sich hätte aneignen können. Feuerstein lernte die beiden kennen beim Shuffle-Board-Spiel auf dem Vorderdeck. Das Meer war an diesem Tag, wie von verschiedenen Passagieren wiederholt festgestellt wurde, *a little rough*. Englands Südküste ragte noch konturenhaft durch den Dunst, doch nicht mehr lange und die bleigraue Scheibe des Meeres würde sich in vollkommener Leere unter dem trüben Himmel ausbreiten.

»Nicht übel, was?«, sprach Sam Perkins den in den monotonen Anblick versunkenen Feuerstein an, als sei der Atlantik quasi sein Privatbesitz, den er zur Bewunderung und Erbauung für die Mitreisenden ausgebreitet hatte. In Wirklichkeit verfügte er über nur sehr knappe Mittel. Die Reisebörse des Amerikaners war so dürftig ausgestattet gewesen, dass seine Kleider, die er in Italien in einem Eckladen erstanden hatte, bereits Zeichen der Abnutzung aufwiesen: ein flausartiger, zu langer Rock mit großen Aufschlägen und eine gelbliche, gewürfelte Hose. Breitbeinig stellte er sich neben Feuerstein und präsentierte eine wuchtige Phalanx tadelloser Zähne.

»Ich muss zugeben«, antwortete Feuerstein, »dass die Begegnung mit dem Weltmeer mir bevorgestanden hat. Ich kenne nur die Ostsee, ein provinzielles Gewässer, und der Ehrfurchtsschrecken vor dem Elementarischen steckt mir jetzt schon in den Gliedern. Ich hoffe inständig, dass wir von stürmischen Heimsuchungen bewahrt bleiben werden.«

»Ja, dafür sollten wir verdammt nochmal beten. Auf das, was ich während der Hinfahrt erlebt habe, kann ich ein zweites Mal getrost verzichten.«

Inzwischen war auch Benengeli herangetreten, ein kleiner, schmaler Mann, dessen ätzende Hässlichkeit von einer dickwandigen Brille noch betont wurde. Das aschblonde Haar war streng nach hinten gekämmt und fiel auf unschöne Weise auf den Kragen eines dunkelblauen, modisch geschnittenen Anzugs.

»Ich darf vermuten, dass der Herr sich nicht vorgestellt hat«, sagte Benengeli. »Die guten Manieren sind von Natur her nicht Metier des Amerikaners. Lassen Sie mich das Versäumte also nachholen. Das ist Herr Sam Perkins aus Kentucky, zukünftiger Automobilbauer und - wenn seine Überzeugungen eines unbestimmten Tages Wirklichkeit werden sollten - Millionär. Mein Name ist Cide Hamete Benengeli, Mathematiker, spanischer Staatsbürger und ein, wie ich gestehen muss, miserabler Shuffle-Board-Spieler, zumindest bedeutend weniger talentiert als unser Cowboy hier, den ich als meinen Kabinen-Mitbewohner zu nennen die Ehre habe.«

Feuerstein verbeugte sich vor den beiden Männern und stellte sich als Attaché aus Berlin vor, was ihm von Perkins Seite her ein Paar hochgezogener Brauen einbrachte.

»Sie sind im Dienst der deutschen Regierung?«

Feuerstein wehrte mit bescheidenem Lächeln ab.

»Nein, oder vielmehr: ja.«

Im Dienst der deutschen Regierung. Aber das klinge nach bedeutend mehr, als man sich darunter vorstellen dürfe. Er begleite lediglich Thomas Mann auf dessen Amerika-Reise, falls man mit dem Namen des Schriftstellers vertraut sei.

»Allerdings ist man das«, rief Benengeli, »ich darf wahrscheinlich nicht für Herrn Perkins sprechen, aber was mich betrifft, bin ich doch in dem Maße Mensch des Geistes, dass mir die Werke des Nobelpreisträgers bekannt sind. Ich schätze mich überaus glücklich, dass ich nun mit der Begleitung des Autors bekannt werde.«

Feuerstein wurde klar, dass seine Mitteilung unbedingt missverständlich war und in Benengelis Ohren offenbar viel mehr besagte, als er hatte ausdrücken wollen.

»Wenn ich sage, ich begleite Herrn Mann, dann soll das nicht unbedingt heißen, dass er das ebenso formulieren würde. Ja, wahrscheinlich, das muss ich zugeben, weiß er nicht einmal etwas von meiner Anwesenheit hier an Bord, also zumindest noch nicht. Wie Sie erfahren haben, sind die Aufenthaltsareale der ersten und zweiten Klasse recht streng separiert. Ich werde allerdings meine Bemühungen fortsetzen, seine Aufmerksamkeit auf mich zu lenken. Es wäre doch ein ziemlich peinlicher Augenblick, wenn er meiner Präsenz erst drüben, wenn wir von Bord gehen, gewahr werden sollte, als schleiche ich ihm irgendwie heimlich nach.«

»Aber ein bisschen heimlich scheint es doch auch zu sein«, gab Perkins zu bedenken, indem er seine Stirn in skeptische Falten legte, als sei sein Gesprächspartner ihm mehr und mehr suspekt geworden.

»Das kann ich vielleicht nicht ganz in Abrede stellen«, räumte Feuerstein ein, »aber doch nicht in dem Sinne einer absichtlichen Verheimlichung. Viel lieber wäre es mir ja, wenn Thomas Mann von vornherein, als wir das Schiff bestiegen, auf mich aufmerksam geworden wäre. Nun wird sich ein peinlicher Moment wohl nicht ganz vermeiden lassen.«

»Wenn ich das richtig verstehe, Herr Feuerstein, sind Sie eine Art Berichterstatter für die Regierung«, sagte Benengeli, während er hinter den dicken Brillengläsern ein freundlich-aufmunterndes Blinzeln erkennen ließ.

Bevor der Attaché antworten konnte, ließ das Nebelhorn die Luft erbeben und nach einer kurzen Pause erklang es gleich noch einmal. Perkins zog eine Uhr aus seinem karierten Beinkleid und drehte gewissenhaft an der Krone herum.

»Das ist kein Zeitzeichen, Herr Perkins«, gab Benengeli zu bedenken. Der Amerikaner ließ die Ironie an sich abperlen (oder bemerkte sie tatsächlich nicht) und hob einen Zeigefinger, um eine Mitteilung anzukündigen.

»Ist den Herren bewusst, dass wir täglich die Uhr dreißig bis vierzig Minuten zurückstellen müssen? Dass wir also beständig bereits gelebte Zeit repetieren? Ist das nicht kurios? Einem wird ganz schwindlig im Kopf, wenn man diese Dinge bedenkt.«

Nein, das war Feuerstein nicht bewusst, oder nur so halb und halb. Er erschrak geradezu angesichts der konkreten Minutenzahl, die ihm ungebührlich groß vorkam. Bisher war ihm der blaue Planet, auf dem er zu Hause war, als unermesslicher Lebensraum erschienen, angesichts dessen Dimensionen man selbst gar nicht in Betracht kam. Dass er nun mit seiner eigenen Bewegung auf der Kugeloberfläche kosmologisch sozusagen in die Rechnung einging, wollte ihm fast wie ein ungehöriger Eingriff in den Naturlauf der Dinge erscheinen, wie etwas, das einem Menschen anständigerweise nicht zukam. Schließlich musste er an Mario von Alberti und dessen Begeisterung für die Pünktlichkeit denken. Was der wohl sagen würde angesichts einer solchen atemberaubenden Relativierung der Zeit?

»Das sind Taschenspielertricks von ganz untergeordneter Bedeutung«, antwortete Benengeli. »Ich bin heilfroh, dass ich keine Uhr besitze und voraussichtlich auch nie besitzen werde. Ich bin, sofern ein Mensch das von sich sagen kann, ein Anhänger der Zeitlosigkeit,- ein Aspekt, der mich auch gegenüber der Mathematik immer freundlich eingenommen hat.«

Perkins machte eine wegwerfende Geste, die er sich in Italien abgeschaut haben mochte.

»Ganz und gar nicht zeitlos. Die von mir genannten Minuten ergeben sich, ob es Ihnen gefällt oder nicht, aus einer mathematischen Berechnung. Und von einer untergeordneten Bedeutung reden Sie, weil jede praktische Anwendung der Mathematik Ihnen wertlos erscheint, als werde ihrer strukturellen Reinheit damit Abbruch getan. Dabei ist die Mathematik doch überhaupt nur da von Wert, wo sie auch zu nützlichen Berechnungen herhalten kann. Aber Sie, verehrter Spanier, wollen in der Mathematik nicht mehr sehen als ein Glasperlenspiel.«

»Sie müssen die Forschheit des jungen Mannes entschuldigen, Herr Feuerstein, der skeptische Fatalismus des Europäers ist ihm fremd. Der lebenspraktische Utilitarismus ist die Haltung, die am ehesten dem pionierhaften Wesen des amerikanischen Volkes entspricht, obwohl von einem Volk und einem einheitlichen Volkscharakter ja gar nicht die Rede sein kann. Oder noch nicht die Rede sein kann. In der großen Schmiede der Zeit, die dem Herrn Perkins so sehr am Herzen liegt, zu einem ganzheitlichen Volkskörper geformt zu werden, dürfte die anstehende historische Entwicklungsaufgabe des Amerikaners sein.«

»Ganz recht«, antwortete Perkins, »wir werden Amerika groß machen. Im Übrigen tun Sie dem Attaché oder ich sollte sagen: Deutschland ganz und gar unrecht mit Ihrem Gerede von Skepsis und Fatalismus. Gerade Deutschland wendet sich ab vom altmodischen, zimperlich-skeptischen Europa. Vielmehr gedeiht in Deutschland ein robuster Vitalismus, ein brutaler Vitalismus, könnte man fast sagen, aber das Vitale ist auf die eine oder andere Art immer brutal, zumindest erscheint es jenen Kräften so, die am Gestrigen, am Überlebten festhalten wollen.«

Die Unterhaltung wurde unterbrochen von den Ausrufen eines Stewards, der die Gäste zur Mittagstafel in den

Speisesaal rief, der im Prinzip derselbe wie der der ersten Klasse, jedoch durch ein Spalier und Kübelpflanzen abgegrenzt war. Jenseits dieser Abgrenzungen saß Thomas Mann in seine Reiselektüre vertieft bei einer Tasse Melissentee. In der Linken hielt er ein orangefarbenes Leinenbändchen, dessen von Grandville stammende Umschlagzeichnung den Ritter Don Quijote auf seinem Pferd sitzend zeigte, in der Hand seine Lanze, und man brauchte kein übertriebenes Maß an Phantasie, um eine gewisse Ähnlichkeit mit dem Schriftsteller festzustellen: da waren das stolz vorgereckte Kinn und jene aristokratische Unnahbarkeit, die Mrs. Fisher zu dem trotzigen Wegwerfen des Notizzettels bewegt hatte.

Indem ich dergestalt auf Thomas Manns Erscheinungsbild sowie auf seine Reiselektüre verweise, möchte ich zweierlei erreichen. Erstens stelle ich dem Leser die Figur des Schriftstellers vor Augen und nicht nur die Romanfigur, sondern die historisch verbürgte Gestalt, denn darin liegt ja das Besondere dieser Erzählung: dass es sich nicht nur um eine Erzählung, also ein Werk der Fiktion handelt. In gleichem Maße ist richtig zu sagen, dass wir es mit einem Bericht zu tun haben, und ich gebe dem Leser gleichsam die Gelegenheit, den Nobelpreisträger bei einer Tasse Melissentee sitzen zu sehen, anziehend und in leibhaftiger Gegenwart, wenn auch mangelhaft, wie die Realität nun einmal ist, und ihn mit dem idealistischen Ruhm zu vergleichen, den die Jahrzehnte um seine Gestalt gewoben haben.

Zweitens habe ich die Möglichkeit die Überschrift des Kapitels zu erklären oder sogar zu rechtfertigen, sofern das für den überkritischen Leser, mit dem immer zu rechnen ist, notwendig sein sollte. Wie auch bereits andere Kapitelnamen ist auch dieser von dem in Frage stehenden Autor geborgt und hergenommen, nämlich von dem gleichnamigen Essay, in dem Thomas Mann eben diese »Meerfahrt« und diese Lektüre, also den »Don Quijote«, zum Thema gemacht hat. Hier werden, wenn man so will, drei Schichten übereinander gelegt und zur Deckung gebracht: die historische Begebenheit der USA-Reise, die essayistische Aufarbeitung der Reise durch Thomas Mann und schließlich die Widerspiegelung in dem vorliegenden Erzählbericht oder in der Berichterzählung. Es hat für mich nichts Herabwürdigendes, wenn der Leser darin eine Spielerei sieht oder - um einen von Thomas Manns Lieblingsausdrücken zu bemühen - etwas Humoristisches. Das Humoristische ist geradehin das Wesenselement des Epischen; es ist - im tiefsten Sinn - das menschlich Mehrschichtige, das lebensvoll Ambivalente; und mit diesen Ausdrücken wäre auch - um den Kreis zu schließen - die Figur bzw. die Person des Schriftstellers angemessen beschrieben, und nicht nur die, sondern ebenso die Figur des Parallelprotagonisten, zu dem und zu dessen beiden Begleitern ich jetzt zurückkehren möchte.

Die drei Männer waren nach dem Mittagsmahl wieder auf dem Vorderdeck versammelt und ließen in peristaltischer Erschlaffung die Blicke über das veilchenfarbene Meer schweifen. In der Ferne schwammen im Sonnenglanz Nebelbänke wie zarte und lichte Phantasmagorien. Ins Träumerische entrückt erklärte Perkins, dass eine Schiffsreise - im Vergleich zur Fahrt mit der Eisenbahn - um Vieles erfreulicher sei, weil die gewaltigen Entfernungen auf dem Ozean den Zeitpunkt der Ankunft ins Unbestimmt-Unwägbare rückten. Benengeli zeigte sich erstaunt über des Amerikaners Äußerung, übertrieb wohl auch die Gesten und die Mimik der Verblüffung wie ein schlechter Schauspieler, während er fragte, wie denn das mit seinen Bestrebungen nach Effizienz und Nützlichkeit zusammenstimme, ob Perkins nicht vielmehr der strengsten Pünktlichkeit das Wort reden müsse.

»Ich gebe zu«, antwortete der zukünftige Automobilmonteur, »dass der Augenschein dafür spricht. Bei genauerer Betrachtung ergibt sich jedoch, dass Pünktlichkeit und genaueste Zeittaktung auch etwas Erstickendes haben. Sie sind ein Prokrustesbett oder können wenigstens dazu werden. Um wie viel wichtiger und kostbarer sind dagegen Freiheit und Improvisationskunst. Ohne diese wäre der amerikanische Traum, als dessen unbedingten Fürsprecher Sie mich ja bereits kennen, zum Tode verurteilt.«

»Bedenken Sie aber auch, Herr Perkins, bedenken Sie, dass gerade das Meer und damit auch das Schiff an sich dem Elementarischen näher ist als die Eisenbahn oder auch das Ihnen beruflich zugeeignete Automobil. Ich frage mich daher, ob Sie sich mit Ihrer Präferenz für die Meerfahrt nicht von Vernunft, Kultur und Ordnung entfernen und, wenn auch nur andeutungshaft, dem Irrationalismus nähern. Noch mehr ist aber dies: Was Sie sagen von dem Prokrustesbett der Zeittaktung, ist nichts anderes als die Absage an den Fordismus.«

Feuerstein riss die Augen auf. In seiner Schläfrigkeit fiel es ihm schwer, dem Gespräch zu folgen und er zweifelte, ob er mit dem Begriff »Fordismus« die richtigen Vorstellungen verband oder ob er sich überhaupt verhört hatte, denn die Unterhaltung schien Wendungen zu nehmen, die ihm nicht immer logisch erschienen. Mit geschlossenen Augen wandte er sich der Sonne zu und überließ sich dem rosigen Schimmer, der auf seine Netzhaut fiel. Für eine Weile schienen die Diskutanten in Schweigen zu versinken, so dass Feuerstein ungestört den Bewegungen des Schiffs nachspüren konnte, dem sanften Rollen, dem Auf und Ab in der Dünung und dem aus den Dieselaggregaten hervorquellenden Vorwärtsdrängen.

Dann vernahm er eine Stimme, die weder die des spanischen Mauren noch die des Amerikaners war.

»Wo wir auch sind, beweinen wir Deutschland; denn hier sind wir doch geboren und es ist unser wahres Vaterland. Nirgends finden wir die Aufnahme, die unser Unglück fordert; und wo wir glaubten, aufgenommen zu werden, dort kränkt und misshandelt man uns am meisten.«

Feuerstein sah sich nach dem Sprecher um und entdeckte eine Gruppe von Männern, wie sie nach Habitus und Kleidung auch in den Straßen Berlins oder Münchens hätten zu sehen sein können. Wegen des kräftigen Windes hielten sie die Hüte in den Händen, die Blicke hatten sie nach unten gerichtet, als stünden sie für ein gemeinsames Gebet zusammen. Wer von ihnen gesprochen hatte, ließ sich nicht ausmachen und da auch niemand mehr das Wort ergreifen zu wollen schien, schloss Feuerstein wieder die Augen, darüber nachsinnend, ob, wie von Alberti behauptete, Volk und Rasse im Grunde synonyme Ausdrücke seien. In diesem Augenblick, während die atlantische Sonne ihm durch die Augenlider schien, verlor die Frage ihren Sinn und der Attaché zweifelte, ob er im Falle eines Schiffbruchs mehr Recht hätte, eine rettende Planke zu ergreifen als einer dieser Männer, ob seine Zugehörigkeit zum deutschen Volk oder zur deutschen Rasse zu einem überzeugungskräftigen Argument taugen würde.

Am Abend sollte es eine Filmvorführung in der *social hall* geben, zu der - anders als der Name vielleicht nahelegte - nur Passagiere der ersten Klasse Zutritt hatten. Perkins, dem das Zwei-Klassen-Wesen besonders zusetzte (es beleidigte seine individualistische Freiheits- und Gleichheitsliebe) fand Mittel und Wege, dass sie zu dritt Zugang zu der Vorführung fanden und der durch ihre Billets ausgewiesenen Klassifizierung ein Schnippchen schlugen. Wie sich später herausstellte, hatte Perkins seine letzten Geldreserven dafür aufgewendet, dass ein Schiffsteward ein oder eigentlich beide Augen zudrückte und die Klassenbarriere für die drei Männer durchlässig werden ließ. Geld war - so Perkins' sich bewahrheitende Überzeugung - der große Gleichmacher, der Auslöscher standesmäßiger, völkischer oder rassischer Differenzen; und auf der anderen Seite war es allein das Geld, das unabweisbare Schranken zu errichten in der Lage war,- die zu einer abstrakten Zahl idealisierte Repräsentation von Besitz und Wohlstand.

Der Film präsentierte eine Vision des Reichtums, veranschaulicht durch die komfortable Lebenslage des Protagonisten und durch mit Kristall und Obstaufsätzen prangende Speisetische. Ein älterer Geschäftsdirektor verfällt der Liebe zu einer Tänzerin, die es aber mit einem jungen Musiker hält, so dass man für einen Moment den Glauben gewinnen könnte, es solle die Lehre von der Superiorität der Liebe verbreitet werden; am Ende jedoch kehrt der Direktor zurück zu Geld und Gattin und findet seine stabile Lebensbehaglichkeit wieder, während die Kamera dem wahrscheinlich ephemeren Glück der Tänzerin keinen Moment mehr widmet und das junge Paar seinem ärmlich-trostlosen Schicksal überlässt.

Nach der Vorführung verharrte Feuerstein am Ausgang und hielt Ausschau nach Thomas Mann, der mit hanseatisch-bildungsbürgerlicher Steifheit durch die Stuhlreihen schritt, seine Frau am Arm führend; oder eigentlich führte – einen halben Schritt vorangehend - sie ihn. Benengeli und Perkins, links und rechts dem Attaché zur Seite, lächelten höflich in der Erwartung einer interessanten Begegnung. Als das Ehepaar dicht genug herangekommen war und sich in ihren Mienen die Anzeichen des Wiedererkennens spiegelten, war darin nichts von Freude oder auch nur konventionell vorgetäuschter Freude zu erkennen. Vielmehr verdunkelte sich der Blick des Schriftstellers, was, wenn es einem nicht an gesellschaftlichem Feingefühl fehlte, als ein Tadel für Taktlosigkeit gedeutet werden konnte; wenn das zu viel gesagt ist, dann besagte der Blick doch wenigstens, dass Thomas Mann von der Anwesenheit des Attachés irritiert war. Bei Katia Mann hatte die Verblüffung nur einen Augenblick gedauert, dann fand sie zu dem gesellschaftlich angemessenen Lächeln, mit dem sie die Begrüßung mimisch vorbereitete. Doch zu einer tatsächlichen Begrüßung kam es nicht mehr, denn der Steward, ein kleiner, aber stämmiger Bursche, bei dem Perkins den irregulären Zutritt zu den Sphären der ersten Klasse erkauft hatte, tauchte plötzlich auf und drängte mit vorgestreckten Armen die Dreiergruppe energisch, den Saal zu verlassen und ihr angestammtes Areal schleunigst aufzusuchen. In einem schwachen Augenblick habe er sich hinreißen lassen, seine Kompetenzen zu überschreiten, aus Milde und menschlichem Mitgefühl; dass man nun aber sich anheischig mache, nicht nur in die höherklassigen Räumlichkeiten einzudringen, sondern womöglich zu den Herrschaften Kontakt aufzunehmen, das führe entschieden zu weit; dem müsse er sofort einen Riegel vorschieben, bevor etwa Beschwerden der Herrschaften laut werden und ihn selbst in Misskredit bringen. So sah sich also Feuerstein vor den Augen des Schriftstellers abgedrängt und auf ein niedrigeres Niveau gedrückt, das (da musste er Perkins Recht geben) aus nichts anderem als aus einem Preisunterschied resultierte.

Am nächsten Tag war die Luft milder, der Einfluss des Golfstroms machte sich bemerkbar. In würdevollem Andante glitt das Schiff durch den Atlantik. Thomas Mann, nach dem Frühstück seine übliche winzige Runde auf dem Bootsdeck absolvierend, war diese Reisegeschwindigkeit oder besser gesagt: -langsamkeit überaus angenehm, sie erschien ihm natürlicher und gesünder als die schütternden Rekordversuche jener Kolosse, die in sechs oder gar vier Tagen durch die Weiten pflügen. Die Vorstellung des Natürlichen und Gesunden tat ihm wohl und auch der sanfte Windhauch, der ihm durch das Gesicht strich, war wie ein heilsamer Balsam für seine Nerven, die in der Nacht aufgrund wüster Träume und eines mehrfach unterbrochenen Schlafs gelitten hatten. Die Begegnung mit dem Attaché war ein nervlicher Schock gewesen und nur durch die Einnahme mehrerer Phanodorm waren ihm ein paar Stunden Nachtruhe vergönnt gewesen. Was ihn so sehr affiziert hatte, vermochte der Schriftsteller kaum zu sagen. Das Unverhoffte des Zusammentreffens hatte seinen Anteil gehabt, mehr noch aber der Eindruck, den es auf ihn machte, mit welch langem Arm Nazi-Deutschland nach ihm zu fassen schien. Nazi-Deutschland? Offiziell musste Feuerstein als Repräsentant des Dritten Reichs gelten und es wäre töricht vom Schriftsteller gewesen, diese Tatsache zu ignorieren oder vor sich selbst kleinzureden. Dennoch gelang es ihm kaum, den Attaché mit der Blut-und-Boden-Boshaftigkeit und der rassistischen Selbstüberhebung der Braunhemden in Verbindung zu bringen. Feuerstein - oder Smetana, wie es Thomas Mann besser und passender erschien - war entschieden weniger Klöterjahn als etwa … und hier kam ihm eine ganze Reihe seiner Romanfiguren in den Sinn, unter anderem auch die Gestalt des Halbwüchsigen aus der Venedig-Novelle. Smetana war natürlich um einige Jahre älter als Tadzio, doch etwas in seinem Blick, in seinen Augen - braune Augen, wie dem Schriftsteller plötzlich bewusst wurde - beschworen den Gedanken an den Knaben herauf, als sei der Attaché der real gewordene Tadzio, der aus der Novelle ins Leben getreten und zum dreißigjährigen Mann gereift war. Thomas Mann hätte diese Gedanken als alberne Einbildungen abtun können, wenn darin nicht Folgerungen enthalten gewesen wären, die ihn selbst betrafen und als solche nicht ohne Weiteres beiseite zu schieben waren. Er war zu sehr Psychologe, als dass er seine spontanen Eingebungen nicht begriffen hätte als

Ausdruck seiner inneren Verfassung, seines tief verankerten Selbstbildes, in dem er ebenso Wunschprojektion als auch Schicksal sah. Um es deutlich zu sagen: Wenn Smetana Tadzio war, dann kam ihm selbst die Rolle Aschenbachs zu, des gealterten Dichters, der der knabenhaften Schönheit verfällt, sich zum Narren macht, jede Selbstachtung über Bord wirft und am Ende an der Cholera stirbt. Thomas Mann stand kurz vor seinem sechzigsten Geburtstag. Die Zahl fasste ihn an die Kehle und die seelische Erschütterung - die ihn nicht zum ersten Mal heimsuchte - zwang ihn, sich am hölzernen Relingprofil des Schanzkleides festzuhalten. In vielen Jahren des gesellschaftlichen Lebens und vor allem am Ort der Arbeit, am Schreibtisch, hatte er seine Selbstzucht trainiert, so dass es ihm auch diesmal gelang, den Anfall zu beherrschen und mit der Maske stolzer, etwas donquijotischer Steifheit das Deck zu verlassen und sich in seine Kabine zu retten. Kalter Schweiß stand ihm auf der Stirn, als er sich auf einen mit Chenille bespannten Polsterstuhl niederließ. Aschenbach war ein alter Mann, dachte der Schriftsteller, also im Grunde kein Mann mehr, sondern ein asexuelles Wesen, zumindest wurde er - wenn er mit aller Kraft daran dachte, vermochte er den Gedanken für eine Weile festzuhalten und auf sich wirken zu lassen - von anderen so wahrgenommen, von Jüngeren. Es war, wenn man ehrlich ist, aus und vorbei mit ihm. Die Lebensphase, in die er eingetreten war, gehörte bereits mehr dem Tod als dem Leben an, er befand sich quasi auf dem Vorhof des Todes, von einer Lebensphase zu sprechen, war kaum noch angebracht, richtiger wäre wohl die Bezeichnung »Phase des Sterbens oder Absterbens«. Von Anfang an und immer schon war er Aschenbach gewesen, natürlich. Aber in dem Sinne, dass er diese Variante seiner selbst sich vom Leibe halten wollte, dass er schreibend damit fertig und den Kasus neutralisieren wollte, dass er wie immer - wie bereits seit den

»Buddenbrooks« - die Ironie als Trennwall zwischen seinen literarischen Projektionen und sich ins Feld führte. Als er Aschenbach in die Welt entließ, war Thomas Mann in den Vierzigern und Gustav Aschenbach war ein Vorausblick in die Zukunft. Inzwischen hatte er Aschenbachs Alter erreicht und die Romanfigur erwies sich als Offenbarung, als peinliches Orakel. War er nicht genau der alternde Geck geworden, in den Aschenbach sich im Laufe der Novelle verwandelt? Thomas Mann dachte an den jungen Kellner in Brüssel, dem er das übertriebene Trinkgeld zugesteckt hatte, er rief sich ähnliche Situationen in Paris in Erinnerung oder auch solche, die schon früher sich in München zugetragen hatten, als er sich noch so jung glaubte, keine peinlich-lächerliche Figur abzugeben. Aber sah das auch vom Standpunkt eines neutralen Beobachters so aus? War er vielleicht schon seit Jahren dabei, sein eigenes Orakel zu erfüllen? Ja, es war aus und vorbei mit ihm. Aber seit wann? Offenbar hatte er den schleichenden Übergang nicht bemerkt und der ironische Trennwall war ihm irgendwann verloren gegangen. Er dachte an die Szene an der Bushaltestelle, als Smetanas Blicke und seine sich für einen Moment getroffen und vom Rest der Welt abgekoppelt hatten und er entsann sich des Funkens von Überraschung, der in Smetanas Augen aufblitzte. Damals hatte er es für Bewunderung gehalten, für Zuneigung, ja, im innersten Wesen für Liebe. Aber vielleicht hatte er sich geirrt. Vielleicht war es die aufblitzende Erkenntnis gewesen, dass es mit dem Schriftsteller aus und vorbei war. Ja, auch mit dem Schriftsteller, nicht nur mit dem Menschen Thomas Mann. Denn das Gefühl, leergeschrieben zu sein, begleitete ihn nun schon eine ganz Weile. Die Brosamen der Inspiration musste er wie Hänsel und Gretel auf den dunklen Wegen mühsam zusammenklauben, wenn von Inspiration überhaupt noch die Rede sein konnte, wenn nicht er eher zum Synkretisten seiner eigenen

Werke geworden war. Die Zeit zurückzudrehen lag nicht in der Macht des Menschen. Um Inspiration und Jugend zurückzuerlangen, bedurfte es schon eines Paktes mit dem Teufel, man musste zum Doktor Faustus werden, um wieder jene Geisteshöhen zu erreichen, auf denen man sich früher mit Lust und geradezu ignoranter Selbstverständlichkeit bewegt hatte. Aber das war Fiktion und Märchen. Faust war ein Mythus, ein deutscher, urdeutscher Mythus, mehr nicht. Thomas Mann besaß Faust - wenn von Besitz hier sinnvoll die Rede sein kann -, aber er besaß nicht einmal mehr Deutschland. Er war vertrieben und irrte durch die Fremde, lebte in Hotels, in komfortablen oder sogar luxuriösen, zugegeben, aber eben doch nur in Gasthäusern und nicht in einem Heim. Und jetzt schwamm er sogar in einem unsicheren Gehäuse (denn angesichts der - wenn auch im Augenblick schlummernden - elementarischen Macht des Atlantiks war selbst das gewaltigste Schiff ein zerbrechliches Gehäuse) als winziger Krümel irgendwo zwischen den Kontinenten auf dem Weltmeer. Deutschland! Wehmutvolle Sehnsucht wühlte in seinen Eingeweiden. Könnte er in die Heimat zurückkehren, in die Geborgenheit seiner gewohnten Lebensbehaglichkeit, würde er vielleicht die Restkraft finden für die Vollendung der Joseph-Romane und vielleicht noch für einen weiteren, letzten Roman. Thomas Mann fühlte die Möglichkeit. Aber dazu müsste er eben doch zum Faust werden und den Pakt mit dem Teufel eingehen, müsste er sich mit den Nazis arrangieren und ihnen ein wenig nach dem Munde reden, irgendwie, als Fürsprache des Deutschen an sich vielleicht, der Kultur und des Geistes. Es existierten Berührungspunkte zwischen der »Bewegung« und der Romantik, in deren Tradition sich Thomas Mann sah, im Begriff der Volksgemeinschaft zum Beispiel, und er würde schon die richtigen Worte dazu finden, um Rechtfertigungen zu erdenken, hinter denen man sich verstecken konnte, wenn man wieder in München in seiner angenehmen Villa säße. Und Rechtfertigungen würde man brauchen gegen die Vorwürfe und Anfeindungen wegen des Pakts mit dem Teufel, sogar aus der eigenen Familie würde es Protest und Widerrede geben, von dieser Seite wahrscheinlich mit der wütendsten Schärfe, von keiner formellen Höflichkeit gemildert.

Während der Schriftsteller in dieser Weise von der Vision drohender Einsamkeit heimgesucht wurde, erfreute Feuerstein sich seiner neuen Bekanntschaften und des geistigen Niveaus, auf dem der Mathematiker (das war keine Überraschung), aber auch Perkins heimisch war und das er nicht einmal von Unterhaltungen mit seinen Universitätskollegen gewohnt war. Die USA mussten ein Land der Bildung und des Geistes sein, wenn ein Mann, dessen Zukunft ihn ans Fließband bei der Automobilproduktion führen würde, zu Disputen in der Lage und aufgelegt war, wie Feuerstein sie bisher mit den beiden ungleichen Männern erleben durfte. Perkins mochte eine Ausnahme darstellen, dennoch mussten die Bildungs- und Lebensbedingungen in den USA solche Ausnahmen ermöglichen. Der Attaché hatte sich, wie er zugeben musste, offenbar ein ganz falsches Bild von der amerikanischen Nation gemacht. Sein Urteil (oder Vorurteil) war bisher geprägt gewesen von den Gedanken, wie Hanke sie geäußert und Heydrich in den Mund gelegt hatte: dass Amerika der Pfuhl wollüstig-verweichlichter Dekadenz sei, wo seelenlos allein das Geld regiere.

Man hatte sich am nächsten Tag bei der Frühstückstafel getroffen und ein Beisammensein in der Gemeinschaftskabine Perkins' und Benengelis stipuliert, wo der Maure eine kleine Apparatur zum Bereiten von Kaffee bereithielt, mit der er mit behänder Virtuosität dampfende Köstlichkeiten herzustellen wusste. Perkins, dem Koffein stark verfallen, war glücklich über die Fertigkeiten seines Kabinengenossen, nahm sich dennoch heraus, die Primitivität des Geräts und der Zubereitung zu belächeln, indem er für die Zukunft Maschinen in Aussicht stellte, die völlig automatisch jede nur erdenkliche Kaffeesorte innerhalb von Sekunden hervorzaubern würden. Wenn der Kaffee ein Luxusgut sei oder gewesen sein sollte, so werde er in absehbarer Zukunft zu einem allenthalben erschwinglichen Massengetränk werden, sofern er das nicht schon längst sei.

»Sie huldigen, wie immer, der Zukunft und der Masse«, antwortete Benengeli,»aber mit der Herrschaft der Masse läuft alles auf die Diktatur hinaus und damit auf die Gewalt. Im Zeitalter der Massen muss sich die parlamentarische Willensbildung als gänzlich ungeeignet erweisen. An ihre Stelle wird die Versorgung der Massen mit mythischen Fiktionen treten, die als primitive Schlachtrufe die politischen Energien entfesseln. Massengerechte Mythen werden die Vehikel der politischen Bewegung. Die an die Idee des Individuums gebundenen Werte - Wahrheit, Freiheit, Recht, Vernunft - werden völlig entkräftet und verworfen oder einen von dem der letzten Jahrhunderte ganz verschiedenen Sinn annehmen, indem sie blutvoll relativiert und auf die weit höhere Instanz der Gewalt, der Autorität, der Glaubensdiktatur bezogen werden.«

Feuerstein wollte seinem Erstaunen Ausdruck verleihen, mit welcher Schnelligkeit und geistigem Artistentum der Maure von der Kaffeezubereitung zur Erörterung politischer Energien und gar der Glaubensdiktatur sich emporgeschwungen hatte. Jedoch kam ihm Perkins zuvor, der mit beschwichtigender Stimme die Überzeugung äußerte, alles werde sich in konsumistische Behaglichkeit auflösen. Man werde es bei verringerter Wochen- und Lebensarbeitszeit sich zu Hause gemütlich einrichten vor dem Radio- oder im Filmtheater. Niemand werde mehr in der bedauernswerten Lage sein, sich Luxusgüter nicht leisten zu können. Vielmehr werde die Massenproduktion Sorge tragen, dass diese Güter aufhören dem Luxus anzugehören. Wenn man von Masse rede, müsse man nicht an blutvolle Barbarei denken, sondern an den ganz prosaischen Genuss entindividualisierter Individualität, sofern er sich diese paradoxe Wendung erlauben dürfe. Die ganze Welt werde innerhalb von hundert Jahren zu einer großen, alles umfassenden Zufriedenheit zusammenfließen. Benengeli schüttelte in trauriger Resignation den Kopf. Die Monokulturisierung oder Homogenisierung, von der Perkins da offensichtlich rede und die er durchaus auch am Horizont heraufziehen sieht, werde mitnichten ein Schlaraffenland sein. Vielmehr werde sich der Terror des Normalen entfesseln, der alles Abweichende mit erbittertem Hass verfolgen und ausrotten werde, indem man es der Krankheit oder der Perversion gleichsetze. Zweifellos werde man das Kranke nicht nur nicht pflegen, sondern für alle sichtbar ziele man sogar auf die Tötung Lebensunfähiger und Schwachsinniger ab. Und man werde dazu übergehen, solche Praxis volks- und rassenhygienisch zu begründen, während es sich in Wirklichkeit - man leugne das nicht, sondern betone es im Gegenteil - um weit tiefere Entschlüsse, um die Absage an alle humane Verweichlichung handeln werde: um ein instinktives Sich-in-Form-Bringen der Menschheit für harte und finstere, der Humanität spottende Läufte, für ein Zeitalter umfassender Kriege und Revolutionen.

»Der Ausgangspunkt«, gab Feuerstein zu bedenken, »war lediglich ein Automat zur Kaffeezubereitung. Und ist von den Apparaten, vom technischen Fortschritt nicht doch eine gewisse Lebenserleichterung zu erwarten? Vielleicht also auch eine Förderung des Humanen, insofern wir von der Notdurft befreit werden, vom Elementarischen, um den von Ihnen bemühten Ausdruck aufzugreifen.«

Benengeli griff nach der aktuellen Ausgabe der täglich erscheinenden Bordzeitung.

»Sehen Sie das? Zu wünschen wäre, dass Sie es noch nicht gesehen haben, was jedoch denkbar unwahrscheinlich ist, denn kaum kann man an Bord einen Schritt machen, ohne dass einem das Käseblatt in die Hände fällt. Selbst in unsere Kabine, auf welchen Wegen auch immer, ist dieses an Banalität und Abgeschmacktheit kaum zu überbietende Druckerzeugnis eingesickert. Was lesen wir hier? Wir erfahren von einem Tigerbaby im New Yorker Zoo, das vom Tierwärter mit Milchflasche und Schnuller gepäppelt wird. Weitere Beispiele will ich uns ersparen. Und nun führen Sie sich vor Augen, mithilfe welcher technischer Mittel diese menschheitsbedeutsame Neuigkeit zu uns an Bord gelangt. Ein technisches Wunder wie die Radio-Telegraphie muss dazu dienen, solche Nachrichten über Land und Wogen zu befördern.«

So stellte der Maure die Dinge anschaulich vor Augen, und wir geben ihm Recht. Ach, die Menschheit! Ihr geistig-moralischer Fortschritt hat mit ihrem technischen nicht Schritt gehalten, er ist weit dahinter zurückgeblieben, man sieht es hier wieder, und der Glaube daran, dass die Zukunft glücklicher sein könnte als die Vergangenheit, sollte durch unsere Gegenwart, des Lesers und meine, vollständig ausgelöscht sein.

»Überhaupt die Technik«, fuhr Benengeli fort, »das Radio, die Fotografie, das Kino, - was haben wir von ihnen zu erwarten? Ich denke, zweierlei. Sie werden die Welt aufsaugen und verdauen und in verkleinerter, verbiederter Form wieder vor dem Publikum ausspucken, ja, die Welt wird zur Ware werden, zu einem verzwergten Phantom, das man zu Hause auf dem Sofa konsumiert. Das ist das eine. Auf der anderen - vielleicht sogar noch schlimmeren, unheimlicheren – Seite wird uns die Scham vor den Apparaten heimsuchen, eine bis zur Selbstverachtung reichende Scham.«

»Warum sollten wir uns schämen?«, fragte Perkins, »wir schämen uns, wenn wir den Blick der Anderen auf uns gerichtet fühlen. Die Apparate haben keine Augen.«

»Mitunter gehören wir selbst zu den Anderen. Wir schämen uns vor uns selbst. Und warum? Wegen unserer Fehlbarkeit und Unzulänglichkeit. Weil wir angesichts der Apparate erkennen, in welchem Maße und Sinn wir Mängelwesen sind.«

Unter solchen und ähnlichen Gesprächen vergingen die Tage der Überfahrt. Weniger kurzweilig verstrich die Zeit für Thomas Mann. Seine Reiselektüre, der »Don Quijote«, entfaltete nicht so viel fesselnde Begeisterung, wie es später in dem bereits erwähnten Essay zu lesen sein würde. Cervantes Interesse und Begeisterung abzutrotzen, war eine Anstrengung; natürlich; das Geistige war immer eine Anstrengung, eine intellektuelle Aufbietung der Kräfte. Und der Schriftsteller spürte, dass es für ihn immer so sein würde, bis zu seinem Ende. Niemals würde er - in effigie gesprochen - die Füße hochlegen und sich geistig gehen lassen. Sein eigenes despotisches Naturell verhinderte das und würde es in Zukunft verhindern. Dennoch spürte er manchmal die Sehnsucht, sich eine Pause gewähren zu können, für eine Weile nicht der Großschriftsteller und Nobelpreisträger sein zu müssen. Gleichzeitig jedoch wusste er, dass diese Sehnsucht eine Lüge war. Hier an Bord der »Voldendam« hatte man nicht gewusst, wer er war; er hätte in die Nestwärme der Privatheit, die das Inkognito ihm bescherte, eintauchen können. Er hätte mit seiner Frau den Luxus der ersten Klasse genießen und ein »einfacher Mensch« sein können. Aber stattdessen hatte es ihn verdrossen, nicht am »captain's table« zu sitzen. Indigniert war er, wie wenig Beachtung seine Hochrangigkeit gefunden hatte. Ja, es empörte ihn, dass diese Hochrangigkeit, auf die er doch unbedingt Anspruch besaß, durch die mangelhafte Beachtung gleichsam blass und fadenscheinig wurde. Es fehlte nicht viel, dass er sich in einen tränenerstickten Wutanfall hineinsteigerte wegen seiner Abhängigkeit von der Aufmerksamkeit und Anerkennung durch das »Publikum«, das - zumindest was die Passagiere der »Voldendam« betraf - sich gar nicht durch eine geistig-literarische Bildung qualifizierte, um ernsthaft in Betracht zu kommen. Der ganze Gedanke war so verdreht und töricht, dass Thomas Mann am Ende den Kopf schüttelte und so den heraufziehenden Anfall abwenden konnte.

In den letzten Monaten hatten Wutanfälle und nervliche Zusammenbrüche eine gewisse Regelmäßigkeit gewonnen und wenn sie ihren Gipfelzustand überschritten hatten und wieder im Abklingen waren, wandelte Katia Mann die ungefähre Ahnung an, dass diese Zustände mit der ungehemmten Einnahme von Schlaf- und Beruhigungsmitteln in Verbindung stehen mochten. Doch die Leichtfertigkeit ihres Temperaments ließ sie den Gedanken regelmäßig wieder vergessen, bevor sich die Gelegenheit ergeben hätte, ihn gegenüber ihrem Mann auszusprechen. Dem Schriftsteller selbst lagen solche Ideen fern, verspürte er doch zu sehr Dankbarkeit und Bewunderung für die pharmazeutischen Zivilisationsgaben, als dass er zu einem ernsthaften Verdacht ihnen gegenüber aufgelegt gewesen wäre. Was seine bedenkliche Konstitution betraf, sah er sie halb als Bedingung seines Künstlertums, halb als Folge der geschichtlich-politischen Fährnisse, denen sein Dasein unterworfen war.

15. New York

Am Abend machten die langgestreckten Lichterreihen von Long Island dem Sternenhimmel den Rang streitig. Die Wärme des New Yorker Sommers schmiegte sich an die Passagiere, von denen fast alle an Deck gekommen waren, um sich von dem über dem tintenschwarzen Wasser schwebenden funkelnden Schauspiel in eine aus Bangigkeit, Vorfreude und sogar Wehmut gemischte Stimmung verrücken zu lassen.

Einige Stunden später nahm die Mündung des Hudson das Schiff auf und bald darauf lösten sich langsam die Hochbauten Manhattans aus den Morgennebeln. Als die »Voldendam« festmachte, stand ein Pulk von Männern zwischen den mannshohen Pollern am Kai und schien auf das Schiff zu warten. Wie sich herausstellte, handelte es sich um ein Rudel Journalisten, dazwischen der Verleger Knopf, der quasi den Leiter der Delegation und den Arrangeur des trubeligen Empfangs spielte. Mit Befriedigung nahmen Katia und Thomas zur Kenntnis, dass den Passagieren der »Voldendam« seine Berühmtheit nun nicht länger verborgen bleiben konnte.

Nachdem Knopf ihn von der Belagerung durch die Journalisten befreit und ihn in eine Limousine verfrachtet hatte, erklärte der Verleger mit breitem Lächeln, dass der

Bürgermeister leider im Amt unabkömmlich sei, er schicke aber einen Fahrradpolizisten, der sie zum Hotel eskortieren werde. Da Thomas Mann die Information mit aller Ernsthaftigkeit (seine Miene, in der sich würdevolles Geschmeichelt-Sein abzeichnete) aufnahm, blickte Knopf aus dem Autofenster, als wolle er nach dem angekündigten Fahrradpolizisten Ausschau halten.

»Der gute Mann hat uns wohl verpasst«, sagte Knopf, »das ist bei dem New Yorker Verkehr kein Wunder und eher das Übliche.«

Daraufhin gab er dem Chauffeur das Zeichen zur Abfahrt und im nächsten Moment schoben sie sich durch den in der Tat zähen, dem Schriftsteller nahezu infernalisch anmutenden Verkehr bis nach Manhattan, an die Süd-Ost-Ecke des Central Parks, wo sich das Savoy-Plaza 128 Meter hoch in den Himmel reckte. Hier hatte Alfred Knopf für seinen Autor ein Zimmer gemietet, oder eine Suite, besser gesagt, was in Thomas Manns Augen ganz und gar seiner Bedeutung entsprach, deren Anerkennung man auf der »Voldendam« so schmählich schuldig geblieben war.

Der Express-Lift trug mit ohrenbedrückendem Tempo das Ehepaar samt Pagen, der sich des Handgepäcks angenommen hatte, in den 24. Stock. Den Schriftsteller flog eine blümerante Ängstlichkeit an bei dem Gedanken, dass jedes Verlassen der Wohnung dieses Fahrstuhl-Abenteuer nötig machen würde. Wenn sich wegen der himmelstürmenden Unterbringung ein leichter Vorwurf in der Seele Thomas Manns andeuten mochte, so verflog dieser doch sofort wieder, als man die Zimmer betrat und von dem Ausblick überwältigt wurde. Vierundzwanzig Stockwerke unter ihnen erstreckten sich Central Park, Fifth Avenue, Park Avenue und das unabsehbare Gewimmel der Straßen, Autos, Häuser und

Menschen. Thomas Mann wurde von der Erkenntnis übertölpelt, dass man sich winzig und gleichzeitig erhaben fühlen konnte.

Weit weniger glamourös und umsorgt gestaltete sich Feuersteins Ankunft im Big Apple. Er war, wie Hanke vorausgesagt hatte, auf sich allein gestellt, was sich schon bei dem Versuch, ein Taxi für sich zu gewinnen, als überraschend schwierig erwies. Angebot und Nachfrage schienen sich in einem argen Missverhältnis zu befinden, so dass Feuerstein, behindert von seinem Koffer, länger als eine halbe Stunde auf der Jagd nach einem jener gelben Fahrzeuge war, die immer wieder an ihm vorbeihuschten, als seien er und sein Gepäck von Unsichtbarkeit geschlagen. Erst als er, mit einem Fuß bereits auf dem Fahrdamm stehend, den freien Arm dringlichst durch die Luft schwenkte, schoss ein Taxi-Wagen heran. Der Chauffeur bedeutete dem Attaché, sich zu beeilen und den Koffer in den Gepäckraum zu werfen, und kaum hatte Feuerstein im Fond Platz genommen, drückte der sich mit seinem roten Schopf als irischstämmig ausweisende Fahrer auf das Gaspedal. Erst jetzt erkundigte er sich nach der gewünschten Adresse und als er Hotel- und Straßennamen vernommen hatte, schüttelte er energisch den Kopf. Das liege in der Bronx. Da fahre er nicht hin. Wenn Feuerstein dahin wolle, was schon verrückt genug klinge, solle er gefälligst die Subway nehmen. Dazu rieb er Daumen und Zeigefinger aneinander, so dass der Attaché, obwohl er das irisch-englische Genuschel des Fahrers nur mit Mühe dechiffrieren konnte, die Ablehnung als das begriff, was sie in Wirklichkeit war, nämlich als Forderung einer zusätzlichen Gebühr dafür, den Harlem River Richtung Norden zu überqueren und Manhattan zu verlassen.

Seit den zwanziger Jahren wurde die Bronx von Afroamerikanern dominiert. Die dem »Schwarzen Donnerstag« folgende Wirtschaftskrise hatte das Stadtteil hart getroffen, härter vielleicht als andere Bezirke, auch wenn, seitdem Fiorello LaGuardia von den New Yorkern zum Bürgermeister gewählt worden war und die Arbeitslosigkeit mittels Bauprogrammen und anderer Maßnahmen reduzierte, das Leben in der Metropole sich entspannt hatte.

Das »Happy Hotel« war in einem grau verputzten, dreistöckigen, in die Breite angelegten Gebäude untergebracht, dessen Rückseite auf eine aufgeständerte Station der Subway blickte. Auf eben diese Station ging auch das Fenster von Feuersteins Zimmer hinaus, und, wie sich schnell zeigte, erschütterten den Raum nicht nur Fahrgeräusche und das Quietschen der Bremsen, sondern auch Vibrationen, die sich mittels unter- und oberirdischer architektonischer Verstrebungen von der Subway-Station auf den Hotelbau übertrugen. Nachdem Feuerstein, auf dem Bett liegend, das Halten und Wiederabfahren von sieben oder acht Zügen durchlebt hatte, sah er ein, dass ein mehrtägiger Aufenthalt in diesem Zimmer nicht möglich wäre und er, auch wenn es seinem Naturell widerstrebte, genötigt war, an der Rezeption vorstellig zu werden und ein anderes Zimmer zu verlangen. Der Lateinamerikaner, der den Attaché vorhin in Empfang genommen hatte und dessen Gesichtsausdruck von einem blauen Glasauge vom Unfreundlichen ins Unheimliche gesteigert wurde, rollte mit dem gesunden Auge, als er des Deutschen ansichtig wurde, als sei dieser bereits jetzt als unerträglich lästig identifiziert. Das unverhohlene Rollen verstärkte sich noch, als Feuerstein seinen Wunsch nach einem anderen, von dem Getöse der Subway unbeeinträchtigten Zimmer vorbrachte. Man sei ausgebucht, erklärte der Glasäugige, während er Daumen und Zeigefinger aneinander rieb. Der Attaché versuchte, seiner Empörung mimisch Ausdruck zu verleihen, war aber nicht sicher, ob das Auge des Latinos lange genug auf ihm ruhte, um davon Kenntnis zu nehmen. Vielleicht hatte er dem Taxi-Fahrer zu schnell nachgegeben. Vielleicht sollte er sich widerständiger zeigen, als gleich die Geldbörse zu zücken. Aber das war eine Velleität. Mit seiner Nachgiebigkeit im Taxi hatte er sich quasi des moralischen Rechts auf Protest beraubt; nun war es zu spät und außerdem fühlte er sich der abgefeimten Härte der New Yorker nicht gewachsen. Mit Sicherheit saß er am kürzeren Hebel und man würde keine Sekunde zögern, ihn das spüren zu lassen. Der Mexikaner bedachte Feuerstein mit einem insolenten Grinsen, als röche er den Wankelmut und die Schwäche seines Gegenübers. Was blieb dem Deutschen also übrig, als seine Brieftasche hervorzuziehen und dem Portier zwanzig Dollar in die erstaunlich zierliche Hand zu drücken. Unter Umständen, sagte der Mann, könne man doch noch ein Zimmer freimachen, das den Wünschen des anspruchsvollen Herren (dabei grinste er wieder) eher entspreche. Nur leider - in dem Punkt sei er nicht befugt, Abstriche zu machen - koste das andere Zimmer zehn Dollar mehr als das ursprüngliche.

Als Feuerstein seine neue Bleibe bezogen hatte, beschloss er, für heute auf ein Abendessen zu verzichten. Wie sich die Dinge entwickelten, würde das ihm zugestandene Spesenguthaben für die Tage in New York kaum reichen und er womöglich auf seine privaten Geldmittel zurückgreifen müssen.

Währenddessen hatten sich Katia und Thomas Mann in ihrem nobelpreisträgerwürdigen Hotel in Abendgarderobe gewandet, waren mit dem Expresslift gen Erdgeschoss gestürzt und hatten sich von einem der gelben Taxis, die vor dem Portal warteten, zu dem Restaurant fahren lassen, in das Alfred Knopf sie eingeladen hatte. Das Lokal lag in einer

Seitenstraße der Fifth Avenue, so dass man vom Savoy-Plaza aus wohl auch zu Fuß hätte gehen können. Die verwinkelten Räumlichkeiten waren von Kerzen und verhängten Lampen schwach erhellt, sodass sich allenthalben anheimelnde, beinahe an Separees erinnernde Nischen ergaben. Das Ehepaar fand den Verleger in Begleitung einer etwa sechzigjährigen, aufgrund nach unten gebogener Mundwinkel säuerlich drein blickenden Frau, die ihnen als Willa Cather vorgestellt wurde. Da Thomas Mann der Name sichtlich unbekannt war, erklärte Knopf, dass die Kollegin sich freue, den großen Repräsentanten des deutschen Geistes kennen zu lernen, zumal sie, wie er gerade gesprächsweise erfahren habe, eine Vorliebe für Tolstoi habe, der, wenn er sich richtig erinnere, auch zu den bevorzugten Romanciers Thomas Manns gehöre. Vor allem sei sie aber auch eine Verehrerin des heutigen Gastes, sagte Willa Cather, indem sie mit näselnder Stimme die Silben in die Länge zog, in der begründeten Annahme, dass die Manns mit dem Amerikanischen auf nicht ganz vertrautem Fuß standen.

»Und das ist mein Freund und Berater Henry Louis Mencken«, übernahm Knopf die weitere Vorstellung, indem er auf einen Mann - unwesentlich jünger als Cather - wies, der gerade mit einem Glas Bier von der Bar kam, wo er in dröhnendem Vitalismus gegen den amerikanischen Puritanismus gewettert hatte.

»Begründer des ›American Mercury‹ und Mitarbeiter des ›New Yorker‹«, fügte Knopf hinzu.

Mencken wippte einmal auf den Fußballen, packte die Hand des Schriftstellers und schüttelte sie ausgiebig, während er herzhaft lachend mehrmals das deutsche Wort »Übermensch« wiederholte. Das Gespräch schleppte sich eine Weile hin, wobei Knopf immer wieder versuchte zu dolmetschen, allerdings in der Art und Weise, dass es schien, als wiederhole er nur zur Bestärkung oder um seiner Überraschung Ausdruck zu geben das Gesagte auf Deutsch; ihm war nämlich nicht entgangen, dass es seinem berühmten Gast unangenehm war, gerade auf dem Feld der Sprache als hilfsbedürftig zu wirken. Nachdem Knopf zwischen Vor- und Hauptspeise zwei Flaschen Champagner geordert hatte, geriet die Unterhaltung auf flottere Bahnen, obwohl Thomas Mann seine metallische Aura, hinter der er sich verkroch, nicht ganz ablegte und auf durchaus unbescheidene Weise seine Überzeugung verlautete, dass kaum ein anderer deutschsprachiger Schriftsteller die literarische oder allgemein: geistige Bedeutung besitze wie er. Alfred Knopf stimmte dem begeistert zu und Mencken ließ sich sogar dazu hinreißen, dem Nobelpreisträger auf die Schulter zu klopfen.

Mit dem Geist sei es in Deutschland allerdings nicht zum Besten bestellt, wandte Willa Cather näselnd ein und bog die Mundwinkel noch stärker nach unten.

»Ganz richtig«, antwortete Thomas Mann in einem Ton, als sei er überrascht, von der Amerikanerin derart Zustimmungswürdiges zu hören. »Unter den Nazis wird Deutschlands Bedeutung als Heimat des Geistes und der Kultur leiden, leidet jetzt schon, indem die besten Köpfe sich ins Ausland vertrieben sehen. Ich fürchte sogar, dass meine eigene Bedeutung als deutscher Autor von dieser Verminderung angesteckt werden wird. Alles Deutsche gerät, unabhängig von seinem tatsächlichen Wert, in den Schatten oder richtiger: in das hässliche braune Licht, das in einem gedanklichen Kurzschluss für das Licht Deutschlands gehalten wird.«

»Germany«, rief Mencken, während er sein Bierglas in die Luft reckte. Oder um gleich Knopfs Übersetzung zu übernehmen: »Auf Deutschland. Wir sollten die Männer in Berlin nicht unterschätzen. Vielleicht steckt mehr in ihnen, als auf den ersten Blick zu erkennen ist. Nietzscheanische

Kreaturen,- von der bedenklichen Sorte, gewiss. Und doch tragen sie, tragen wenigstens einige von Ihnen die Vision des Übermenschen in sich. Was den Geist und die Kultur betrifft, ich sage es euch, können wir auf die Demokratie nicht rechnen.«

Mencken holte ausgiebig Luft und warf einen Blick auf die Nachbartische, ob ihm vielleicht jemand zuhörte. Dann fuhr er fort: »Zumindest nicht auf unsere hier, die amerikanische Demokratie. Hier sind alle Chancen auf Seiten des Mannes, der eigentlich der Mittelmäßigste ist - der den Verdacht, sein Geist sei ein Vakuum, am talentiertesten zerstreuen kann. Das Präsidentenamt neigt Jahr um Jahr mehr zu solchen Männern. Mit der Vervollkommnung der Demokratie widerspiegelt dieses Amt zunehmend die Seele des Volkes. Wir bewegen uns auf ein erhabenes Ideal zu. Eines großen und glorreichen Tages wird der Herzenswunsch der schlichten Leute endlich erfüllt und das Weiße Haus mit einem geradezu Debilen geschmückt sein. Die Zukunft gehört Deutschland, auch wenn es eine Zukunft sein wird, die uns nicht gefällt, eine grausigblutige Zukunft. Oder sie gehört den Kommunisten. Aber das werde ich hier in unserem schönen Amerika natürlich nicht laut sagen, hahaha.«

Mencken beobachtete wieder die anderen Tische, während er sein Bierglas zum Mund führte und die andere Hand auf des Dichters Schulter krachen ließ. Mit einem verzweifelten Blick auf seine Frau fragte Thomas Mann stumm, wie lange er diesen Unfug hier noch ertragen müsse.

Katia, die ihren Mann nicht aus den Augen gelassen hatte, antwortete, indem sie unmerklich einmal das Kinn senkte. Während des Desserts, von dem zur Überraschung aller Willa Cather erklärte, es sei zu sauer, legte Katia Mann mehrmals den Handrücken an die Stirn und gab ihrem Gesicht einen schmerzlichen Ausdruck, bis Alfred Knopf schließlich fragte, ob ihr nicht wohl sei.

Es sei alles bestens, antwortete Katia, doch sei sie von der Reise, dem langen Tag und der Hitze angegriffen. Mit kläglich gespieltem Bedauern erklärte Thomas Mann, dass man unter diesen Umständen, denn doch leider schon ins Hotel zurückkehren müsse; wie bedauerlich es auch sei, den wunderbaren Abend, seinen ersten Abend in der legendären Stadt, so früh abbrechen zu müssen.

Cather machte ein säuerliches Gesicht, Mencken klopfte verständnisvoll Thomas Manns Schulter und der Verleger beeilte sich, ein Taxi rufen zu lassen. So gelangte das Ehepaar also bald schon ins Hotel zurück, jagte per Lift in den Himmel und versprach sich vor dem Löschen der Nachttischleuchten, das Beste aus der Reise zu machen, auch wenn diese ihnen plötzlich wie ein Irrtum vorkam.

16. Geld

Der Deckenventilator quirlte müde in einem Sud aus Wärme. Feuerstein fühlte sich vertrocknet und schlapp. Er hatte geträumt, jemand sei in das Zimmer gekommen und habe seine Barschaft und seine Hosen gestohlen, so dass der Attaché gezwungen war, in Unterhosen durch das traumhaft verzerrte und mit Orten seiner Vergangenheit vermischte New York zu streifen. Nun prüfte er den Koffer und zog die Geldscheine aus seiner Börse, um sich von dem abenteuerlichen Zauber berühren zu lassen, den fremde Währungen oft auf den Betrachter ausüben, indem sie Zweifel an der Ernsthaftigkeit dieses Geldes heraufbeschwören, - sei es, weil die Geldscheine bunter sind, als man es aus der Heimat gewohnt ist, oder übertrieben klein oder groß wirken. Wenn es um die Finanzen geht, ist der Mensch besonders sensibel für Abweichungen, befürchtet er doch schnell, es könne eventuell nicht mit rechten Dingen zugehen und er sei um sein »richtiges« Geld betrogen. In diesem Fall scheint das für den Banknotendruck zuständige »Bureau of Engraving and Printing« dauerhaft von dieser Befürchtung umgetrieben zu sein, sodass es mit verdächtigem Pathos die Beteuerung auf die Scheine drucken lässt, man vertraue in Gott, als solle durch dieses Bekenntnis das Vertrauen von Gott auch auf den Dollar übertragen werden. Eine Beteuerung, nach der niemand gefragt hat, weckt, wie gesagt, Argwohn. Feuerstein erinnerte sich, dass seit gut einem Jahr in den USA der private Goldbesitz verboten war. Die Amerikaner hatten es also dringend nötig, ihrer Währung zu vertrauen. Und in dem Wunsch, den Geldscheinen mittels Sinnsprüchen die Aura von Wert zuzumessen, stand auf dem Ein-Dollar-Scheinen auch: »novus ordo seclorum.« Eine neue Ordnung der Zeitalter.

Feuerstein kam zu dem Schluss, dass mit der neuen Ordnung eben nur der Dollar selbst gemeint sein könne. Die freimütige Verquickung von Religion, Staatsordnung und *cash* überraschte den Attaché. *Aber am Ende,* dachte er, *ist es vielleicht nur ehrlich, wenn man die Dinge, von denen man ohnehin überzeugt ist (oder aus Pragmatismus überzeugt sein sollte), beim Namen nennt.*

Er widmete sich kurz der Morgentoilette, ging hinunter in den an ein Großraumbüro erinnernden Speisesaal und nahm das im Übernachtungspreis enthaltene (und durchaus akzeptable) Frühstück ein. Mit der Subway fuhr er Richtung Süden nach Manhattan, um verschiedene touristische Attraktionen in Augenschein zu nehmen, wie sie dem New-York-Novizen in den Urlaubsplan geschrieben stehen. Er begutachtete das Flat-Iron-Building, streifte durch den Central-Park und ließ es sich nicht nehmen, auf der Besucherplattform des Empire State Buildings seine Höhenangst zu erforschen. Die Mittagspause verbrachte er unter dem rot-blau-weißen Sonnenschirm eines Hot-Dog-Standes, dessen Betreiber ihn nach Deutschland ausfragte und ihn in mehrmaligen Erzählschleifen unterrichtete, dass seine Eltern selig von dort stammten, und er selbst wolle eines Tages, wenn er das Geld zusammengekratzt habe, einmal hinüberreisen und sich »Nurnbörg« angucken, dort werde nämlich nach einer Geheimformel das weltweitbeste Marzipan hergestellt.

Später verschlug es Feuerstein in die Broad Street, wo er auf eine griechische Tempelfassade stieß, deren von korinthischen Säulen geschmückter Portikus auf den Gehweg ragte. Feuerstein fragte sich, was es mit einem solchen Gebäude auf sich haben und was darin untergebracht sein mochte. Es dauerte eine Weile, bis er es herausbekommen hatte und am Ende wunderte es ihn gar nicht so sehr, dass es hinter der Tempelfassade um Geld ging, um den Handel mit Wertpapieren, um genau zu sein, denn der Bau beherbergte die eigentlich der Wall Street zugeschriebene New Yorker Börse, deren Eingang eben hier in der Broad Street lag.

Von hier aus also, so gingen Feuersteins Gedanken, hatte sich vor wenigen Jahren die große Wirtschaftskrise ausgebreitet wie eine Riesen-Welle und die ganze Weltordnung erschüttert. Insbesondere hatte sie die Weimarer Republik ins Wanken gebracht und schließlich Hitler und seine Partei an die Spitze des Staates gespült.

»Novus ordo seclorum«, murmelte der Attaché.

Gegen Abend erinnerte er sich seines Auftrages und schlenderte durch die Straßenschluchten zum Savoy-Plaza. Das mächtige Hochhaus und die Exklusivität, die dem Hotel von Weitem anzusehen war, schüchterten ihn ein. Dass man ihm in seinem drittklassigen, nicht mehr ganz reinlichen und verschwitzten Anzug Einlass gewährte, ohne dass einer der breitschultrigen Türsteher den Weg versperrte, war eine Überraschung. Er hatte den Versuch eigentlich nur unternommen, um sagen zu können, er habe sein Bestes getan, seine Pflicht erfüllt, mehr habe er vorerst nicht tun können. Nun aber fand er sich unversehens an der Rezeption wieder, wo ein nahezu zwergwüchsiger, zum Ausgleich auf einem Schemel stehender Mann in betresster Hoteluniform das Oberregiment führte. Feuerstein trat vorsichtig heran und fragte, als er sich der Aufmerksamkeit des Zwergwüchsigen sicher fühlte, in unbeholfenen Wendungen, ob der »Schreiber« Thomas Mann im Hause sei.

»I'm sorry, sir, I'm afraid I'm not authorized to give you any information about that«, antwortete der Front Desk Manager, während er seinen Blick oberhalb von Feuersteins Scheitel in die Luft bohrte.

»I would like to visit him. I am from Germany«, riskierte Feurstein einen zweiten Anlauf.

»Perhaps I may say this much: Mr. Mann is not in the house. Farewell and enjoy the reminder of the evening, sir.«

Damit stieg der Mann von seinem Schemel und machte sich ostentativ an irgendwelchen mit Briefumschlägen bestückten Fächern zu schaffen.

Feuerstein bedankte sich auf Deutsch bei dem uniformierten Rücken und trottete schon wieder zum Eingang, als er eines pfeilförmigen, auf einem besenstielartigen Stab angebrachten Hinweisschildes gewahr wurde, das den Leser mit geschwungenen Buchstaben und einschmeichelnden Farben zum Besuch der hoteleigenen Bar zu überreden versuchte. Wenn man ihm Einlass gewährt hatte, würde man vielleicht auch keine Einwände gegen seine Anwesenheit in der Bar vorbringen, dachte der Attaché. Außerdem fühlte er sich körperlich und geistig erschöpft und die Aussicht, in den aufgeheizten Straßen jetzt nach einer Subway-Station zu suchen, nahm ihm den Rest Energie, der noch in ihm geschlummert hatte. Ein oder zwei Drinks, dachte er, werde seine Reisebörse hoffentlich noch verkraften. Und wenn nicht, werde er eben die letzten Tage vor der Rückreise hungern müssen. Das wäre weiß Gott nicht das erste Mal, dass sein Magen für eine Weile vom Dienst suspendiert würde.

In dieser - übertrieben ausgedrückt - fatalistischen Stimmung folgte Feuerstein dem Hinweispfeil und gelangte in eine Art Flur oder Windfang, wo ein Garderobenständer und ein Regenschirmhalter den Durchgang verengten, und von da durch eine offene Tür in die Hotelbar. Eine Vielzahl von Lampenschirmen leuchteten gelblich, die geschwärzten, zum Teil verspiegelten Wände ließen die Grenzen des Raums ins Unbestimmte verschwimmen. Auf einem kleinen Sockel, der eine Bühne andeuten mochte, stand ein Flügel, an dem ein ganz in Grün gekleideter Musiker Jazzakkorde griff und mit der Rechten dazu improvisierte, während er, ein Auge zukneifend, im Mundwinkel eine Zigarette balancierte.

Männer, sofern sie nicht befreundet oder sonst miteinander bekannt sind, bilden meist, wenn sie sich gemeinsam in einem Raum befinden, jeweils ein Universum für sich und vermitteln den Anschein, dass sie in diesem auch nicht gestört werden wollen. Hier jedoch war die Atmosphäre verbindender, die umherschweifenden Blicke schienen es geradezu darauf anzulegen, erwidert und womöglich von einem Lächeln begleitet zu werden.

Feuerstein setzte sich an einen winzigen, mit einer roten Kerze geschmückten Tisch unweit des Pianisten und spürte, wie die Unruhe, die ihn, seitdem er in New York angekommen war, in Spannung gehalten hatte, von ihm abzufallen begann. Er bestellte bei einem ebenfalls grün gewandeten Barmann einen Martini und ein Bier, und als dieser die Order an den Tisch gebracht hatte, erhob sich aus der Jazz-Harmonik in fließendem Übergang die Melodie der »Moldau«. Mitten in New York und ausgerechnet in diesem Hotel hatte Feuerstein alias Smetana unerwartet einen Ort gefunden, an dem er sich geborgen oder beinahe heimisch fühlte. Sein Vorsichtsreflex ermahnte ihn zwar, dem Gefühl nicht zu trauen, strenge Umsicht zu halten und beschützend nach seiner Brieftasche zu greifen. Doch das war ein nur kurz währender Anflug. Bereits eine Minute später lockerte er, mit dem Mittelfinger über die Tischkerze streichend, die Schultern wieder, schloss die

Augen und atmete tief den Zigarettendunst ein, den ein junger Mann mit großen Augen und bleichem Teint am Nachbartisch wie einladende Rauchzeichen durch seine kirschroten Lippen quellen ließ. In sein Hotel kehrte Feuerstein erst in den frühen Morgenstunden zurück.

17. Das Wunderkind

Als Feuerstein im Speisesaal erschien, musste er sich mit spärlichen Resten des Frühstücks begnügen. Die Zeit war schon fortgeschritten, dennoch waren noch fast alle Tische besetzt, denn im Saal lagen mehrere Zeitungen und Zeitschriften aus, derer sich die Gäste mit Hingabe bedienten. Oberhalb eines von Zeit zu Zeit gurgelnden Wasserspenders war ein Pappschild angebracht, um die Leser darüber zu unterrichten, dass die dargebotenen Lektüren mit einem täglichen Aufpreis von einem halben Dollar zu entgelten seien. Dieser werde auch dann erhoben, wenn man die Zeitungen nicht nutzen wolle. Unter diesen Umständen nahm auch Feuerstein ein Blatt zur Hand, dessen komplette letzte Seite von einer Werbeanzeige ausgefüllt wurde. Eine mit einem bauschigen Kopftuch geschmückte Dame lud den Betrachter ein, die überwältigende Reinigungskraft eines Waschmittels zu erproben, das sie mittels eines metallenen Zylinderbechers in einen Waschautomaten rieseln ließ.

Der Attaché drehte die Zeitung um und widmete sich der Titelseite, wo von einem Hafenarbeiterstreik in Oregon, Kalifornien und Washington zu lesen war, bei denen es zu blutigen Auseinandersetzungen mit der Polizei gekommen sei. Nicht ausschließen könne man, dass die Arbeiter den Verführungen kommunistischer Umtriebe zum Opfer gefallen seien.

Ein anderer Artikel berichtete, in Deutschland habe die Regierung eine »Aktion gegen Miesmacher und Kritikaster« (wie auf Deutsch zitiert wurde) ins Leben gerufen, womit man offenbar die Unmutsäußerungen von Volksgenossen und sogar Angehörigen der NSDAP eindämmen wolle. Daneben war ein Foto abgebildet, wie Hitler mit aufgerissenem Mund eine Hand nach oben streckte. Das Bild sagte, wer Hitler war: ein alberner Gnom. Genau das und mehr nicht.

Bilder lügen nicht, dachte Feuerstein. Aber das war nicht der »Führer«, den er bei Kundgebungen in Berlin mit eigenen Augen gesehen hatte.

Die Hotelgäste saßen kauend, Kaffee schlürfend und Zigaretten rauchend über ihren Zeitungen und starrten Hitler nicht anders an, als sie die Waschmittelreklame betrachteten. Staunend konstatierte Feuerstein, dass Deutschland, indem es in Form von Bildern erschien, zur Ware wurde, die man für einen halben Dollar pro Tag begaffen konnte wie eine Jahrmarktsattraktion. Eine Verbiederung der Welt fand hier statt, die ihm nicht geheuer war. Er fühlte, dass er - im Grunde genommen – ein antiquierter Mensch war, ein Mensch des 19. Jahrhunderts, wie Hanke damals bei ihrem ersten Treffen gesagt hatte.

Beim Weiterblättern stieß Feuerstein auf das Konterfei von Thomas Mann. Jedoch musste das Bild mindestens zehn Jahre alt sein. Von der welken Fahrigkeit, die Feuerstein an dem Dichter wahrgenommen hatte, war hier noch nichts zu entdecken. Die Augen, von keiner Brille umrandet, blickten mit aristokratischer Kühle in die Kamera. Das war der Ausdruck stolzester Geistigkeit, oder besser gesagt: er wäre es gewesen, wenn nicht der grobkörnige Druck auch dieses Gesicht gleichsam zum Phantom verwandelt und zum beiläufigen, von Tassengeklirr begleiteten Konsum feilgeboten hätte. Thomas Mann, Nobelpreisträger und einer der meistgekauften Schriftsteller Europas, war zu lesen, befinde sich zur Zeit in New York, wo er heute seinen 59. Geburtstag im Savoy-Plaza feiern werde. Führende Publizisten, Politiker und Prominente würden zum »testimonial dinner« erwartet.

Feuerstein erschrak. Natürlich, das Datum. Beinahe hatte er den Geburtstag vergessen. Wie war das denkbar? Von Schuldgefühlen berührt, erinnerte er sich der Exzesse der Nacht, die er für solche Gedankenlosigkeit verantwortlich machte. Mit Strenge ermahnte er sich, seine Pflichten zu beachten. Er sollte Thomas Mann im Blick behalten, ihn - wenigstens gedanken- und gefühlsmäßig - an Deutschland binden, vielleicht sogar auf ihn Einwirken oder seine tiefere Gesinnung aushorchen.

Vorerst jedoch ging der Attaché wieder in sein Zimmer und legte sich aufs Bett. Kopfschmerzen und Müdigkeit drückten ihm die Augen zu. Die stockende Hitze verhinderte aber, dass er Schlaf fand (oder der Schlaf ihn). So lag er also ein oder zwei Stunden reglos und schwitzend da, bis der Durst ihn zwang, zum Waschbecken zu gehen, wo aus dem kleinen, blindfleckigen Spiegel die runtergewirtschaftete Variante seiner selbst ihm in die Augen sah. Er betastete sein Kinn, um festzustellen, dass eigentlich eine Rasur fällig wäre. Doch zu solchen Tätigkeiten der Straffung und Wiederherstellung spürte er noch nicht den nötigen Elan. Vielleicht würde er später einen Barber-Shop aufsuchen und sich von fachkundiger Hand herrichten lassen. Fürs erste begnügte er sich damit, Gesicht und Brust mit kaltem Wasser zu waschen und ein sauberes Hemd anzuziehen. Auf diese Weise halbwegs erfrischt, begab er sich zur Subway-Station und ließ sich in einem rumpelnden Waggon über den Harlem-River nach Manhattan tragen. Aufkeimendes Heimweh veranlasste ihn, nach dem deutschstämmigen Hot-Dog-Verkäufer zu suchen. Doch er konnte den Stand nicht wiederfinden und so besuchte er ein italienisches Lokal, um sich mit einer Mahlzeit zu versorgen, bevor er zum Savoy-Plaza aufbrechen würde.

Zum ersten Mal in seinem Leben aß Feuerstein eine Pizza, wobei ihm allerlei Gedanken durch den Kopf gingen, zum Beispiel dass New York etwa auf dem Breitengrad von Rom lag, was die erstickende Hitze erklärte, und er dachte an das »Land, in dem die Zitronen blühen« und fragte sich, ob er auch eines Tages eine italienische Reise antreten würde; eines Tages, wenn er das Geld dazu hätte. Goethe war in Rom gewesen und Thomas Mann, also wollte auch Feuerstein alias Jan Smetana die ewige Stadt aufsuchen und nach seiner Bestimmung forschen; denn das war der Zweck einer Italienreise: dass man in besonderer Weise sich selbst fand.

Nach dem Essen ließ er sich einen Espresso bringen, der so stark war, dass Feuerstein auf der Stelle Herzrasen bekam. Die übermäßige Tätigkeit des Pumpmuskels drängte darauf, den Rest des Organismus' in Bewegung zu setzen. Also bezahlte der Attaché die Rechnung und machte sich zu Fuß auf in Richtung Fifth Avenue. Zu seinem Erstaunen war der Abend schon herangerückt, ohne dass er hätte Auskunft geben können, wo die Stunden des Tages geblieben waren.

Vor dem Savoy-Plaza fuhren Limousinen und Taxis vor, luden festlich gekleidete Fahrgäste ab und räumten umgehend den Platz für nachrückende Fahrzeuge. Auch zu Fuß strömten Menschen in Abendgarderobe auf das Portal zu, vor dem sich plaudernde oder wartende Grüppchen versammelt hatten. Besonders fiel Feuerstein ein einzelner Herr in einfachem Straßenanzug auf, der sich einer Gruppe näherte, ein paar Worte wechselte und weiterzog zur nächsten Gruppe, als sei er auf der Suche nach etwas. Als der Attaché näher herangekommen war und sich neben eine Gruppe stellte, auf die der Herr zusteuerte, brachte er in Erfahrung, dass der Mann Eintrittskarten für die Geburtstagsfeier anbot. Er sei zwar eingeladen, erklärte der Verkäufer, dem der linke Mundwinkel beim Sprechen nach unten hing, und sicher gebe es eine bezaubernde Feier und ohne Frage sei es verlockend den großen Dichter einmal leibhaftig zu sehen, doch ein paar Dollar seien ihm lieber. Ob man also noch eine Karte brauche, fragte er in die Runde, und wie viel man dafür bieten würde. Feuerstein war natürlich nicht angemessen gekleidet, aber wahrscheinlich würde es irgendwo im Festsaal auch weniger beleuchtete, abgelegene Ecken geben, in die er sich drücken konnte. Es wäre doch vielleicht ein schöner Erfolg, wenn er gegenüber von Alberti oder Hanke behaupten könnte, er sei bei den Geburtstagsfestlichkeiten direkt anwesend gewesen.

Er nahm sich also ein Herz, trat an den Mann heran und fragte, für welchen Preis er die Eintrittskarte erstehen könne. Der Mann musterte Feuerstein und sein Mundwinkel rutschte noch ein Stück weiter nach unten.

»Make a suggestion!«, raunte der Verkäufer.

Feuerstein überlegte schnell, welche Summe er anbieten konnte. Doch der Betrag schien dem Mann nicht einmal eine Antwort zu verdienen. Er drehte sich um und schob sich an das nächste Grüppchen heran, wo man offenbar handelseinig wurde und einige Geldscheine den Besitzer wechselten.

Es war also Thomas Manns Geburtstag, sein neunundfünfzigster und der zweite im Verlauf dieser Erzählung. Beim späten Frühstück war ein Telegramm von Sinclair Lewis eingetroffen, dessen Inhalt dem Schriftsteller nicht ganz deutlich wurde, das aber mit den Worten begann: »As long as T.M. writes in German language.«

Zuerst fühlte sich der Jubilar geschmeichelt und als freundliche Botschaft war das Telegramm wohl auch gemeint, doch während er sein gekochtes Ei löffelte, das man exakt nach seinen Wünschen zubereitet hatte, wurde er nachdenklich. Ob denn eine Zeit bevorstünde, in der er nicht mehr in »German language« schreiben würde?

Katia, die in einer amerikanischen Tageszeitung nach einem Artikel über ihren Mann blätterte, mochte er nicht fragen, wie lange ihrer Ansicht nach sie noch außerhalb Deutschlands durch die Welt irren müssten. Würde er auch seinen nächsten Geburtstag außerhalb seines Münchner Heims feiern müssen, - wenn unter solchen Bedingungen überhaupt mit voller Wortbedeutung von einer Feier die Rede sein konnte … Die Feier als Ritual war wesensmäßig eine Wiederholung, die iterative Vergegenwärtigung des Vergangenen, und wo war das augenscheinlicher als beim Geburtstag. Das Ritual war an seinen Ort gebunden, erlitt es nicht, einmal hier und einmal dort vollzogen zu werden. Kurzum: Thomas Mann wollte seinen Geburtstag in der Poschinger Straße feiern, in seiner Villa, umgeben von seiner Familie, er wollte, dass der Tag so verging, wie er es gewohnt war. Die Verhinderung nahm er den Nazis übel und dass er trotz all seiner geistigen Bedeutung hilflos war, beleidigte ihn.

An der Seite seiner Frau bestieg der Nobelpreisträger den Lift, absolvierte den nervenerschütternden Sturz in die Tiefe und ließ sich am Ende vom gebremsten Fall in seine vom Hotelservice polierten, aus italienischer Manufaktur stammenden Schuhe drücken. Im Vorraum zu dem großen Festsaal stellte er sich kurz vor einen mannshohen Spiegel, um den korrekten Sitz der Kleidung und der Haare zu kontrollieren. Das Hemd mit dem steifen Bruststück aus Pikee und der Frack waren alles andere als bequeme Kleidungsstücke. Dennoch trug der Großschriftsteller sie gern und im Grunde verlangte sein Stilempfinden, dass zu seinem Geburtstag alle anderen männlichen Gäste den Bekleidungsvorgaben für einen solchen Anlass folgten. Tatsächlich jedoch waren viele Männer im moderneren und etwas bequemeren Smoking erschienen. Widerstrebend sagte Thomas Mann sich, dass New York eine moderne Stadt sei und die USA der Staat der Zukunft und dass man dem Wandel der Gepflogenheiten Rechnung tragen müsse.

250 Gäste waren geladen, Professoren der renommiertesten Universitäten, Prominente und Politiker, allen voran Fiorello LaGuardia, der italienischstämmige Bürgermeister New Yorks, dessen quirliges Naturell Thomas Manns Nervosität noch steigerte. Die Sache war nämlich die, dass der Jubilar sein Grußwort auf Englisch halten wollte, in einer Sprache also, deren Eigenheiten und Aussprache ihm weniger geläufig waren als beispielsweise das Französische. Das Engagement eines Dolmetschers hatte er abgelehnt, weil er nicht zu provinzlerisch, gestrig oder gar hinterwäldlerhaft erscheinen wollte. Deutschland war die führende Kulturnation des 19. Jahrhunderts gewesen. Davon war Thomas Mann überzeugt. Deutsch zu sprechen hätte daher keine geistige Herabstufung bedeutet. Aber wie war es um die Gegenwart und die Zukunft bestellt? Wie lange würde Deutschlands Abstieg in die Barbarei andauern? Und würde es sich davon je erholen? Die Führungsrolle - das konnte der Schriftsteller nicht leugnen - beanspruchte Amerika, zumindest in politischer und ökonomischer Hinsicht. Der Faschismus war vielleicht eine Form der Moderne, aber doch eine kranke, pervertierte Form, die auf Dauer keine Lebenskraft besitzen würde. Ja, Europa war der alte Kontinent, war überlebt und das fiebrige Aufflackern von Vitalität in dem einen oder anderen Staat konnte darüber nicht hinwegtäuschen. Bestenfalls war der Kommunismus eine Kraft, die in der Zukunft einige Wirkung entfalten mochte. Aber sofern sich dieser mit dem Osten verband, mit slawischem Fatalismus sozusagen, war wohl auch auf diese Idee nicht viel zu geben. Für einen Moment sah Thomas Mann diese Dinge mit erschreckender Klarheit. Durch die

Verwendung des Englischen wollte er reklamieren, dass er, der vielleicht immer noch bedeutendste Repräsentant des Geistes und der Kultur, auch in der neuen Weltordnung seinen Platz hatte, dass er sehr wohl noch ein Wörtchen mitreden wollte, dass er noch nicht abgehängt war oder auf die Müllhalde der Geschichte gehörte.

Als er am Rednerpult stand, das Konzeptpapier zurechtlegte und anfing, sich durch die englischen Sätze zu arbeiten, stieß sein Ehrgeiz schnell an Grenzen. Erspürte seine eigene Steifheit, ja, fast schon Verkrampfung, wenn er ruckartig den Kopf hob, um hastig einen Blick ins Auditorium zu werfen, - für eine längere Dauer die Augen von den Blättern zu lösen, traute er sich nicht, in der Sorge, er könne in der Zeile verrutschen und gänzlich den Zusammenhang verlieren oder - schlimmer noch - den Verlust des Zusammenhangs nicht bemerken und, der falschen Zeile folgend, sinnlose Satzfetzen von sich geben. Ins Stocken oder sogar Taumeln gelangte sein Vortrag, als aus dem Publikum eine Unruhe und Heiterkeit zu ihm hinaufdrang, deren Ursache der hastige Blick über den Rednerpultrand hinweg nicht enthüllen konnte. Er hatte gerade von Alfred Knopf gesprochen, seinem amerikanischen Verleger, und indem er in einem riskanten geistigen Spagat, während er den nächsten englischen Satz ablas, sich den Gedanken erlaubte, was vor sich gegangen sein mochte, argwöhnte er plötzlich, dass er ›creator‹ statt ›creature‹ hätte sagen sollen. Ja, mit Sicherheit hätte er das tun sollen und nur die in vielen Lesungen erlangte Routine erlaubte es ihm, seine Verunsicherung zu überspielen und die Rede ohne weitere grobe Patzer zum Ende zu bringen.

Alfred Knopf nahm den Versprecher von der lustigen Seite, was sich Thomas Mann selbst nicht zugestehen konnte. Sprachliche Ausrutscher durfte man einem Dichter nicht durchgehen lassen, durfte vor allem er sich selbst nicht durchgehen lassen. Das käme einer Kapitulation gleich, einer Selbstaufgabe, einem Verrat an der eigenen Profession. Sprachliche Mängel hatte man gefälligst auszumerzen, an den Sätzen war zu feilen, bis auch die kleinste Ungenauigkeit abgetragen war. Die Pflicht des Schriftstellers war es, nach einem platonischen Ideal zu forschen, und ein innerer Seismograph sagte einem, ob man sich diesem Ideal näherte oder davon entfernte. Worum es ging, war also nichts anderes als der Stil. Thomas Mann war im Zweifel, ob jeder Mensch im Prinzip über diesen Seismographen verfügte, auf jeden Fall kam es darauf an, ihn von klein auf auszubilden, zu schulen und zu verfeinern durch das Studium der höchsten Kulturgüter der Literatur, Musik, der bildenden Kunst, auch der Wissenschaft als Tätigkeitsfeld des Geistes, so wie es bei ihm der Fall gewesen war. Sein Stil - gewissermaßen er selbst - war das Resultat eines ganzen Lebens. Wenn er sagte, Deutschland sei da, wo er sei, dann war das ganz wörtlich zu nehmen. Er war mit dem Deutschen getränkt, es war ein Teil von ihm, oder besser: er bestand in der Weise daraus, wie ein Mensch zum großen Teil aus Wasser besteht. Und nun wandelte er hier in der Fremde, stümperte in einer fremden Sprache; auf die Entwicklungsstufe eines stammelnden Kleinkindes war er zurückgeworfen, das Wörter verwechselte und Buchstaben verdrehte. Was war das Exil also anderes als die Auslöschung seiner Existenz? Statt ein ›creator‹ zu sein, verkümmerte er zur nackten ›creature‹.

In diese Gedanken war er verstrickt, während er lächelte und in die Runde nickte, aus der in dem plappernden, ihn an Kaugummi erinnernden Idiom es auf ihn einströmte: Gratulationen, Lobeshymnen, Scherzworte. Zwar verstand er die Einzelheiten nicht, doch die Sorte der Sprechakte konnte er ungefähr heraushören.

Das Stimmengewirr riss endlich ab, als ein Hotelboy ein Wägelchen hereinschob, das mit einem weißen, bis zum Boden reichenden Tuch behangen war und auf dem sich eine gewaltige Geburtstagstorte erhob, ein Ungetüm von einer Torte, kolossalisch, glänzend, schillernd und mit sage und schreibe neunundfünfzig roten, flackernden Kerzen gekrönt.

Mehr Aufmerksamkeit als für den Geburtstagskuchen erübrigte der Schriftsteller jedoch für den jungen Mann, der die Torte hereinschob: schmale Hüften, breite Schultern, blaue Augen und ein Schopf blonder Haare quoll unter einer steil nach oben ragenden Konditormütze hervor. Eine Gestalt wie aus eine seiner Novellen gestiegen.

»Blow out«, erscholl es von überall her, »blow out!«

Der Schriftsteller lächelte weiter in die Runde, da jedoch die Zurufe nicht nachließen, begriff er, dass es sich um keinen Scherz handelte, sondern dass man ernsthaft von ihm erwartete, die Kerzen auszublasen, wie der Geburtstagsbrauch es vorsah. Verlegen schüttelte er den Kopf und wies mit der Hand auf die enorme Anzahl der Flammen, für die unmöglich die Puste ausreichen würde. Die Menge ließ jedoch nicht locker. Alle 250 Gäste schienen sich gegen ihn verschworen zu haben und brüllten das dümmliche »blow out!«, sodass ihm am Ende nichts anderes übrig blieb, als die Lungen vollzupumpen, sich hinunter zu beugen und zu blasen, mit moderatem Schwung, die Luftvorräte einteilend, mit taktischem Geschick, am Ende die Lungen ausquetschend, bis schließlich und tatsächlich auch die letzte Kerze erloschen war und ihr schmales Rauchband aufsteigen ließ. Er hatte es geschafft, mit einem einzigen Atemzug. Lächelnd und nach Luft schnappend richtete er sich auf, während tosender Beifall im Saal aufbrandete. Er streckte die Brust raus und das höfliche Lächeln löste sich zu einer Miene der Zufriedenheit. Er hatte triumphiert, neunundfünfzig mit einem Streich …

Und dann erstarb sein Lächeln, zerbröckelte und fiel in sich zusammen. Was war es denn? Er hatte Kerzen ausgeblasen. Nichts weiter. Und deshalb jubelte man ihm zu? Kindisch, albern und abgeschmackt war das und anstatt den Beifall genießen zu können, blieb am Ende ein peinliches Gefühl. Und doch, und doch, - er brauchte den Applaus, so war es schon immer gewesen, bis zum letzten Tropfen schlürften seine Ohren ihn auf, egal aus welchem Anlass er erklang. Denn so war sein Verhältnis zu seinen Anhängern und Lesern: Im Grunde hatte er eine ordentliche Portion Verachtung für sie übrig, und doch konnte er ohne sie nicht leben. Am Ende war es die dumme Menge, die das Große zu dem erhob, was es war. Damals hatte er eine kurze Erzählung darüber geschrieben, von dem Klavier spielenden Wunderkind; ja, da konnte man alles nachlesen. Und wenn die Esel ihm zujubelten, bewies das nur, dass sie seine Werke gar nicht gelesen oder nicht verstanden hatten. Und es bewies, dass schließlich das Ausblasen von ein paar Kerzen ihnen doch beinahe wichtiger war, zumindest wenn sie später sagen konnten, persönlich dabei gewesen zu sein.

Nachdem das Lächeln also unter solchen Gedanken erloschen war, fiel sein Blick noch einmal auf die Geburtstagstorte. Ohne das Schimmern der Kerzenflammen war es im Grunde nur noch ein protziger Brocken, befleckt von Wachsspritzern, - ein Ausdruck stilloser Tristesse.

All die Kerzen, dachte er, *mein Gott, wie alt ich bin. Die Zeit, über die ich in meinen Romanen so viel geschrieben habe; ich hasse sie. Sie kennt nur eine Richtung; wie ein Sumpf ist sie, in dem man versinkt.*

Kurz erwog er noch, ob der Vergleich treffend und plastisch genug war, dann konnte er den Bürgermeister nicht länger ignorieren, der vor ihm mit einem Messer hin und her tänzelte und ihn bewegen wollte, das Konditorwerk anzuschneiden.

Damit verlasse ich das Geburtstagskind und überlasse es dem Wirrwarr und den nervlichen Anfechtungen, wie eine offiziöse Feier des genannten Ausmaßes sie entfaltet. Zum Ende des Tages und des Kapitels möchte ich zu dem Zweitprotagonisten zurückkehren, zu Feuerstein, dem selbsternannten Attaché, der, wenn man von diesem Erzählungsbericht absieht, in den Mantelfalten der Vergangenheit verschwunden ist. Nachdem sein Versuch, sich zu dem Geburtstagsfest Zugang zu verschaffen, gescheitert war, hatte er erwogen, wieder die Bar des Savoy-Plaza zu besuchen. Am Morgen, als er sich noch körperlich und seelisch zerschlagen gefühlt hatte, hätte er den Gedanken sofort wieder verworfen gehabt. Eine Ausnahme, hatte er sich gesagt, war der Abend in der Bar gewesen, ein einmaliges Zugeständnis an die tiefliegenden - um nicht zu sagen: niedrigen -Anteile seines Menschseins. Jetzt jedoch war seine Konstitution halbwegs wiederhergestellt und die Verführungskräfte der unteren Regionen machten sich bemerkbar.

Sie unterdrücken, dachte er, *ist sinnlos und auch falsch. Das höchste Ziel muss es sein, die Regungen und Kräfte, die in einem am Werk sind, in ein Gleichgewicht zu bringen; die ausbalancierte Person, das sollte mein Ideal sein.*

Sich in dieser Weise selbst beredend, zückte er seine Geldbörse und warf einen Blick hinein. Er verschaffte sich einen Überblick über die verbliebenen Dollarscheine und lugte sogar in das Münzfach; doch auch diese genaue Überprüfung musste zu dem Schluss führen, dass er zu strenger Austerität gezwungen und die Wiederholung des Vorabends unbedingt zu unterlassen war.

Während er zur Subway-Station trottete, spürte er plötzlich erdrückende Müdigkeit. Zum Glück musste er nicht lange auf den nächsten Zug warten, der ihn nach Harlem und zu seinem Hotel brachte. Mit einem Nicken grüßte er knapp den Latino, der ihn kaum zur Kenntnis nahm, doch anstatt auf sein Zimmer zugehen, schlich Feuerstein in den Speisesaal, wo die zerfledderten Reste der Zeitungen verstreut waren. Er überflog noch ein paar Artikel, die er am nächsten Tag vollständig vergessen hatte.

Ob sich an den übrigen Tagen noch Erzählenswertes ereignete, weiß ich nicht. Ich nehme an, dass Feuerstein sich auf üblichen touristischen Bahnen durch New York bewegte, die der Leser sich selbst ausmalen mag. Thomas Mann hingegen wird als Großschriftsteller und Nobelpreisträger weiter herumgereicht worden sein, eskortiert von einer Schar Journalisten, deren Berichte, Kommentare oder Glossen in den nächsten Tagen in allerlei Journalen und Tageszeitungen erschienen. Von dem übel-faden Geschmack nach Reue und Peinlichkeit, den der Schriftsteller später konstatierte, war darin allerdings nichts zu lesen. Trotz dieser Regungen konnte er sich sagen, dass er es geleistet hatte, so gut es ging, und oft demütigend behindert von der fremden Sprache hatte er seinen Mann gestanden.

Auf der Heimreise mit der »Rotterdam«, während der das Ehepaar eine Luxuskabine bewohnen durfte, fand der Schriftsteller in dem Dirigenten Leopold Stokowski und einem deutsch-amerikanischen Juden namens Klein Gesprächspartner, so dass sich die Überfahrt kurzweiliger und überhaupt erfreulicher gestaltete als die Hinfahrt. In Europa angekommen, gab es für Thomas und Katia Mann den einen oder anderen Ärger mit den Papieren und die labile Stimmung des

Schriftstellers hatte noch einiges auszustehen, bis er aufatmend ins Küsnachter Haus heimkehrte. Hier, in der Ostschweiz, sozusagen vor den Toren Deutschlands, dachte Thomas Mann, würde er gern den Zustand einer halben oder nicht ganz schroffen Emigration aufrechterhalten.

Für den Attaché hatte die Seereise diesmal kaum Abwechslung und Unterhaltung zu bieten. Die männlichen Mitreisenden hielten sich streng an Sport, Geld und sexuelle Abenteuer als Themen und Feuerstein empfanden sie als Sonderling, den man in Ruhe ließ, sofern er selbst auch gefälligst bei seinen eigenen Angelegenheiten blieb. Hauptsächlich vertrieb er sich die Zeit mit handschriftlichen Notizen zur Reise, die er in Berlin zu einem Bericht für das Ministerium ausarbeiten würde, wobei er - das war unvermeidlich – seine Bemühungen in ein wesentlich erfolgreicheres Licht würde rücken müssen, als es der Wahrheit entsprach.

18. Deutschland erblüht

Einige Tage nach Thomas Manns Rückkehr nach Europa, noch im Juni des Jahres 1934, wurden die Führer der SS und des Sicherheitsdienstes nach Berlin berufen, wo Himmler und Heydrich ihnen eröffneten, dass eine Revolte der SA unmittelbar bevorstehe. Ernst Röhm, der Chef der SA, habe Verbindungen nach Frankreich, ließ Heydrich wissen, auch Kommunisten und reaktionäre Kräfte seien in die Machenschaften verwickelt. Vor allem geißelte man mit Eifer die sittlichen Verfehlungen der SA-Clique, womit auf die homosexuellen Neigungen Röhms und anderer SA-Männer angespielt wurde.

Das Münchner Amtsgericht verurteilte Röhms Praktiken als widernatürliche Unzucht. Am ersten Tag des Julis wurde Röhm durch Erschießung hingerichtet. Im KZ in Dachau, in der SS-Kaserne in Lichterfelde, in den Wäldern um Breslau und andernorts widerfuhr vielen Männern das gleiche Schicksal. Man schlug der SA (immerhin auf über vier Millionen Mitglieder angeschwollen) das Haupt ab und mit rascher Gründlichkeit verlor nun die Organisation an Bedeutung und Mitstreitern.

In diese Phase der »Röhm-Affäre« fiel Feuersteins Ankunft in Berlin. Es nimmt nicht wunder, dass unter solchen

Umständen seiner Person und seinem Bericht über die Amerika-Reise nur wenig Aufmerksamkeit zuteil wurde; beinahe war man über sein Erscheinen überrascht, denn von Alberti hatte von seinem Krankenlager aus, an das er durchgehend gefesselt war, die Ansicht verkündet, vermutlich werde der Herr Attaché gar nicht nach Deutschland zurückkehren, womöglich werde er sich in die USA absetzen, zu sehr entspreche die dekadent-kapitalistische Lebensweise dort dem weichlichen und reichlich undeutschen Charakter Feuersteins. Ob das tatsächlich der Überzeugung des Untersturmführers entsprang oder ob Neid, Missgunst und das Verzagen am eigenen Schicksal ihn zu dem Verdacht verleiteten, lässt sich kaum entscheiden. Am Ende gereichten seine Invektiven zu seinem eigenen Nachteil. Da seine Prophezeiung sich als falsch erwies, schien sein Wort an Gewicht zu verlieren; Referent Hankes Vertrauen in sein Urteil - so redete er sich ein - hatte gelitten. Immer seltener klingelte das Telefon, das der Untersturmführer neben seinem Bett stehen hatte. Der Verdacht nistete sich ein, man habe ihn fallen lassen; in besonders düsteren Stunden verstieg er sich sogar zu Ideen, Feuerstein betreibe Ränkespiele gegen ihn. In den klaren Momenten hingegen wusste er die Zusammenhänge wesentlich treffender einzuschätzen: Als Dauerpatient konnte er seinen Dienst nicht verrichten; er war nutzlos geworden und das Ministerium, die SS, ja, ganz Deutschland hatten beileibe Bedeutenderes zu tun, als sich um einen Siechen zu kümmern.

Auch ich wende mich jetzt von ihm ab, allerdings nicht ohne abschließend mitzuteilen, dass an einem schwül-heißen Augusttag der regelmäßig erscheinende Hausarzt den Untersturmführer Mario von Alberti, den Telefonhörer in den Händen, reglos neben dem Bett vorfand und nur noch dessen Tod diagnostizieren konnte. Wie sich herausstellte, war er das

Opfer einer Erbkrankheit, die schon manchen Ast seines ehrwürdigen Familienstammbaums beschnitten hatte.

Wie gesagt, fand Feuerstein wenig Beachtung. Nachdem er seinen Bericht abgeliefert hatte, wartete er auf eine Einladung des Ministerialreferenten, aber er wartete vergebens. Seine Befürchtung, man werde ihm wegen des Berichts, den er reichlich mit Ausschmückungen und sogar Erfindungen aufgepäppelt hatte, auf den Zahn fühlen, zerrann in der Flucht des Alltags.

»Ist es wieder vorbei mit Feuerstein?«, fragte Emi Hartleib während eines Nachmittagskaffees, der Smetana und der Vermieterin zur Gewohnheit geworden war.

»Es fühlt sich sogar niederdrückender an als beim ersten Mal«, antwortete Jan Smetana.

»Warum das? Sie hatten doch erzählt, dass es in Amerika gar nicht so erfreulich gewesen ist.«

»Stimmt schon. Ein trüber Schatten war ich, der in der *tourist class* reisen musste, während die große Welt sich hinter herrischen Preisen versteckt hielt.«

Hartleib schüttelte den Kopf. »Wie Sie sich in letzter Zeit ausdrücken, Herr Smetana. Man könnte meinen, Sie sind selbst zum Schriftsteller geworden.«

»Ach ja, wäre ich das doch. Ich kann Ihnen gar nicht sagen, wie mich das Unterrichten anekelt. Ja, ich sage: anekelt. Ich übertreibe nicht. Die Grünschnäbel, denen ich etwas über Literatur beibringen soll, werden immer dümmer und dreister. Es ist nicht zum Aushalten. Wenn ich zur Universität fahre, ist es, als müsste ich gegen einen physischen Widerstand ankämpfen; wie gegen ein umgekehrtes Gravitationsfeld, wenn ich so sagen darf. Ich sage Ihnen, Frau Hartleib, so weit ist es schon gekommen, dass ich wünschte, der Seminarraum wäre ganz leer, wenn ich die Tür öffne.«

Hartleib schüttelte abermals den Kopf und goss Smetana den Rest Kaffee ein.

»Sie werden noch an der Seele krank, Herr Smetana, wenn das so weitergeht. Vielleicht sollten Sie tatsächlich Schriftsteller werden.«

»Das ist nicht so einfach. Man muss ja auch genug Geld verdienen. Sie möchten zum Beispiel monatlich die Miete bezahlt bekommen. Das Geld, liebe Frau Hartleib, das Geld ...«

»Einfach ist nichts«, antwortete die Vermieterin, während sie aufstand und anfing, den Tisch abzuräumen. »Aber wenn Sie es nicht versuchen, kann auch nichts daraus werden.«

Smetana half Emi Hartleib mit dem Abwasch und zog sich danach in sein Zimmer zurück. Er setzte sich auf seinen Lehnstuhl, den er auf einem Trödelmarkt erworben hatte, und nahm eines der Tagebücher in die Hand, um in das Leben des Schriftstellers einzutauchen und für eine Weile seine eigene Existenz hinter sich zu lassen, seine ganz und gar unbedeutende Smetana-Existenz, und für eine Weile in geborgten Abenteuern des Geistes zu schwelgen. Allerdings waren auch diese Gedankenreisen nicht ohne Schattenseiten und Gefahren; denn sobald er das Heft aus der Hand legte und in sein möbliertes Zimmer zurückkehrte, geplagt von einer Beule auf der Sitzfläche seines Stuhls, dann spürte er die Leere und Bedeutungslosigkeit nur um so drängender. Um über dieses Leben hinaus zu gelangen - in dem Punkt hatte Emi Hartleib es genau getroffen - musste er selbst etwas schreiben, musste er zum Schriftsteller werden, zum geachteten Künstler, der in die Metropolen der Welt eingeladen werden würde. Gewisse Vorbereitungen hatte er bereits getroffen. Auf demselben Trödelmarkt, auf dem er den Lehnstuhl erworben hatte, war er auch Besitzer einer Füllfeder geworden, die er ausschließlich für sein literarisches Schaffen verwenden wollte. Aber so weit war es noch nicht, - war *er* noch nicht. Er wollte auf den

Zustand der Reife warten oder - um es mit einem ähnlichen Bild zu sagen - darauf, dass die Saat, die von den Tagebucheinträgen in seinen Geist gestreut wurden, aufgehen würde. Er glaubte an manchen Tagen zu spüren, wie die Themen, Motive und stilistischen Fertigkeiten sich in seinem Kopf allmählich fügten und formten. Ja, es war nur eine Frage der Zeit, bis er etwas Großes ins Werk setzen würde. Er musste Geduld bewahren und vor allem musste er die Ansprüche des Unterleibs, wie er von Freud und Thomas Mann gelernt hatte, am strengen Zügel halten.

So vergingen die Wochen und Monate. Der Sommer erstarb, der Oktober rückte heran, das Leben in Deutschland wurde immer strammer und forscher; faule Stellen wurden aufgespürt und herausgeschält. Dazu gehörte die von München ausgehende, sich dann auf das ganze Land erstreckende Verfolgung von Schwulen und Lesben, so dass Feuerstein - quasi zur vorbeugenden Sicherheit - anfing, gegenüber seinen Kollegen und seiner Vermieterin Frauengeschichten anzudeuten.

Die Verfolgungen und Morde geschahen jedoch nur unter der Oberfläche, wenn man das so sagen darf. Man schaute nicht zu genau hin und wollte ja auch kein Spielverderber sein, wenn das ganze deutsche Volk im Hochgefühl badete.

Im Januar 35 fand das Saarland - nach eineinhalb Jahrzehnten treuhändischer Verwaltung durch den Völkerbund - heim ins Reich; Deutschland wuchs zusammen, nicht zuletzt wegen der Reichsautobahn, deren erstes Stück eröffnet wurde. Und Deutschland wurde mächtiger. Militärisch war man wieder wer, -oder war wenigstens auf dem besten Weg dahin. Und über allem strahlte in gleichsam überirdischem Glanz der Stern Adolf Hitlers, des Führers, der inzwischen Reichskanzler und Reichspräsident in einer Person war.

Trotz des Gleißens und Glitzerns übersah Feuerstein nicht die aufgeblähte Prahlsucht und das ubiquitäre Denunziantentum, das das ganze Land vergiftete, während er selbst im Schatten hockte, in seiner trüben Smetana-Existenz.

19. La formation de l'homme moderne

Im Frühjahr des Jahres 1935 war im Hause der Manns beinahe so etwas wie Gewöhnung eingetreten. Seit zwei Jahren waren die Nazis jetzt an der Macht und der Schriftsteller hielt weiter die Balance in seinem Schweigen über die deutschen Verhältnisse. Weder konnte er nach München zurückkehren noch wollte er ein Exilant sein. An einem Donnerstag jedoch blieb er morgens im Bett liegen und klagte über schmerzende Kopfnerven.

»Ich werde zu einer Entscheidung kommen müssen«, erklärte er, als Katia ihm einen Tee ans Bett brachte. »Das ewige Drängen der Kinder! Und auf ihre Weise haben sie wohl Recht.«

»Ich werde dir nicht widersprechen«, antwortete Katia, »die Tagung in Nizza wäre eine günstige Gelegenheit, endlich ein deutliches Wort zu sprechen, denke ich.«

»Ich bin nicht mehr der offizielle deutsche Vertreter.«

»Nein, aber zurückgezogen hast du dich aus der Kommission auch nicht. Man hat dich eingeladen und erwartet einen Vortrag von dir.«

Thomas Mann lächelte verstohlen, während er an der Tasse nippte. »Und da werden die Menschen wahrhaft etwas zu erwarten haben. Ich werde nicht an einigen kräftigen Worten sparen. Ich befürchte nur, dass Bermann das nicht schmecken wird.«

»Bermann denkt zu viel an das Geld.«

»Du darfst nicht ungerecht gegen ihn sein«, sagte Thomas Mann, »er führt einen großen Verlag. Er fühlt sich verpflichtet. Ich glaube nicht, dass er nur an Geld denkt. Und wenn, dann ist es auch unser Geld, an das er denkt.«

Katia klopfte nervös auf die Matratze. »Nun gut. Ich will nicht mit dir darüber streiten. Was wirst du in Nizza sagen? Endlich etwas, das auch die Kinder befriedigt?«

Der Schriftsteller stellte die Teetasse zur Seite. »Ich werde sagen, dass die kollektivistische Lebensmode eine Verhunzung der großen europäischen Intuitionen ist. Ich meine die Wahrheit, Gerechtigkeit und Freiheit. Das werde ich zum Beispiel sagen.«

»Das ist schön und gut«, antwortete Katia, »aber doch noch recht allgemein, nicht wahr?«

»Man wird schon begreifen, dass der Kleinbürger gemeint ist.«

»Der Kleinbürger?« Katia zog die Augenbrauen nach oben. »Solltest du nicht etwas gegen das Regime sagen?«

»Der Nationalsozialismus, das ist nichts anderes als die kleinbürgerliche Geisteshaltung. Die Wahrheit hassen sie am meisten. Und an ihre Stelle setzen sie den Humbug. Sie sagen ›Mythus‹, aber was sie meinen, ist Humbug. Den Unterschied zwischen Wahrheit und Humbug wollen sie zum Verschwinden bringen.«

»Das willst du in Nizza vortragen? Gut, das wird Bermann tatsächlich nicht gut schmecken, wenn du die Nazi-Bande als Lügner beschimpfst.«

Thomas Mann reckte kampflustig das Kinn. »Das ist nur der Anfang. Ich werde auch von der moralischen

Verwilderung sprechen, zu der der Urlaub vom Ich und von der Individualität führt. Sie reden so gern vom Volk, aber was sie in Wahrheit meinen, ist der Massenmensch. Die Luft ist angefüllt mit Schwaden stümperhaften Massendenkens. Nur noch der Massenmensch darf denken, reden und schreiben. Allen anderen haben sie den Mund verboten.«

Katia stand vom Bettrand auf und stellte sich an Fenster. »Wenn ich mir die Bemerkung erlauben darf: Das ist nicht ganz neu. Früher hast du solche Dinge schon in anderen Vorträgen oder Essays vorgebracht.«

Thomas Mann griff wieder nach der Tasse und steckte einen Finger in den Tee, als wolle er die Temperatur prüfen. »Das ist nicht ganz falsch. Ich werde allerdings meinen Vortrag mit etwas Neuem beschließen. Ich hoffe zumindest, dass es etwas Neues ist; ein Appell zum militanten Humanismus.«

Katia klopfte mit dem Fingernagel gegen das Fensterglas.

»Vertraut ist mir der Ausdruck nicht. Aber was soll das bedeuten? Was ist ein militanter Humanismus?«

»Nun ja, das ist nicht leicht zu sagen. Vor allem soll es bedeuten, dass man sich von dem Fanatismus, der ohne Scham und Zweifel ist, nicht überrennen lassen darf.«

»Aha«, sagte Katia, während sie ihrem Mann die leere Tasse abnahm. »Und was meinst du, wie lange wir unser behagliches Leben hier noch werden führen können, bevor der Krieg über Europa hereinbricht?«

»Ja, der Krieg …«, antwortete der Schriftsteller und griff sich rechts an den Kopf, wo ihm die Nerven besonders zu schaffen machten. »Deutschland geifert dem Krieg unübersehbar entgegen. Wird dann die Schweiz noch ein sicheres Domizil sein?«

»Wenn sie ihren Krieg beginnen, werden sie mit Sicherheit nicht die Schweiz zuerst angreifen«, antwortete Katia. »Lass uns jetzt nicht darüber nachdenken. Ich gehe ins

Arbeitszimmer und widme mich der Korrespondenz. Wenn es dir besser geht, dann sag mir Bescheid. Vielleicht ist später ja ein Spaziergang möglich.«

Nachdem Katia das Zimmer verlassen hatte, schloss Thomas Mann die Augen und bevor er einen weiteren Gedanken an den Vortrag oder an den Krieg fassen konnte, schlief er ein.

Die Ruhe war eine Wohltat, so dass sich die Stimmung des Schriftstellers im Laufe des Tages aufhellte. Beim Abendessen erfreute er sich sogar eines erstarkten Appetits und vergaß für Augenblicke das Kopfnervenleiden, das sich aber wieder in Erinnerung brachte, als das Telefon klingelte. Thomas Mann war gegen das Geräusch empfindlich, nicht allein wegen der akustischen Penetration, sondern vor allem weil das Telefon wie ein Stachel im Fleisch war. Es öffnete jedem, der die Nummer besaß, gleichsam die Tür zu seinem Haus. Zu jeder Stunde und von überall her konnte der Anrufer in die intimprivate Sphäre seines Zuhauses eindringen. Das Klingeln zu ignorieren und den Anruf nicht entgegenzunehmen, war im Grunde noch schlimmer, denn damit verfiel man unweigerlich der Befürchtung, es könne sich um eine unbedingt wichtige Nachricht handeln, die zu versäumen man später schmerzlich bedauern würde.

Diese übliche Gedankenfolge durchspulend, schritt Thomas Mann zum Apparat und hob den Hörer ans Ohr. Wegen der miserablen Verbindung dauerte es ein paar Sätze, bis klar wurde, dass der Anrufer Gottfried Bermann Fischer war. Bermann unterhielt eine ganz andere, praktisch entgegengesetzte Beziehung zur Telefonie als sein Autor. Für ihn war sie eine unermessliche Erweiterung seines Wirkungskreises, dank der er quasi mit Geistesschnelle jeden Fleck der zivilisierten Welt erreichen konnte, um dort einzuwirken,

Kontakte zu pflegen, einzufädeln, Geschäfte abzuschließen. So konnte er in Berlin sitzen und gleichzeitig bei seinem »besten Pferd im Stall« in der Schweiz reinhorchen, wie die Dinge standen. Die Dinge lagen nämlich so, dass Bermann sich Sorgen wegen der Reise nach Nizza machte. Der Verleger hielt es für seine Pflicht, seinem Autor in dieser Sache beratend beizustehen.

»Ein gutes Jahr ist es jetzt her, dass wir den zweiten Teil des ›Joseph‹ auf den Markt gebracht haben«, begann Bermann nach dem Austausch üblicher Höflichkeiten. »Und ich darf Ihnen versichern, dass die Zahlen gut sind, außerordentlich gut sogar. Deutschland hat die Zuneigung zu seinem größten lebenden Autor nicht abgestreift, ungeachtet irgendwelcher politischen Entwicklungen.«

Irgendwelche politischen Entwicklungen ist gut, dachte Thomas Mann, sagte aber nichts, da Bermann seine Formulierung eventuell gewählt hatte, weil es noch stille Zuhörer in der Leitung gab.

»Auch die ›Buddenbrooks‹ und der ›Tonio Kröger‹ verkaufen sich weiterhin beachtlich«, fuhr Bermann fort. »Doch wie Sie sicher annehmen, ist das nicht der Grund für meinen Anruf. Vielmehr steht die eigentlich gute Nachricht noch aus. Es gibt nämlich Zusicherungen aus dem Propagandaministerium. Es steht zu erwarten, dass die Beschlagnahme Ihres Hauses und die Sperrung der Konten aufgehoben wird. Ihr Anwalt Heins ist ebenfalls darüber informiert. Im Grunde sind die Beratungen schon abgeschlossen und es fehlt nur noch am abschließenden Verwaltungsakt.«

»Das ist ausgezeichnete Nachricht«, antwortete der Schriftsteller mit aufrichtiger Freude.

»Sie sehen, lieber Doktor Mann, Ihre Zurückhaltung während all der Monate hat sich gelohnt. Warum hätten sie auch unnötig Porzellan zerschlagen sollen, nicht wahr? Wem hätte es genützt, wenn Sie sich endgültig mit der Regierung überworfen hätten? Eventuell ist die aussichtsvolle Lage mit Rücksicht auf Ihren bevorstehenden Geburtstag entstanden.«

Thomas Mann griff sich an die rechte Kopfseite.

»Ein Geburtstagsgeschenk von Minister Goebbels?«, fragte Thomas Mann mokant.

»Nun ja, vielleicht kann man es so nennen. Andererseits ist aber auch nur der juristisch korrekte Status wiederhergestellt. Oder fast wiederhergestellt. Ich sagte, dass die Entscheidung weitgehend gefallen ist und es nur noch am letzten Vollzug fehlt. Doch bis dahin bleibt immer noch ein Rest von Schwebe und irgendwelche vermeidbaren Unüberlegtheiten könnten die ganze Angelegenheit zu Ihren Ungunsten kippen lassen.«

»Ich darf vermuten«, schaltete sich Thomas Mann ein, »dass Sie mit den Unüberlegtheiten die bevorstehende Nizza-Reise meinen.«

»Sehen Sie, natürlich schaue ich auf die Belange des Verlages. Das ist die Aufgabe, die ich aus Herrn Fischers Händen erhalten habe. Ein Verbot Ihrer Werke in Deutschland wäre ein herber Verlust. Ich habe aber auch Ihre Interessen im Blick. Sie haben Verleger im Ausland, sogar in den USA. Was die Verkaufszahlen betrifft, dürfte jedoch der deutsche Markt für Sie immer noch der bedeutendste sein. Und nun die Teilnahme an der Tagung … ich weiß nicht, wie das Ministerium dazu stehen würde.«

Was bedeutet, dass du es sehr wohl weißt, dachte Thomas Mann, *und wenn du außerdem wüsstest, was ich in Nizza vorzutragen im Sinn habe, dann würdest du womöglich unverzüglich in den Zug springen und zu uns nach Küsnacht sausen, um deinen einträglichsten Klienten an die Kette zu legen, ihm einen Maulkorb zu verpassen. Das ist es, was du tun würdest.*

Die Gedanken waren nicht frei von Widerwillen und Häme und ein winziger Splitter Verachtung war auch dabei. Die

Verachtung aber, wenn er ehrlich zu sich war, richtete sich weniger gegen Bermann als gegen ihn selbst; denn er spürte nur zu deutlich, dass die Argumente des Verlegers ihre Wirkung nicht verfehlten, dass die Argumente für ihn nicht neu waren und er sie sich schon oft genug selbst vorgesagt hatte. Ja, ein Verbot seiner Bücher in Deutschland wäre ein schlimmer Verlust. Und da es nicht dem Naturell des Großschriftstellers entsprach, auf Dauer Verachtung für sich zu empfinden, schwand das Gefühl allmählich und machte der Überlegung Platz, dass er nicht nur als Privatperson im Sinne eigener Interessen handeln dürfe, sondern vor allem als Repräsentant des Geistes und als solcher habe er nicht das Recht, den Deutschen seine Werke vorzuenthalten. Eine kurzfristige Unüberlegtheit durfte nicht dazu führen, dass ein ganzes Volk von den Zuflüssen des Geistes, der Vernunft und der Humanität abgeschnitten wurde, geistig ausgetrocknet wurde, um gänzlich den Verführungen des verdumpften Rausches zu verfallen.

»Ich will mir von der deutschen Regierung keinen Maulkorb anlegen lassen«, sagte Thomas Mann, um Bermann zu den gewünschten Einwänden zu veranlassen.

»Von einem Maulkorb kann ganz und gar nicht die Rede sein. Man hat Ihre Bücher damals nicht ins Feuer geworfen. Anders als die Werke zum Beispiel Ihres Bruders. Malen Sie sich aus, was das bedeutet. Seine Romane werden hier nicht mehr gedruckt. Keine Buchhandlung hat etwas von Heinrich Mann in den Regalen stehen. Es ist, als hätte man nachträglich seine Nicht-Existenz erzwungen. Was ist dagegen der Verzicht auf eine Tagung in einem französischen Badeort? Ich muss Ihnen nicht verdeutlichen, wie ungleich die Dimensionen sind.«

Thomas Mann schloss die Augen und strich sich über die rechte Gesichtshälfte.

»Es ist eine abscheuliche Zwickmühle«, sagte er, »es hängt viel an meinem Entschluss, wohl auch das Schicksal des Verlages und was mich angeht, mein zukünftiges Verhältnis zu Deutschland, mein ganzer seelischer Zustand, die Farbe meiner Existenz …«

»Die Farbe Ihrer Existenz?«, wiederholte Bermann erschrocken, »mein lieber Herr Doktor Mann, was meinen Sie? Sprechen Sie von Ihrem Vortrag? Ich beschwöre Sie, richten Sie kein Unheil an. Ich rate Ihnen zu nüchterner Überlegung. Natürlich kann und möchte ich Ihnen keine Vorschriften machen. Lassen Sie mich nur das sagen: Denken Sie an sich selbst und an Ihre Familie. Machen Sie nicht die Arbeit und Mühe von Jahren zunichte.«

»Das ist es ja gerade«, antwortete Thomas Mann, »hol's der Teufel; ich denke an meine Familie! An Katia und vor allem an Erika und Klaus. Was werden sie sagen, wenn ich Nizza absage? Sie machen mir ohnehin schon die Hölle heiß.«

»Ich verstehe Ihr prekäre Lage«, erklärte der Verleger. »Die Jugend ist ungestüm und sie hat ihr Recht, so zu sein. Sie aber, Herr Mann, als pater familias, haben auch Ihre Rechte, nein, sogar Pflichten, nämlich die Pflicht der Weitsicht.«

Mit einigen Abwandlungen und kleinen Ergänzungen wiederholte Bermann seine Argumente und nachdem sie das Telefonat beendet hatten, ging der Schriftsteller ins Arbeitszimmer, um seine Gedanken zu ordnen, obgleich er schon wusste, in welcher Weise er sich entscheiden würde. Und vielleicht war es auch unter einem objektiven Gesichtspunkt ratsam, wenn er nicht nach Nizza führe, unter dem Gesichtspunkt der Qualität und des geistigen Niveaus. Denn was hätte er zu sagen? Den Massenmenschen gegen den Individualismus ausspielen; das war gut und richtig, aber es war aufgewärmtes Zeug. Neu war bestenfalls das Wort vom »militanten Humanismus«. Aber Neuheit war kein Maßstab für

Qualität. Was sollte die Wortkombination überhaupt bedeuten, hatte Katia gefragt. Und zurecht hatte sie das getan, denn was war es mehr als ein blasses Nebeneinander von Vokabeln ohne Geschmack oder Farbe?

Und mit einem Mal überflutete ihn wieder die Angst, leergeschrieben zu sein. Von der Brust aus schoss die Angst in den Kopf und wurde dort zu Schwindel; die Zehen wurden kalt und taub; die Kopfnerven surrten, als hätte jemand eine elektrische Batterie daran angeschlossen. Der Schriftsteller krümmte sich zusammen und verfiel in einen der Weinkrämpfe, die ihn in letzter Zeit heimsuchten und ihm bewiesen, wie sehr er unter den Umständen litt, unter seiner Zeit, unter den Forderungen, mit denen die Welt ihn bedrängte. War es da ein Wunder, dass er die Tagung absagen musste? Hatte nicht auch die Gesundheit eines Nobelpreisträgers Ansprüche auf Rücksicht und Schonung?

Es folgte eine schwere Nacht, während der sich der Schriftsteller viel außerhalb des Bettes befand, sich lesend an seinen Schreibtisch begab, in die Halle hinunterging und schließlich dank einer halben Phanodorm wieder in den Schlaf fand.

Nach einem schweigsamen Frühstück mit seiner Ehefrau schreckte ihn abermals das Telefonklingeln auf. Diesmal war es ein Anruf aus Genf, wo der Entwurf des Vortragstextes vorlag. Man fragte an, ob der Text an dieser und jener Stelle nicht abzumildern sei, man wolle natürlich deutliche Worte und verstehe, dass zu viel Rücksichtnahme zum Schaden an der Wahrheit führen könne. Auf der anderen Seite sei es zu vermeiden, dass aus der Tagung ein Politikum werde, das von der einen oder anderen Seite missbraucht werden könne. Thomas Mann gab sich mürrisch, ja, beinahe brüskiert, deutete an, dass die Anfrage doch für ihn eine erhebliche Zumutung sei. In Wahrheit war er jedoch froh, einen weiteren Grund für seine Absage geliefert bekommen zu haben.

Nachdem er aufgelegt hatte, ging er in die Halle, wo Katia, an einem Brief schreibend, an der großen Tafel saß, umgeben von dem üblichen Krimskrams - einem Band Maupassant, einem Nadelkissen, Haushaltsbuch, Haarbändern -, der sich wie Kielwasser hinter ihr auszubreiten pflegte. Thomas Mann machte den Rücken gerade, setzte sein offizielles Gesicht auf und verkündete: »Ich werde Nizza absagen. Der Völkerbund wird diesmal ohne mich auskommen müssen.«

Seine Frau schaute auf, ohne dass ihr Blick irgendeine Überraschung verriet. »Hat das was mit Bermanns Anruf von gestern zu tun? Oder woher plötzlich der Entschluss?«

»Ja und nein. Ich kann nicht verhehlen, dass Bermann mir bestimmte Gesichtspunkte aufgezeigt hat, die im Grunde ohnehin schon meine Gesichtspunkte waren. Insofern sollte ich besser sagen, er hat mich an diese Gesichtspunkte erinnert. Kurz und gut, es läuft darauf hinaus, dass ein deutscher Schriftsteller, um nicht zu sagen: *der* deutsche Schriftsteller, auch in Deutschland gelesen werden können sollte; trotz der heutigen Umstände, oder eigentlich: gerade wegen der heutigen Umstände.«

Katia schnaubte ein kleines ärgerliches Lachen durch die Nase. »Mein lieber Thomas, du solltest nicht so tun, als seien mir die Angelegenheit in irgendeiner Weise fremd. Wenn Bermann angerufen hat, dann hat er auch über Geld gesprochen. Mir gegenüber musst du diese Dinge nicht verschweigen. Wir müssen über die Runden kommen, wir müssen wirtschaften. Unser Lebensstil ist - um es behutsam auszudrücken - aufwendig. Sieh dir dieses Haus an. Und die Kinder bedürfen ständiger Zuwendung. Man kann uns vorwerfen, wir hätten sie zu wenig zur Selbstständigkeit erzogen. Aber wie dem auch sei. Kein Brief von einem der Kinder erreicht mich, in dem nicht die Bitte nach Geld vorgebracht würde. Du musst mir keine moralische Zimperlichkeit vorspielen.«

Der Schriftsteller setzte sich und blätterte ziellos in dem Band Maupassant.

»Du hast natürlich Recht, wie du meistens Recht hast. Wir hatten auch materielle Interessen erörtert, meine und die des Verlages. Nun sind allerdings noch weitere Gründe hinzugekommen, die meine Absage begründen und rechtfertigen werden.«

Thomas Mann erwähnte die Genfer Anfrage, was doch eine ziemliche Zumutung sei, und vor allem hob er seinen gesundheitlichen Zustand hervor. Seine Nerven seien auf das schärfste angegriffen, ein Katarrh befinde sich spürbar im Anflug, die Erschöpfung aufgrund des schlechten Schlafes zermürbe ihn, Kaffee und Zigaretten seien ihm kaum zuträglich, was sicheres Anzeichen für seine miserable Gesamtkonstitution sei. Die Zweifel an der Qualität des Vortrags erwähnte er allerdings nicht. Mit dem Gedanken an das Leer-Geschrieben-Sein blieb er allein. Er fürchtete sich zu sehr davor. Ihn zu denken, war schon schlimm genug, ihn auszusprechen war praktisch unmöglich.

Die Kommission wollte seine Absage nicht ohne Weiteres hinnehmen und man machte es ihm nicht einfach. Mit Anrufen und Telegrammen setzte man ihm zu. Damit hatte der Schriftsteller allerdings gerechnet und deshalb an das Hauspersonal und seine Frau die strikte Weisung erteilt, ihn in den nächsten Tagen unter keinen Umständen ans Telefon zu rufen, ihn unter Angabe unterschiedlicher Gründe (eine Liste hatte er neben das Telefon gelegt) zu verleugnen. Wenn der Apparat schrillte, verkroch sich Thomas Mann in sein Arbeitszimmer und lauschte furchtsam auf die Stimmen, indem er zu entnehmen versuchte, wer der Anrufer wohl sein mochte. Daher fiel es Katia zu, den Anrufern verständlich zu machen, warum ihr Mann mit Entschiedenheit an seinem Entschluss festhalten werde. Auch Telegramme von Bonnet und Valéry, in denen sie erklärten, man zähle auf sein Eintreffen zur zweiten oder dritten Sitzung, bewirkten nichts. Thomas Mann blieb standhaft.

20. Der sechzigste Geburtstag

Der Frühling war fortgeschritten. Von Westen her schob der Mai immer wieder schwere Wolkenbänke über die deutsche Hauptstadt. Der Regen hatte Myriaden von Blütenblättern von den Bäumen geschlagen und in die Rinnsteine gespült. Trotz des ungünstigen Wetters hatte Jan Smetana ein Wochenende in Swinemünde an der Ostsee verbracht. Er hatte nach der Apotheke gesucht, die Fontanes Vater besessen hatte, war zum Leuchtturm gewandert, hatte die Nachmittage, ausgestattet mit Regenschirm und Gummischuhen, am Strand verbracht und schließlich hatte er sich in einen jungen, schmalhüftigen Kellner verliebt, wie man sich bei Gelegenheit eben in jemanden verliebt, der die eigenen Vorlieben bedient (in diesem Fall schmale Hüften, blaue Augen und ein blonder Schopf) und auf irgendeine Weise aus der Masse heraussticht; und wie man sich eben verliebt, wenn man nichts anderes im Sinn hat und längere Zeit nicht verliebt gewesen war. Als Smetana bemerkte, wozu sein Herz Anlauf nahm, packte er hastig seinen Koffer (immer noch denselben, den er in München gekauft hatte) und kehrte nach Berlin zurück.

Mit ihrem typischen Gleichmut erklärte Emi Hartleib beim warmen Abendessen, dass sie zur Feier seiner Rückkehr zubereitet hatte, dass ein Brief von wichtigem Aussehen am Samstag für ihn eingetroffen sei. Was sie mit »wichtig« meine, wollte Smetana wissen, und die Vermieterin, nachdem sie zuerst nur mit den Schultern gezuckt hatte, gab preis, dass der Brief wohl von offizieller Stelle komme, vom Ministerium, wenn sie sich recht erinnere. Aber so genau habe sie es sich nicht gemerkt. Schließlich gehe sie die Korrespondenz ihres Untermieters nichts an. Smetana kostete es Mühe, nicht auf die sofortige Herausgabe des Schreibens zu dringen oder aufzuspringen und selbst danach zu suchen. Wohlerzogen blieb er am Tisch sitzen und wartete, bis seine Vermieterin mit zäher Gemütsmonotonie die Teller zusammengestellt, den Abwasch gemacht hatte und dann endlich nach dem Brief sah, dessen Absender, wie der Umschlag sofort verriet, tatsächlich das Ministerium für Volksaufklärung und Propaganda war. Eine Gabel als Brieföffner benutzend, riss Smetana den Brief auf und entfaltete den Bogen. Der Ministerialreferent wünsche, den Attaché Tadeusz Feuerstein am Mittwoch im Ministerium zu sprechen.

Hankes Büro war wie immer dunstig vom Zigarettenqualm. Außer Feuerstein und dem Referenten war noch ein SS-Mann anwesend, ein junger Bursche mit ängstlich aufgerissenen Augen, der kerzengerade auf seinem Stuhl saß, als könne man ihm die Verwendung der Rückenlehne als Nachlässigkeit im Dienst auslegen. Hanke hatte versäumt, ihn vorzustellen, und wenn er der Ersatzmann für von Alberti sein sollte, dann hatte man jemanden gewählt, der sich deutlich besser auf das Gehorchen als aufs Befehlen verstand.

»Wir hatten Verhandlungen mit Herrn Bermann-Fischer«, erklärte Hanke. »Das ist der Geschäftsführer des Fischer-Verlages, wie Ihnen wahrscheinlich bekannt ist, Herr Feuerstein.

Und ich darf sagen, dass die Verhandlungen durchaus erfolgreich waren. Dem lieben Herrn Bermann ist es daraufhin gelungen, seinen Autor von der Teilnahme an einer Tagung in Nizza abzubringen. Doktor Goebbels und der Reichsinnenminister hätten eine Teilnahme Thomas Manns in Frankreich nicht gern gesehen. Solche Treffen nehmen ja schnell die Gestalt antideutscher Kundgebungen an. Der Verleger hat offensichtlich die richtigen Argumente ins Feld geführt. Ich habe keinen Zweifel, dass es eben die Argumente waren, die wir ihm mit auf den Weg gegeben haben, Herr Feuerstein. Auf jeden Fall hat der verehrte Großschriftsteller brav die Füße stillgehalten, auch wenn er sich offensichtlich längerfristig in der Schweiz niedergelassen hat. Er hat in Küsnacht ein Haus bezogen. Ob wir ihn trotzdem nach Deutschland zurücklocken können? Was meinen Sie, Herr Feuerstein?«

Der Attaché hielt das für unwahrscheinlich, wiegte aber unschlüssig den Kopf, während er rasch einen Seitenblick auf den SS-Mann warf, der weiterhin mit aufgerissenen Augen an der Kante der Sitzfläche ausharrte.

»Der Herr Doktor Mann befindet sich zur Zeit übrigens auf Ferienreise«, erklärte Hanke, »und nun raten Sie mal, wohin er gefahren ist! Ausgerechnet nach Nizza. Der Mann hat wirklich Sinn für Ironie. Aber im Ernst gesprochen: Wir gehen davon aus, dass er sich dort mit seinem Bruder Heinrich und seinem Sohn … wie heißt der doch gleich?«

»Klaus«, half Feuerstein aus.

»Richtig. Also mit ziemlich linken Vögeln wird er sich voraussichtlich treffen.«

Für einen Moment huschte ein frostiger Schatten über Hankes Gesicht und erinnerte Feuerstein daran, dass der Referent ein Januskopf war, vor dem man unbedingt auf der Hut sein musste.

Hanke steckte sich eine neue Zigarette in den Mund, fingerte an einer Streichholzschachtel und blies eine Rauchfontäne in Richtung Zimmerdecke.

»Ich vermute, dass die beiden ihren Einfluss auf unseren Schriftsteller geltend machen werden. Sie werden versuchen, ihn für ihre Zwecke einzuspannen. Was auch immer diese Zwecke sein mögen. So viel kann ich wohl sagen, dass sie unseren eigenen Interessen eher feindlich gegenüberstehen. Meinen Sie nicht auch?«

»Mit Sicherheit schätzen Sie die Situation zutreffend ein«, antwortete Feuerstein, »der weltanschauliche Standpunkt der genannten Herren ist von dem der Partei denkbar weit entfernt.«

»Immerhin gestehen Sie dem jüdisch-marxistischen Pack einen weltanschaulichen Standpunkt zu. Na, meinetwegen. Worauf ich hinaus möchte: Ich denke, wir sollten ein Gegengewicht schaffen, etwas in die Waagschale werfen, damit der Autor sich nicht nur von den undeutschen Einflüsterungen bestimmen lässt. Thomas Mann hat bald Geburtstag, nicht wahr?«

»Seinen sechzigsten, am 6. Juni.«

»Sieh an, sogar seinen sechzigsten. Das ist doch, sollte ich meinen, Grund genug, ihm einen Geburtstagsgruß zukommen zu lassen. Ich denke, wir könnten ihm einen Brief schreiben, Herr Feuerstein, einen Geburtstagsbrief.«

Der Referent sog ausgiebig an der Zigarette, während er Feuerstein aus den Augenwinkeln beobachtete.

»Sie sagen ›wir‹. Was genau meinen Sie damit?«, tastete sich der Attaché fragend vor.

Hanke lachte kurz auf und stopfte sich, den Heiterkeitsanflug unterbindend, die Zigarette in den Mund.

»Um der Wahrheit die Ehre zu geben: Den Brief schreiben Sie und legen ihn mir zur Durchsicht vor. Schreiben Sie etwas

Nettes, Unverbindliches und dass sich das Missverständnis mit der Beschlagnahmung seines Heims und so weiter mit Sicherheit aufklären lassen wird. Machen Sie ruhig Versprechungen. Was schadet es? Und schließlich sagen Sie ihm, er solle darauf achten, mit wem er Umgang pflegt. Formulieren Sie das nicht ausdrücklich als Bedingung für das Versprochene. Fügen Sie die Punkte einfach hintereinander, wie zufällig. Den kausalen Nexus zu erschließen, überlassen wir ihm selbst. Das ist wirkungsvoller. Ich vertraue da ganz Ihren Fähigkeiten. Schließlich sind Sie ein Mann des Wortes, nicht wahr?

Feuerstein lächelte geschmeichelt und mit dem Ausdruck, dass die Einschätzung seiner Fähigkeiten überaus freundlich und optimistisch sei.

»Wir haben übrigens in Erfahrung gebracht, dass Herr Mann wieder in die USA reisen wird. Er soll Ehrendoktor irgendeiner Universität werden, Cambridge, glaube ich; zusammen mit diesem jüdischen Physiker. Die USA sind ohnehin völlig verjudet, wenn Sie mich fragen. Ich erwähne das auch nur, um Ihnen mitzuteilen, dass Sie diesmal hierbleiben, auch wenn wir mit den Ergebnissen Ihrer letzten Amerikareise nicht gänzlich unzufrieden waren, aber eben auch nicht hundertprozentig zufrieden. Oder um es so zu sagen: Ich bin mir nicht sicher, ob überhaupt von Ergebnissen die Rede sein kann. Ihr Bericht blieb in manchen Punkten etwas unbestimmt. Aber ich möchte jetzt gar nicht weiter darauf eingehen. Schreiben Sie den Brief und machen Sie ein wenig gut Wetter bei Herrn Mann. Dann sehen wir weiter.«

Während der letzten Sätze war Hanke aufgestanden und hatte angefangen, ein paar Papiere von seinem Schreibtisch zusammenzuraffen. Gleichzeitig mit ihm hatte sich der junge SS-Mann erhoben, immer noch schweigend, und auf einen

Wink des Referenten hin öffnete er Feuerstein die Tür als Zeichen dafür, dass die Besprechung beendet sei.

Wie wir vom Ministerialreferenten gehört haben, hatte Thomas Mann trotz der Absage bei der Tagung einen kurzen Urlaub in Nizza verbracht. Von dort zurückkehrend, war Thomas Mann überwältigt von der postalischen Flut, die in Küsnacht auf ihn wartete. Aus allen Himmelsrichtungen erreichten ihn die Grüße, vornehmlich aus Deutschland, und sogar Menschen, die in Arbeitslagern einsaßen, fühlten sich veranlasst, ihm zu gratulieren und zu danken, indem sie auszudrücken versuchten, welche Bedeutung sein literarisches Werk in ihrem Leben gewonnen hätte. Diese Briefe bewegten den Schriftsteller ganz besonders und er bedauerte, dass er wegen der Menge der Geburtstagspost unmöglich alles würde beantworten können. Selbst nur eine vollständige Lektüre war kaum möglich; manche Schreiben überflog er hastig oder warf rasch einen Blick auf den Absender.

Als er auf Feuersteins Brief stieß, nahm er sich Zeit für eine genaue Durchsicht. Wohlwollend nahm er zur Kenntnis, dass seine Angelegenheiten auf gutem Weg waren. Er legte Katia das Schreiben vor, die jedoch anmerkte, dass es sich nur um Ankündigungen und Versprechungen handelte.

»Ich nehme an«, sagte Thomas Mann, »dass der Attaché zu mehr auch nicht befugt ist. Ein endgültiger Rechtsbescheid wird an Valentin Heins ergehen, wenn es so weit ist. Wir dürfen aber feststellen, dass wir mit unserer Zurückhaltung richtig gehandelt haben.«

Am sechsten Juni schwoll die Briefflut noch weiter an. Ein paar Schäfchenwolken weideten durch eine ansonsten makellos blaue Himmelskuppel. Der Schriftsteller fand, dass er - obwohl es ein Donnerstag war - ein rechtes Sonntagskind sei.

Natürlich war es Unsinn zu meinen, dass das Wetter mit seiner Person etwas zu tun hatte, dennoch konnte er nicht völlig von dem Kinderglauben lassen. Immer wieder schoss ihm der Gedanke durch den Kopf und jedes Mal lächelte er dazu. Der Ferienexkurs nach Frankreich hatte ihm gut getan. Seine Nerven waren gestärkt und Magen und Darm verrichteten halbwegs zuverlässig ihren Dienst. Die Reise war eine willkommene Ablenkung gewesen, denn - wie er Katia eines Abends in Nizza anvertraut hatte - fürchtete er sich vor der Sechzig; um ein Haar hatte er ihr sogar seine Angst vor dem Leergeschrieben-Sein offenbart. Und nun war der Tag da, der sechzigste Geburtstag, er begann mit Geschenken, Blumen, Versen und Törtchen mit Lichtern drauf. Und immer noch mehr Depeschen und Telegramme. Die »Kleinen«, Elisabeth und Michael (siebzehn- bzw. sechszehnjährig), führten ihre musikalischen Fortschritte vor, sie am Klavier, er an der Geige. Der Vater zeigte sich verblüfft und war es auch aufrichtig, denn Michael, eine in seinen Augen doch reichlich verkorkste Existenz, hatte er in der künstlerisch-musischen Sphäre nicht viel zugetraut. War das Geld für das Konservatorium in Zürich vielleicht doch kein rausgeschmissenes Geld?

Später fuhren Katia und Thomas Mann mit dem Wagen in die Stadt, um Bermann abzuholen, der es sich trotz aller Geschäftigkeit nicht nehmen ließ, zum Geburtstag seines wichtigsten Autors aus Berlin herbeizueilen. Am Bahnhof kamen sie an einer Buchhandlung vorbei, deren Fensterdekoration das Herz des Schriftstellers bewegte.

»Hat dies schwierige Leben sich also doch gelohnt«, sagte er zu Katia, »und war es größer, besser als meine sorgende Bescheidenheit glauben wollte? «

»Warum sprichst du im Präteritum?«, fragte seine Frau, »du bist sechzig geworden, nicht hundert …«

Thomas Mann fasste ihren Arm und lächelte wie jemand, der es für besser hielt, manche Dinge zu verschweigen.

Zum Mittagessen versammelte man sich in der »Halle«. Das Geburtstagskind präsidierte am Kopf der Tafel, zu seiner Rechten saß Katia, neben ihr der Verleger Bermann, unternehmungslustig und vital in die Runde blickend wie jemand, der die feineren Regungen im Raum nicht wahrnimmt oder wenigstens so tut, als bemerke er sie nicht. Ihm gegenüber drehten wie in einstudierter Synchronie Erika und Klaus ihre Gläser auf dem schneeweißen Tischtuch. Erika sah erschöpft aus, die Tournee mit ihrem Kabarett verlangte all ihre Energie; die Erschöpfung wurde jedoch überstrahlt von dem Ausdruck von Überlegenheit eines Menschen, der Grund hat, sich erfolgreich und bedeutsam zu fühlen. Dieser Ausdruck fehlte Klaus. Er wirkte fahrig und abwesend und Thomas Mann fragte sich, ob das Auswirkungen des Morphiums waren, das sein Sohn zu nehmen sich angewöhnt hatte, (beziehungsweise Auswirkungen momentanen Verzichts) oder ob es Symptome tieferliegender charakterlicher Grunddispositionen waren. Obwohl Thomas Mann hin und wieder, wenn er Klaus sah, auf den Gedanken verfiel, sein Sohn werde vor ihm sterben, beneidete er ihn, - nicht durchgehend, aber augenblicksweise und mit unverfälschtem Gefühl. Manchmal erschien ihm Klaus wie eine Variante seiner selbst, die sich all das zu tun traute und erlaubte, was er für sich selbst unter strengstem Verschluss hielt. Dann wieder tröstete ihn der Gedanke, dass er niemals der Großschriftsteller und Nobelpreisträger Thomas Mann hätte werden können, wenn er sich der Trias von Zucht, Disziplin und Bürgerlichkeit nicht unterworfen hätte.

Sein Blick wanderte weiter zu Golo, dem es, obwohl eingerahmt von Bermann und Elisabeth, gelang, allein und isoliert am Tisch zu sitzen. Vor einiger Zeit hatte der Schriftsteller zufällig ein Telefonat belauscht, bei dem Golo seinem Gesprächspartner mitteilte, er habe jetzt (gemeint waren wohl die Ereignisse in Deutschland) nur noch seine Familie, das könne nicht gutgehen. Auch die »Kleinen« bildeten eine Einheit für sich; abgetrennt von den anderen durch den Altersabstand hatten sie sich in eine musiktheoretische Erörterung verwickelt und berauschten sich an der neuen Erfahrung, sich »auszukennen«. Besonders Michael renommierte mit Begriffen der Harmonielehre und erntete von Elisabeth zustimmendes Kopfnicken, wie Thomas Mann eifersüchtig beobachtete. Dass ausgerechnet der kleine »Beißer« der Vertraute *seiner* Bibi sein sollte, erschien ihm doch als sonderbares Missverständnis.

Nachdem die Suppe aufgetragen worden war und man schweigend eine halbe Minute gelöffelt hatte, fragte Bermann, ob man sich während des Urlaubs in Nizza habe erholen können.

Es seien erfreuliche Tage gewesen, antwortete Katia, man habe sich mit Heinrich Mann getroffen, der einen durchaus glücklichen Eindruck mache.

»Die Hitze war dem Wohlbefinden nicht immer zuträglich«, ergänzte Thomas Mann, um der Vorstellung, er lustwandle am Mittelmeer, während andere um ihre Existenz bangen, etwas entgegenzusetzen.

»Im April wäre das Wetter mit Sicherheit noch verträglicher gewesen«, mischte sich Erika ein.

Bermann schaute von seiner Suppe auf und traf unvermittelt auf Erikas Blick, der sich in sein Gesicht bohrte.

»Ihr Vater hielt es für richtig, der Tagung in Nizza fernzubleiben. Ich bin überzeugt, dass die Teilnahme weniger erholsam gewesen wäre als der dortige Urlaub.«

»Mein Vater hielt es für richtig, Ihren Ratschlägen zu folgen, Herr Bermann. So könnte man es auch ausdrücken, nicht wahr?«, fragte Klaus Mann, während sein Blick unstet nach links und rechts ruckte.

»Als sein Verleger steht es Herrn Bermann wohl zu, eurem Vater mit Rat zur Seite zu stehen«, sagte Katia, die zwar mit einer solchen Wendung der Unterhaltung gerechnet hatte, von dem Tempo jedoch überrascht war. Man war doch erst bei der Suppe.

»Man sollte Herrn Bermann keine Vorwürfe machen«, ließ sich Golo hören.

Erika ruckte den Kopf in seine Richtung, als sei sie überrascht, dass ihr Bruder anwesend war. Thomas Mann bemühte sich um einen möglichst tadelnden Blick. Von einem Vorwurf war explizit noch gar nicht die Rede gewesen, aber nun hatte Golo ihn zur Sprache gebracht. Während er sich darüber ärgerte, fragte er sich, ob Golo nicht vielleicht sogar einen anderen Satzteil betont hatte und ihm das Wort vom Vorwurf ohne besonderen Bedacht herausgerutscht war. Hatte die Betonung nicht eher auf Bermanns Namen gelegen? Und zwar in dem Sinne, dass man eben nicht Bermann, sondern jemand anders einen Vorwurf machen müsse?

»Ich bin Geschäftsmann und als solcher muss ich stets auch wirtschaftlich denken«, sagte Bermann an Erika gewandt, indem er sich bemühte, nicht zu sehr wie ein Erwachsener zu klingen, der Kindern etwas erklärt.

Erika tupfte sich mit einer Serviette den Mund ab und zwang sich zu einem Lächeln.

»Und auch als ökonomischer Kopf achten Sie darauf, dass man das Geschäft nicht über die Moral stellt, nicht wahr? Zumindest nicht in einem unerträglichen Maß.«

»Ein Verleger«, ergänzte Klaus, »ist ja nicht nur Geschäftsmann, sondern ebenso sehr Kulturvermittler, also ein Mann des Geistes, und der sollte sich wohl auch der humanistischen Gesinnung verpflichtet fühlen.«

Thomas Mann ließ den Löffel in den Teller klirren und räusperte sich vernehmlich.

»Ich bin mir sicher, dass Herr Bermann sich aller seiner Pflichten bewusst ist, im höchsten und gespanntesten Maße bewusst, wie es die Erfahrung der Berufsjahre und die schwierige Gegenwart zwingend mit sich bringen. Im Übrigen hat Herr Bermann, wie ich unbedingt versichern kann, nicht nur die Interessen des Verlages im Sinn, sondern auch unsere, die Belange der ganzen Familie.«

Auch wenn der Schriftsteller nicht über alle Geldzuwendungen, die Katia den Kindern zukommen ließ, im Bilde war, so wusste er doch genug, um überzeugt sein zu dürfen, dass er mit diesem Hinweis das Nötige gesagt hatte.

»Wäre es nicht möglich, den Verlag ins Ausland zu verlegen?«, fragte Golo.

Solche Erwägungen, erklärte der Verleger, gebe es in der Tat. Und er fing an, die technisch-logistischen, vertraglichen und juristischen Schwierigkeiten eines solchen Transfers zu erläutern.

Klaus hatte begonnen, auf seinem Stuhl hin- und her zu rutschen. »Ich schreibe übrigens gerade an einem Roman über Tschaikowski«, fing er an, aber Erika schnitt ihm das Wort ab: »Nicht jetzt.«

Und mehr an ihren Vater als an den Verleger gerichtet fügte sie hinzu: »Es ist ja nicht so, dass nur wir als die Familie uns ein deutliches Wort wünschen, eine offizielle, an die deutsche und außerdeutsche Öffentlichkeit gerichtete Stellungnahme. Die ganze europäische Geisteswelt sehnt sich danach. Ich bin sicher, dass ich damit nicht zu viel behaupte.«

»Nein, das tust du wohl nicht«, sagte Katia, »und du erwähnst es ja auch nicht zum ersten Mal.«

Sie brach ab, als der zweite Gang aufgetragen wurde. Nachdem die Bediensteten wieder gegangen waren, hob der Schriftsteller sein Glas in die Höhe und blickte lächelnd in die Runde.

»Erlaubt nun einem Sechzigjährigen, das Wort zu ergreifen, wenn ich mit diesem kleinen Wink an die Bedeutung des heutigen Datums erinnern darf. Ich bin mir meiner Verantwortung durchaus bewusst, liebe Erika, meiner Verantwortung als öffentliche Person, die ich in einem bedeutenderen Maße bin, als mir wünschenswert erscheint. Diese Stunde, hier mit meiner Familie und meinem Verleger-Freund an der gastlichen Tafel, nehme ich für mich als Privates in Anspruch. Als Geburtstagskind sollte ich doch ein paar Wünsche frei haben, nicht wahr.«

Er nötigte die anderen, auf sein Wohl zu trinken, indem er abermals das Glas hob. Da er jedem - außer Elisabeth und Michael - einen kurzen Blickkontakt schenkte, bemerkte er auch Golos Mimik, die beinahe wie eine Art kopfschüttelndes Augenrollen aussah. Ohne daran genippt zu haben, setzte Golo sein Glas wieder ab, legte die Serviette beiseite und erhob sich mit der Erklärung, ihn plagten grauenhafte Kopfschmerzen und er werde sich für eine Weile zurückziehen.

»Er fühlt sich schon den ganzen Tag nicht gut«, behauptete Katia, während sie ihr Talent anwandte, in die Runde zu lächeln, dass sich jeder in besonderer Weise gemeint fühlen konnte.

Das Essen nahm seinen Fortgang, indem Bermann sich nach dem Leben in Küsnacht erkundigte und nach den kulturellen Institutionen der Schweiz.

Schließlich kam die Sprache auf die anstehende Amerikareise, die Thomas Mann als eher lästiges Intermezzo zu betrachten geneigt war, da es ihm unwahrscheinlich erschien, dass die USA über eine bedeutende Universität verfügen könne. Bermann beteuerte, dass die Ehrendoktorwürde eine herausragende Auszeichnung sei, nicht nur in den USA, sondern überall auf der Welt. Der Schriftsteller lächelte dazu ironisch; und ohne dass er etwas sagte, konnte man seiner Miene ablesen, was er dachte, dass nämlich die herausragende Auszeichnung wohl eher in die andere Richtung verlaufe und man sich in Harvard mit dem Großschriftsteller schmücken wolle.

Erika warf einen verstohlenen Blick auf ihren Vater. Er wollte jetzt nicht über Politik sprechen, er wollte friedlich seinen Geburtstag feiern, und sie konnte es ihm nicht verdenken. Sie wollte ja auch nicht über die Politik reden, sie wollte nicht mit der »Pfeffermühle« auf der Bühne stehen und zynische Witze über Deutschland und die Nazi-Bande reißen. Um wie viel schöner wäre es, wenn sie Shakespeare spielen könnte oder Strindberg oder - in Herrgotts Namen - ihretwegen auch Goethe. Oder mit Klaus durch München ziehen und die Bürger verschrecken. Aber der kleine Anstreicher mit seinem dummen Bärtchen hatte alles kaputt gemacht. Aus irgendeinem Kellerloch war er auf die Weltbühne gekrochen und maßte sich an, in das Leben von Millionen von Menschen zu pfuschen, praktisch in das Leben aller Menschen, - in ihr Leben. Sie hob ihr Glas: »Auf dein Wohl, Papale!«

21. Noch einmal Amerika

Am Pfingstmontag begann die Reise, zuerst mit dem Zug nach Basel, von da weiter nach Paris und schließlich nach Le Havre, wo das Ehepaar Mann den Dampfer »Lafayette« bestieg. Diesmal war die Überquerung des Atlantiks für den Schriftsteller erfreulicher, denn sowohl die Besatzung als auch viele Mitreisende wussten, mit wem sie zu tun hatten, und sparten nicht an Ehrerbietung, sodass Thomas Manns Talent fürs Repräsentieren zum Zuge kam. Sogar einen Kabinenwechsel nach der Sonnenseite schlug man ihm ergeben vor, doch das Angebot musste der Schriftsteller zurückweisen, da die neue Unterkunft, wie sich nach genauer Prüfung ergab, etwas kleiner als die Bisherige gewesen wäre.

Acht Tage später nahm der Verleger Knopf das Ehepaar in New York in Empfang, begleitete es zum Bahnhof, von wo aus es nach Boston ging, und am nächsten Tag im Pullman-Wagen, wie der Autor mit Interesse registrierte, führte die Reise schließlich nach Cambridge.

In einem gewaltigen Festzelt versammelten sich sechstausend Menschen, um mit brav-überschwänglicher Akklamation die neuen Doctores honoris causa zu feiern: Albert Einstein und Thomas Mann. Nicht ohne Stolz posierte der Schriftsteller im akademischen Ornat für die aus den Metropolen angereisten Fotografen, während - er musste es sich eingestehen - pures, lauteres Glück ihn durchrieselte, ja, sogar eine Erektion machte sich bemerkbar, sodass er für das jede Schwellung und Ausbeulung im Lendenbereich bemäntelnde Kleidungsstück doppelt dankbar war. Endgültig war er also ins Dichter-Pantheon aufgestiegen: Shakespeare, Homer, Goethe, Tolstoi... und nun auch Thomas Mann. Warum eigentlich verkroch er sich in der kleinen, miefigen Schweiz? In den USA sollte man leben, dachte er, in dem Land der Zukunft, und er nahm sich vor, später mit Katia darüber zu beraten.

Wie zur Bestätigung solcher Pläne erreichte ihn vier Tage später eine Einladung des Präsidenten Roosevelt ins Weiße Haus.

»Du wirkst nicht besonders überrascht«, sagte Katia, als das Ehepaar in seinem opulenten Hotelzimmer beim Tee saß.

»Das bin ich auch nicht«, antwortete Thomas. »Wäre es nicht eher eine bedenkliche Zurückstufung, wenn die Einladung nicht ergangen wäre?«

Der Schriftsteller nippte am Tee und dachte über seine eigenen Worte nach. Er hatte ganz und gar die richtige Geisteshaltung ausgedrückt, stellte er fest. Auch angesichts eines amerikanischen Präsidenten war es gut und richtig, groß von sich selbst zu denken.

»Um Zeit zu sparen, sollten wir mit dem Flugzeug reisen«, sagte Katia, die sich bereits den praktischen Belangen zuwandte.

»Ich bin zwar ein Freund der hiesigen Züge, aber man muss wohl auch den Entfernungen Rechnung tragen, die andere als bei uns in Europa sind. Warum also nicht auch noch dieses kleine Abenteuer!«

Es war das erste Mal, dass Thomas Mann sich in den Himmel erhob. Symbolisch war er mit der Wahl des Transportmittels zufrieden, körperlich empfand er den Flug jedoch als unangenehm, er spürte Luft in den Ohren und Anwandlungen von Übelkeit. Der Niederblick aus dem Fenster lasse ihn kalt, stellte er Katia gegenüber fest, während er, seine Rede gestisch untermalend, nach der Zeitung griff.

Zu dem Besuch beim Präsidenten vermerkte Thomas Mann in seinem Tagebuch:

»Warten in einem Salon. Mrs. Roosevelt. Im Speisezimmer der Präsident im Rollstuhl. Mäßiges Essen. Ruhige englische Unterhaltung. Außer uns nur ein paar Damen und ein Knabe im weißen Smoking. Der Präsident, kluge Physiognomie, in hellen Hosen und Sammet-Smoking. Gesprächseindrücke von seiner Energie und Selbstherrlichkeit. Geringschätzung der degenerierenden Demokratie und der wilden Regierungsstürzerei, Prime Minister and President, they can't get me out. Amerikanisches Lachen. Pessimismus betr. Italien. Nach dem Kaffee zu lange dauernde Moovings im Oberstock. Cigretten, Episode mit dem Zündholz. Nachher das Arbeitszimmer mit Marinebildern. Mrs. R. gab das Zeichen zum Aufbruch. ›Auf Wiedersehen.‹«

Für denselben Tag war noch ein Interview geplant und in der Hotellobby wartete bereits ein Journalist mit dem romanhaften Namen Schriftgiesser, ein verwachsen anmutender Mensch in schwarzem Anzug und mit einem schütteren Vollbart, durch den auf der linken Wange zwei warzenartige Gebilde hervorlugten. Man ließ sich in einer Sitzecke nieder, wo der Journalist bereits eine Kanne mit Kaffee hatte bereitstellen lassen. Wie ihm die USA gefalle, fragte Schriftgiesser, indem er sich ausschließlich an den Schriftsteller wandte und Katia aus dem Gespräch auszugrenzen versuchte.

»Ich bin überzeugt, dass den USA die Zukunft gehört«, antwortete Thomas Mann. »Mit der degenerierenden Demokratie ist wohl auf Dauer nicht mehr zurechnen.«

»Ja, sehr interessant«, antwortete Schriftgiesser mit einem Kopfnicken, als wolle er aus dem Sitzen heraus einen Bückling andeuten. »Die USA halten Sie demnach für keine Demokratie …«

Der Nobelpreisträger machte eine Miene nicht wie jemand, der etwa einen Fehler gemacht hatte, sondern einen weit fortgeschrittenen Standpunkt vertrat, den sein Gesprächspartner noch nicht erfasst habe. Schriftgiesser lächelte ihn aufmunternd an.

»Ich denke«, mischte sich Katia ein, »mein Mann hat von den europäischen Demokratien gesprochen.«

Der Journalist lächelte weiterhin in Thomas Manns Richtung.

»Das natürlich auch«, sagte der Schriftsteller, »vor allem möchte ich behaupten, dass die beiden großen antagonistischen Kräfte, die die Weltgeschichte der nachliberalen Ära prägen werden, der Faschismus und der Kommunismus sind.«

»Aha, sehr interessant. Und in welcher Rolle sehen Sie dabei die USA?«, fragte Schriftgiesser.

Das Gesicht des Schriftstellers verlor seinen selbstsicheren Ausdruck. Er sehnte sich nach seinem Zimmer und nach einer halben Stunde Ruhe auf dem Kanapee. Der Journalist schien für ihn Fallen aufzustellen, in die er ihn tappen sehen wollte.

»Amerika ist eine junge und überaus vitale Nation …«

»Die USA bilden gewissermaßen einen dritten Weg«, sprang Katia ihrem Mann bei. »Etwas Drittes, das den von meinem Mann genannten Antagonismus hoffentlich überwinden wird.«

Ob Thomas Mann das auch sagen würde, fragte Schriftgiesser, während er weiterhin mied, den Blick auf Katia zu richten.

Ja, durchaus, dem sei im Prinzip nichts hinzuzufügen und im Zweifelsfall würde er dem Kommunismus gegenüber dem Faschismus den Vorzug geben. Und im Übrigen wünsche er das Interview an dieser Stelle zu beenden. Sein Kopfnervenleiden mache ihm zu sehr zu schaffen und womöglich drücke er nicht das aus, was er eigentlich sagen wolle.

»Das ist für einen Schriftsteller natürlich äußerst bedenklich«, sagte der Journalist mit einem Lächeln, in dem, wie Thomas Mann schien, keinerlei Mitgefühl lag.

Katia stand auf und reichte Schriftgiesser die Hand, sodass er sie nicht länger ignorieren konnte.

»Mir ist ein vollständiges Interview zugesagt worden«, quengelte der Zeitungsmann, »ich habe meine beruflichen Pflichten.«

»Sie sehen doch, dass es nicht geht«, antwortete Katia und bedachte Schriftgiesser mit einem lodernden Blick.

Schriftgiesser steckte seinen Notizblock ein.

»Ganz wie Sie wollen, ganz wie Sie wollen«, sagte er, rührte sich aber nicht vom Fleck, sodass das Ehepaar sich an ihm vorbeischieben musste.

»Es war mir ein Vergnügen«, rief der Journalist noch, als Katia und Thomas die Lobby schon halb durchquert hatten.

22. Betrachtungen eines Unpolitischen

Wenden wir den Blick nun von der einen Hauptstadt zur anderen, nach Osten und über das Weltmeer hinweg, nach Berlin also, wo Tadeusz Feuerstein in seinem Untermietszimmer hockte und sein fades Smetana-Leben wie so oft durch die Lektüre der Tagebücher zu würzen versuchte. Neben den Heften lagen zwei lose Blätter, bedeckt mit seiner Handschrift, und quer auf den Seiten lag die Füllfeder, von der beiläufig schon die Rede gewesen war. Ja, er hatte geschrieben, eine Prosaskizze noch unbestimmten Inhalts, aber immerhin hoben sich schon die Züge des Protagonisten ab, eines alternden Mannes und - um die Sache genauer zu benennen – eines Schriftstellers, denn ohne viel Besinnen hatte er der Figur die Züge Thomas Manns verliehen. Ob das sein ursprünglicher Plan gewesen war oder ob eine allgemeine Idee ihn quasi nachträglich zu dem realen Menschen geführt hatte, konnte er nicht mehr sagen. Es spielt auch keine besondere Rolle. Was Feuerstein alias Smetana bekümmerte und verdross, war die Einsicht, dass er den Stil des Schriftstellervorbildes kopiert hatte. Auch in diesem Punkt vermochte er vor sich selbst keine Rechenschaft ablegen, ob das seiner Absicht entsprungen war. Die Sache war kompliziert und verworren.

Auf der einen Seite war es natürlich sein Wunsch, so zu schreiben wie das Idol, denn wie sollte man nicht wünschen wollen, zu schreiben wie der Großschriftsteller; wie sollte man ins Feld der Literatur treten und nicht den Gipfel des Formwillens erklimmen wollen?

Auf der anderen Seite wollte Smetana nicht als müder Eklektizist gelten, dem man bei erster Gelegenheit sein Stilplagiat um die Ohren hauen würde. Früher hatte er Sachen geschrieben - nichts Großes, nichts Bedeutendes - aber Sachen, die einen eigenen Stil hatten und im Grunde besser waren als das, was vor ihm lag; natürlicher, echter und auf unerklärbare Weise richtiger.

Argwöhnisch schaute er auf die Tagebücher. Es schien etwas von ihnen auszugehen, als läge ein böser Zauber auf ihnen. Sie unterwarfen ihn einem Bann, der seine geistigen Kräfte in ein Korsett zwang; wie ein Schatten waren sie, aus dem er nicht heraustreten konnte. Aber lassen konnte er auch nicht von ihnen. Wie eine schädliche Droge waren sie.

Schädliche Droge … Smetana nippte an seinem inzwischen erkalteten Kaffee. War nicht jede Droge schädlich? Wahrscheinlich ja, aber der Pleonasmus gefiel ihm. Vielleicht ließ sich mit dem Begriff etwas anfangen. Neben dem Stilproblem quälten Smetana nämlich noch andere Sorgen. Sein Seminar über die aktuelle Literatur war gedanklich ins Stocken geraten. In dem Glauben, mit den Tagebüchern eine geheime Wunderwaffe zu besitzen, hatte er vorschnell sein Pulver verschossen; er hatte bereits in den ersten Sitzungen die originellsten Ideen präsentiert, sie aus allen Perspektiven beleuchtet, sie gestreckt und wiederholt, bis der ohnehin dünn besetzte Seminarraum noch spärlicher besetzt war. Vielleicht ließe sich mit dem Wort von der schädlichen Droge eine überraschende Wendung herbeiführen, wenn er die aktuelle Literatur als solche Droge auslegte, als süßes, verführerisches

Gift, das den Geist in erregende Abenteuer lockte, am Ende jedoch immer nur zu Relativismus, Skeptizismus und schließlich zum Nihilismus führte. Natürlich galt das nicht für Autoren wie Blunck oder Nabor; sondern für die andere Seite, mit einem Wort: für das Exil.

Ein heißer Juli hatte die Hauptstadt ausgedörrt und die Menschen reizbar gemacht. Zum Missfallen der Regierung kam es zu antisemitischen Krawallen auf dem Kurfürstendamm. So eigenmächtig sah man das Volk ungern und außerdem passten solche Exzesse gerade nicht in das Bild, das man außenpolitisch vermitteln wollte. Doktor Goebbels als Gauleiter von Berlin musste intervenieren und am Ende kostete es einigen mächtigen Männern - darunter der Polizeipräsident - die Stellungen.

Feuerstein lobte Emi Hartleib gegenüber die mäßigende Stimme der Politikgranden. Es sei doch an der Zeit, zu Ordnung und Normalität zurückzukehren. Mit der Totschlagelaune sei auf Dauer kaum ein Staat zu machen.

Die Vermieterin, mit den Sendungen in der Hand, die sie geradeaus dem Postkasten geholt hatte, zuckte die Schultern.

»Von Politik kenn ich nichts. Aber wie man neulich den Herrn Kirschbaum von nebenan zugerichtet hat, das ist eine Sünde. So ein lieber Mensch. Und der Polizei ist es egal, obwohl doch jeder weiß, wer's gewesen ist.«

»Ja«, antwortete Feuerstein, »der Kirschbaum ist ein liebenswerter Mensch, keine Frage. Vermutlich darf man in diesen Angelegenheiten nicht den Einzelfall betrachten, sondern muss das große Ganze in den Blick nehmen.«

Emi Hartleib hatte nur noch mit einem halben Ohr hingehört. Sie sah die Briefe durch und reichte Feuerstein einen der Umschläge.

»Mal wieder was vom Ministerium, Herr Smetana. Sehen Sie, man hat Sie doch noch nicht vergessen.«

Feuerstein ergriff den Brief, riss ihn auf und las. Der Text unterschied sich nicht sonderlich von den früheren Malen, doch diesmal war der Ton ein anderer: energischer, drängender oder um es genauer zu sagen: befehlender.

Karl Hanke empfing ihn wie gewohnt unter der Wolke von Zigarettenrauch. Diesmal saß aber kein junger SS-Offizier mit an dem ausladenden Konferenztisch, sondern ein Zivilist von knapp vierzig Jahren, der sich offensichtlich unbehaglich fühlte und einen misstrauischen Blick auf Feuerstein warf.

»Das ist unser Herr Attaché, von dem ich Ihnen erzählte«, sagte Hanke zu dem Zivilisten, der daraufhin ein knappes Begrüßungslächeln zu Feuerstein hinüberwarf.

»Und das ist der Verleger Gottfried Bermann Fischer, Thomas Manns Verleger, wie Sie vielleicht wissen.«

Den strengeren Ton des Schreibens glaubte Feuerstein auch hier herauszuhören. Etwas musste vorgefallen sein und der Attaché hoffte, dass Hankes Schmallippigkeit vor allem auf den Verleger berechnet war.

»Sie wissen vermutlich beide nicht, warum ich Sie herbestellt habe, nicht wahr? Nicht jeder liest amerikanische Zeitungen und auch unsere Abteilungen können nicht jedes Druckerzeugnis im Auge behalten. Manchmal spielt der Zufall uns Dinge in die Hände, so wie auch in diesem Fall.«

Der Ministerialreferent hob eine Zeitung vom Schoß hoch und ließ sie auf den Tisch klatschen.

»Das ist der Boston Evening Globe vom 26.6. des Jahres. Man schreibt über unseren Nobelpreisträger, offenbar findet man ihn auch in den USA wichtig genug. Sogar eine Einladung zum Präsidenten hatte er erhalten. Sehr beachtlich, nicht wahr? Aber sehen Sie, meine Herren, das ist nicht alles, leider nicht alles. Der Herr Thomas Mann hat sich auch selbst zu Wort gemeldet. Wir finden hier ein Interview mit ihm. Sie erlauben mir, daraus zu zitieren:

›Ich bin nicht Kommunist, aber ich bin der Meinung, dass der Kommunismus das einzige System ist, das dem Faschismus entgegengestellt werden kann.‹

Ironischerweise - und der Herr Mann hat ja einiges übrig für Ironie - ironischerweise hat er völlig recht. Die Demokratie als System ist zu weich, tolerant und unentschlossen, um sich uns entgegenzustellen. Wenn es einen kampffähigen Gegner gibt, dann den Kommunismus. Schon früh hatte der Führer in ihm den Feind des Nationalsozialismus' und Deutschlands erkannt. Wir dürfen dem Schriftsteller ein gewisses Gespür für das Politische zugestehen, denke ich.«

Hanke zündete sich eine Zigarette an und sah eine Weile dem Rauch nach, den er in Richtung Zimmerdecke blies.

»Ich bin überzeugt«, wagte Bermann sich vor, »dass Thomas Mann selbst dann, wenn er sich auf das politische Feld begibt, im Grunde ein Unpolitischer bleibt. Zumindest versteht er sich selbst so, wie er in seinem Werk hervorhebt«

»Das ist die deutsch-bürgerliche Selbsttäuschung, man könne ein unpolitischer Kulturmensch sein. Leider bleibt Ihr Schriftsteller nicht bei der weltgeschichtlichen Analyse stehen«, fuhr Hanke fort, »er enthält sich auch nicht einer persönlichen Stellungnahme. Herr Mann lässt den Leser, also auch uns, wissen, dass er, vor die Wahl gestellt, den Kommunismus dem Faschismus vorziehe. Und dann noch das hier ...von unserem Dolmetscher-Dienst ins Deutsche übertragen.«

Hanke griff nach einem Blatt Schreibmaschinenpapier, das in die Seiten der Zeitung eingelegt war.

» ›Wie kann ich schweigen, wenn ich sehen muss, wie alles, was den höchsten Wert in der deutschen Kultur besaß, in

Asche zerfällt? Wie kann ein Mensch, der immer der Überzeugung war, dass die Freiheit das größte menschliche Besitztum ist, dort leben, wo nur Unterdrückung, Tyrannei und Hass existieren?‹

Das also sind die Worte unseres verehrten Nobelpreisträgers; das ist es, was er die Weltöffentlichkeit über Deutschland und sich wissen lässt. Meine Herren, ich muss Ihnen nicht erklären, wie heikel das ist. Der Herr Minister zeigte sich überaus unerfreut, um es deutlich weniger scharf auszudrücken, als Herr Doktor Goebbels sich zu der Angelegenheit geäußert hat. Ihre Berichte, Herr Feuerstein, haben einen durchaus anderen Eindruck vermittelt. Ich war zu der Meinung gelangt, dass Thomas Mann sogar nach Deutschland zurückkehren und sich mit den Umständen arrangieren würde. Jetzt aber könnte man zu der Auffassung kommen, er stelle sich uns feindlich gegenüber. Meinen Sie nicht auch?«

Feuerstein senkte den Blick und sparte sich, in der Hoffnung, die Frage sei rhetorischer Natur, eine Antwort. Damit irrte er sich allerdings.

»Ich habe Sie etwas gefragt«, sagte Hanke ebenso scharf wie kalt.

Feuerstein erschrak. »Ich bitte um Entschuldigung. Mein Bericht habe ich nach bestem Wissen und Gewissen verfasst. Seien Sie dessen versichert.«

Feuerstein holte Luft, fand aber die passenden Worte nicht und verhaspelte sich in konfusen Erklärungen, die darlegen sollten, dass ein komplexer Charakter, wie der Schriftsteller ihn besitze, schwer zu durchschauen, ja, von außen betrachtet sogar des Wankelmuts verdächtig sei.

»Was der Herr vielleicht sagen möchte«, mischte Bermann sich ein, »geht in die Richtung, dass solch ein Interview nicht auf die Goldwaage gelegt werden sollte. Journalisten, namentlich die amerikanischen, sind nicht selten Effekthascher.

Es ist das, was ihr Beruf von ihnen verlangt. Der Leser will mit Sensationen, nicht mit mittelmäßigen Geschichten gefüttert werden. Ich glaube nicht, dass dieses Interview authentisch ist.«

Mit einer schnappenden Handbewegung schnitt Hanke ihm das Wort ab.

»Ich bin mit dem Journalistenvolk vertraut. Wir haben hier täglich mit ihm zu tun. Offensichtlich gelingt es Ihnen nicht, Ihren Autor zur Räson zu bringen, obwohl ich meinte, es läge ihm daran, auch zukünftig in Deutschland zu veröffentlichen. Betrachten Sie mich als Ihren Anwalt und Freund. Aber in München fletschen die Kettenhunde die Zähne und auch hier in Berlin ist die Stimmung allmählich umgeschwungen, was niemanden verwundern darf, wenn der wehrte Herr Mann sich vom amerikanischen Präsidenten hofieren lässt und solche Interviews in die Welt setzt.«

Hanke fingerte eine neue Zigarette aus einem Etui und suchte nach seinen Streichhölzern.

Die Pause nutzend begann Feuerstein: »Was in amerikanischen Zeitungen steht, sollte für uns tatsächlich nicht von großem Belang sein. Da stimme ich Herrn Bermann Fischer gern zu. Vor allem aber sollte man Thomas Mann mit aller Deutlichkeit auf das hinweisen, was ein solcher Artikel zur Folge haben kann.«

Dabei sah der Attaché mahnend zu Bermann hinüber, um gleichsam den Schulterschluss mit dem Ministerialreferenten zu suchen.

»Ich hoffe, Sie finden dem Schriftsteller gegenüber auch immer so klare Worte?«, sagte Hanke, indem er eine halb mahnende, halb ironische Miene aufsetzte, die er sich bei Goebbels abgeschaut hatte.

Um nicht wieder eine Antwort schuldig zu bleiben, sagte Feuerstein: »Ich hatte mich stets um einen diplomatischen Ton bemüht ...«

Hanke vollführte wieder die schnappende Handbewegung. »Schon gut. Das glaube ich Ihnen gern. Ich frage mich nur, ob Sie in Ihren Berichten auch zu einem diplomatischen Ton neigen, wie Sie sich so hübsch ausdrücken; oder sogar zu gewissen Euphemismen, - nicht wahr, so nennt man das wohl, wenn man gutwillig zu verstehen geben möchte, jemand sei nicht immer ganz mit der Wahrheit im Bunde. Ihr Leben als Tadeusz Feuerstein war nicht billig für uns. Und ich frage mich, ob diese Investitionen sich amortisiert haben. Insbesondere die Amerika-Reise im letzten Jahr, - welchen Mehrwert hat sie eingebracht? Nein, antworten Sie nicht. Ich will jetzt nichts davon hören. Ich frage mich nur: Sollen wir, ich meine Deutschland und der Nationalsozialismus, sollen wir uns noch um den Herren Thomas Mann bemühen? Kann das ernsthaft im Einklang mit unseren Absichten und tiefsten Überzeugungen stehen? Oder ist dieser Mensch längst ins Lager seiner Kinder, seines Bruders und anderer deutsch-feindlicher Subjekte abgedriftet? Steht er eindeutig auf der Seite der unerwünschten Literatur? Ich sehe, dass Sie jeweils Ihre eigenen Interessen in der Angelegenheit haben. Sie, Herr Bermann, als Geschäftsmann, Sie möchten für Ihren Autor den deutschen Buchmarkt erhalten. Natürlich. Und Sie, Herr Smetana, wie ich vermute, haben Geschmack daran gefunden, dass wir Sie zum Attaché erhoben haben. Und nun müssen Sie fürchten, dass Ihr Klient, ihr einziger Klient, Ihnen verloren geht, womit sich Ihre Existenz als Feuerstein erledigt haben wird. Ja, ich habe diese subjektiven Interessen durchaus im Blick. Allein, ich kann nicht mehr viel für Sie ausrichten. Die Dinge haben sich entwickelt; es ist zu

Entscheidungen gekommen. Was das für Sie konkret bedeutet, werde ich Ihnen unter vier Augen erläutern, Herr Attaché.«

Hanke stieß seinen Zigarettenstummel in den Aschenbecher und rieb sich die Wangen.

»Zuerst zu Ihnen, Herr Bermann. Das Ministerium zeigt sich Ihnen beziehungsweise Ihrem Verlag gegenüber äußert kulant. Es ist Ihnen gestattet, die Verträge mit sämtlichen unerwünschten und auswanderungswilligen Autoren ins Ausland zu transferieren. Das gilt auch für einige Buchbestände. Eine Holding-Gesellschaft in der Schweiz könnten wir uns gut vorstellen. Den Namen des Fischer-Verlages möchte Herr Minister Goebbels aber gern weiterhin in Deutschland sehen. Er wäre einverstanden, dass die Führung des Verlages von Peter Suhrkamp übernommen wird.

Wie es nun mit Thomas Mann weitergeht, wird man noch sehen müssen. Sie werden dann Bescheid erhalten. Günstig sind die Aussichten nicht, wie ich bereits sagte.«

Die Zeitung, die er beim Sprechen zu einem Rohr aufgerollt und wie ein Zepter in der Rechten gehalten hatte, legte er wieder auf den Tisch und strich glättend mit den Händen darüber.

»Das wäre für heute alles, meine lieber Herr Bermann. Ich wünsche Ihnen viel Erfolg bei Ihren Unternehmungen.«

Der Verleger erhob sich und da Hanke keine Anzeichen machte, ihm die Hand zu reichen, verneigte sich Bermann zur Verabschiedung knapp und verließ - ohne noch Feuerstein mit einem Blick zu bedenken - das Büro.

»Und nun zu Ihnen«, sagte Hanke, während er die nächste Zigarette anzündete. »Ich mache kein Hehl daraus, dass ich mir mehr von Ihrem Einsatz versprochen hatte, obwohl der leider so früh verstorbene Herr Mario von Alberti von Beginn an seine Zweifel geäußert hatte; Zweifel nicht nur an der

Aktion an sich, sondern auch Zweifel an Ihnen, Herr Feuerstein. Oder ich sollte sagen: Herr Smetana; denn mit Ihrer Existenz als Attaché hat es nun ein Ende. Tadeusz Feuerstein ist fortan keine Figur mehr dieser Welt. Auf dem Konto liegt für Sie noch eine Abfindung bereit. Das Geld können Sie innerhalb einer Woche abheben, dann wird das Konto aufgelöst. Und die sonstigen auf Feuerstein ausgestellten Papiere vernichten Sie bitte selbstständig. Ich bin sicher, dass ich mich in dem Punkt auf Sie verlassen kann. Und das noch: Falls wir uns vom Ministerium oder sonst jemand von der Partei sich noch einmal mit Aufgaben an Sie wenden sollte, dann zeigen Sie sich etwas beflissener und zuverlässiger. Nehmen Sie das als guten Rat mit auf den Weg.«

Der Referent fing an, in der Zeitung zu blättern, was bedeutete, dass die Audienz beendet war. Ähnlich wie Bermann verbeugte Smetana sich knapp, obwohl Hanke gar nicht aufsah, verließ das Büro und schloss die Tür hinter sich möglichst leise, als gelte es, einen Schlafenden nicht zu wecken.

Von dem Gespräch mit dem Ministerialreferenten Hanke hatte Bermann seinem Autor nichts verraten; wusste der Verleger doch nur zu gut um das schwankende Nervenkostüm Thomas Manns. Und warum sollte er die Pferde scheu machen, da doch noch keine endgültigen Entscheidungen getroffen waren, nichts offiziell geworden war.

So kam es, dass in Küsnacht die Stimmung gut war, als man den Anwalt Valentin Heins zu Besuch empfing. Doktor Heins hatte Urlaub in den Dolomiten gemacht, - eine günstige Gelegenheit, im Zuge der Rückreise einen Abstecher nach Küsnacht zu machen, um mit seinem berühmten Klienten Rücksprache zuhalten. Der Gast wurde mit Kasnocken bewirtet, deren Rezept Katia von einer Lesereise nach Salzburg mitgebracht hatte. Nach dem Essen kam sogar eine Flasche Dom

Pérignon auf den Tisch und Thomas Mann glaubte Magen und Darm so weit erholt und gefestigt, dass er sich den Genuss einer Zigarre erlaubte. Man beriet über den Verkauf der Münchner Villa und den Transport des Inventars in die Schweiz. Der unternehmende, auf die Zukunft gerichtete Blick tat dem Schriftsteller wohl. Der Schwung, mit dem Katia Pläne entwarf und ausmalte, färbte auf ihn ab und er registrierte ein Erwachen seiner Lebensenergie, wie er sie seit Monaten nicht verspürt hatte. Der Gewitterregen, der gegen die Fensterscheiben prasselte, war nicht nur eine Reinigung der Atmosphäre im meteorologischen Sinn, sondern fügte sich auch symbolisch in die Gemütslage Thomas Manns. Als das Telefon klingelte, stand er - trotz seiner Abneigung gegen den Apparat - wohl gelaunt auf, um den Anruf entgegenzunehmen.

Katia und Doktor Heins plauderten über die Schweiz und ihre Besonderheiten, um nicht den Eindruck zu erwecken, sie würden das Gespräch belauschen. Thomas Manns Tonfall und die knappen, abgerissenen Silben, mit denen er antwortete, ließ sie jedoch aufhorchen. Sie sahen zu dem Schriftsteller auf, der, den Hörer ans Ohr pressend, neben dem Telefontischchen stand, sie sahen seine Miene grau und grämlich werden, sein Gesicht in Falten zerfallen.

Thomas Mann hielt kurz die Sprechmuschel zu und sagte zu Heins: »Es ist Bumann, Ihr Sozius.«

»Es gibt offenbar schlechte Nachrichten«, sagte Heins zu Katia.

»Danke vielmals, das sehe ich selbst«, wies sie den Anwalt zurecht, strich dann aber sogleich entschuldigend über seine Hand, denn der aufwallende Zorn war ja nicht durch Heins' Bemerkung verursacht, sondern von den hässlichen Neuigkeiten, die der Anrufer offensichtlich zu übermitteln hatte.

Thomas Mann nickte mehrmals, als könne sein Gesprächspartner ihn durch das Telefon beobachten, und drückte dann, ohne noch ein Wort zu sagen, den Hörer auf die Gabel.

Katia Mann und Valentin Heins beobachteten schweigend, wie der Schriftsteller wieder an den Esstisch kam und sich setzte. Er räusperte sich mehrmals, bevor er Auskunft gab:

»Das war Herr Bumann, Ihr Kompagnon. Es sind keine guten Nachrichten, die er übermittelt hat; zumindest vordergründig keine guten Nachrichten. Vielleicht aber doch in einem weiter reichenden Sinn …«

Katia ließ ihr Nasenschnauben hören. »Bevor du dich in Spekulationen und Erörterungen verlierst, lieber Thomas, setze uns zuerst ins Bild, worum es geht; und bitte keine Verklausulierungen.«

Der Schriftsteller nickte, während er mit den Händen über das weiße Tischtuch strich.

»Herr Bumann war in heller Aufregung und seine Redeweise hat die Informationen in dramatisch-grellem Licht erscheinen lassen. Und wenn ich es jetzt bedenke, ist es wohl auch das Licht, das sie verdienen. Um es aber in sachlichem Ton zu sagen: Die Beschlagnahme unserer Habe ist erneuert worden, und zwar auf Berliner Weisung hin. Autos, Haus, Vermögen …diese raffgierige Bande. Wo vor wenigen Jahren noch ein Rechtsstaat herrschte, sind jetzt Räuberei, Willkür und Tyrannei. Und nun machen die Berliner es den Münchnern nach und überprüfen neuerdings den Ausbürgerungsantrag.«

Kopfschüttelnd sank Heins in sich zusammen. Hob dann jedoch den Blick zu dem mehrarmigen Leuchter, der über dem Tisch hing.

»Es tut mir furchtbar leid. Ich weiß, Sie werden es nicht mir und meinen Bemühungen anlasten, aber ich bin nichtsdestoweniger erschüttert, wie wenig meine Interventionen am

Ende bewirkt haben. Wer hätte gedacht, dass die Dinge in diesem Tempo voranschreiten … die Erosion sämtlicher Institutionen, die den Bürger vor seinem Staat schützen.«

»Machen Sie sich keine Vorwürfe«, sagte Katia, »was kann ein Anwalt ausrichten in einem Staat, in dem das Recht aus den Angeln gehoben wurde?«

Das Lächeln des Anwalts misslang. Er war aufrichtig niedergeschlagen, denn Katia Manns Wort von dem Recht, das aus den Angeln gehoben worden sei, traf ihn ins Mark. Natürlich gab es in Deutschland noch Gesetze und sie wurden vielleicht strenger beachtet als je zuvor. Aber diese Gesetze hatten nichts mehr mit dem Recht zu tun; sie waren ein Hohnlachen auf alles, was die Vernunft für rechtens erachten mochte. Und fast monatlich kamen neue Gesetze hinzu. In wenigen Tagen - Heins war darüber informiert - würde das »Gesetz zum Schutz deutschen Blutes und deutscher Ehre« vom Reichstag verabschiedet werden, und zwar einstimmig, wie zu vermuten war.

Und der Anwalt irrte sich nicht. Am 15. September traten die Verordnungen in Kraft, die unter dem Ausdruck »Nürnberger Gesetze« Eingang in die Geschichtsschreibung fanden.

23. Der offene Brief

Am Ende habe er wenig bewirkt, hatte Heins gesagt. Am Ende? Sind wir denn dort bereits angelangt? Ja, dort befinden wir uns nun mit dieser Geschichte, die ich in gewisser Weise auch meine Geschichte nennen darf, und das nicht nur in der Bewandtnis, dass ich der Erzähler bin, sondern auch insofern ist es meine Geschichte, als jede Geschichte - manchmal auf verborgene Weise - von ihrem Erzähler handelt. Das Ende ist es in dem Sinne, dass wir, der Leser und ich, bei den letzten Blättern dieses Buches angelangt sind, wenngleich, was die Anzahl der verbleibenden Monate und Ereignisse betrifft, noch manches zu berichten bleibt, bis die Handlung ihren natürlich-organischen Abschluss findet. Von dem Schlag aus Berlin war eben die Rede; der nächste Schlag folgte auf dem Fuße, jedoch nicht aus Deutschland, sondern aus dem Exil und er richtete sich in erster Linie gegen den Verleger Bermann Fischer und nur in zweiter Linie - aber nicht weniger absichtsvoll - gegen dessen wichtigsten Autor.

Das Jahr 1936 war frisch angebrochen, als ein Journalist namens Leopold Schwarzschild aus Paris eine scharfzüngige Attacke gegen Bermann fuhr. Es sei doch verwunderlich, wie gut der Verleger sich mit dem Dritten Reich stehe und dass ein Nicht-Arier noch den bedeutendsten deutschen Verlag führe. Bermann verfüge offenbar über ein spezielles

Geschäftsgeheimnis, das ihm solche Privilegien sichere. Man müsse wohl, resümierte Schwarzschild, den Verleger der stillen Teilhaberschaft am Berliner Propagandaministerium verdächtigen.

In Küsnacht war Tochter Erika hereingeflattert, um sich von dem Tournee-Leben auszuruhen und ihrem Vater die Leviten zu lesen. Über Nacht waren mehrere Zentimeter Schnee gefallen und nachdem Thomas Mann sein übliches Vormittagspensum am Schreibtisch abgeleistet hatte, ließ er sich von seiner Tochter zu einem Spaziergang überreden, obwohl ihm schwante, dass es Diskussionen geben würde. Kaum dass sie sich von den Wohnstraßen entfernt und Tobby seine gelben Markierungen in den Schnee gesetzt hatte, fragte Erika nach der Ehrenerklärung, die ihr Vater gemeinsam mit Annette Kolb und Hermann Hesse unterzeichnet hatte und die in der Neuen Zürcher Zeitungerschienen war.

»Es war nötig«, erklärte Thomas Mann, »was Schwarzschild betreibt, ist Rufmord. Das darf nicht unwidersprochen bleiben.«

»In dem Punkt, dass es Rufmord ist, kann ich dir zustimmen. Dennoch ist dein Eintreten für Bermann … na, sagen wir: unglückselig. Seit Jahren lavierst du herum und richtest dich in einer Emigration ein, die keine sein soll; eine halbe Emigration sozusagen, die dir alle Vorteile sichert. Die Bücher deiner Freunde, deiner Kinder und deines Bruders werden von dem Nazi-Pack ins Feuer geworfen. Das literarische Deutschland, das Geistige, alles wofür du mit deinem Namen stehst, wird bespuckt. Und du hast dazu geschwiegen, obwohl die Öffentlichkeit händeringend auf ein Entscheidungswort von dir gewartet hat. Ich muss es zugeben: Ich habe zu deinem Schweigen geschwiegen; wir haben dazu geschwiegen … zumindest meistens.«

Mit einem Stöckchen zog sie eine Bahn in den Schnee, der den Böschungsbewuchs in eine sanftwellige Phantasielandschaft verwandelt hatte. Hund Tobby trabte verzweifelt links und rechts an die Wegränder und wenn er sich doch einmal jenseits davon zwischen die Büsche und Bäume wagte, versank er bis zum Bauch in dem glitzernden Weiß.

»Du hast geschwiegen, was auch immer die Hitler-Bande sich anmaßt und an Gräueln ins Werk setzt. Aber jetzt, da es gegen Bermann geht …ob die Anfeindungen berechtigt sind, darüber will ich nicht entscheiden … jetzt denn doch erhebst du dein Wort und schreibst eine Erklärung, die sich aber nicht gegen das Regime richtet, sondern gegen die Stimme des Exils.«

Schwarzschild ist nicht die Stimme des Exils, dachte Thomas Mann, *bestenfalls ist er eine Stimme, eine besonders grelle und laute, aber mehr auch nicht.* Doch das mochte er nicht als Einwand vorbringen, denn natürlich war das nicht der strittige Punkt und sonst hatte er nichts Triftiges zu seiner Rechtfertigung anzuführen. Erika hatte Recht und der Schriftsteller wäre bereit gewesen, das vor sich selbst zuzugeben, wenn ihre Anklagerede ihm die innere Freiheit dazu gelassen hätte. Aber dafür waren ihre Worte zu hitzig, zu verurteilend gewesen. Und überhaupt … ihre schöne Leidenschaft, ihre Heftigkeit und Wucht beeindruckten ihn, ja, er bewunderte seine Tochter dafür und die Bewunderung verhinderte, dass er Gegenrede hielt. Er ließ ihre Anklage schweigend gelten und flüchtete sich in den Gedanken, dass am Ende doch jede Sache zwei Seiten habe.

Das war im Januar und noch im selben Monat veröffentlichte Eduard Korrodi, der Feuilleton-Chef der Neuen Zürcher Zeitung, einen Artikel, in dem er sich den Journalisten Schwarzschild vorknöpfte. Albern sei dessen Behauptung, die deutsche Literatur sei fast komplett nach draußen gerettet worden. Man dürfe die emigrierten jüdischen Schriftsteller nicht mit der deutschen Literatur gleichsetzen. Zum Beispiel würden Thomas Manns Bücher immer noch in Deutschland veröffentlicht werden. Korrodi nannte noch andere Namen, auch von Autoren, die in Deutschland geblieben waren, und in der Sache hatte er wohl Recht. Aber nun nahm die Debatte eine neue Richtung: Plötzlich fand sich Thomas Mann auf der einen Seite wieder und die Emigration auf der anderen. Diese Gestalt durfte die Landkarte nicht annehmen. Wenn er nicht eingemeindet oder ausgeschlossen werden wollte durch Grenzziehungen, die andere vornahmen, dann musste Thomas Mann selbst Stellung beziehen.

Erneut drängten Klaus und Erika dazu. Nun sei er endgültig zur Spielmarke geworden und er stehe auf dem Spielbrett, ob er schweige oder nicht. Aber in seiner Hand liege es, auf welchem Feld er zu stehen komme. Und er wolle ja nicht dem Lager Nazi-Deutschlands zugeschlagen werden. Das gelte es unverzüglich und energisch zu verhindern.

Der Schriftsteller spürte selbst, dass er etwas unternehmen musste. Er konnte die Dinge nicht länger ihren Lauf lassen. Die Einsicht brach sich Bahn in einem fünfzehnminütigen Weinkrampf und erst als Katia ihm Tobby zuführte, der schnuffelnd seine feuchte Nase gegen die Hände seines Herrchens drückte, fand der Schriftsteller die Fassung wieder. Er raffte sich vom Teppich auf, auf den er gesunken war, und entschloss sich, ohne Aufschub eine Antwort auf Korrodi zu verfassen.

Er begab sich in die Küche, um sich ein Glas Wasser zu holen. Noch angegriffen von dem Weinkrampf setzte er sich an den Tisch und bemühte sich, die innere Straffheit aufzubauen, die für den Brief nötig sein würde. Nach wenigen Minuten erschien Katia und nahm den Platz ihm schräg gegenüber ein; beide fremdelnd mit der Situation, dass sie in der Küche beieinander saßen.

»Es ist ja nicht falsch, was Korrodi sagt«, fing Thomas Mann an, »nicht die ganze - oder beinahe ganze - Literatur ist ins Ausland transferiert worden.«

»Schwarzschild ist ein glänzender Hasser und schlagkräftiger Stilist«, antwortete Katia, »ich nehme an, der politische Kampf ist ihm zurzeit wichtiger als die präzise Formulierung auf dem Feld der Literatur.«

»Wahrscheinlich ist es so. Auf jeden Fall musste sein Mangel an Überblick und Gerechtigkeit einen Literaturkritiker wie Korrodi zum Widerspruch aufrufen. Einige der Autoren, die er nennt und die in Deutschland geblieben sind, widerlegen Schwarzschild unbedingt.«

Katia, die sich an die Küchenumgebung noch nicht gewöhnen mochte, erhob sich und machte sich an einem Wasserkessel zu schaffen.

»So ganz widerlegen sie ihn vielleicht auch nicht. Die Grenzen zwischen emigrierter und nicht emigrierter Literatur ist nicht leicht zu ziehen; sie fällt nicht schlechthin mit der Reichsgrenze zusammen.«

Katia machte eine Pause und sah ihren Mann an. »Manche der Autoren sind mit Sicherheit nur ungern noch in Deutschland und sind es sozusagen nur aus mechanischen Gründen. Die außerhalb Deutschlands Lebenden sollten nicht mit Verachtung auf die anderen herabblicken. Man sollte sich vor Selbstgerechtigkeit hüten.«

»Korrodi meint offenbar, dass Schwarzschild dem Klischee folgend die Literatur jüdischer Provenienz mit der deutschen verwechselt«, sagte der Schriftsteller.

Aus dem Hantieren mit dem Wasserkessel war ein Zubereiten von Tee geworden und Katia stellte ihrem Mann und sich jeweils eine Tasse aus klobiger Keramik hin.

»Und Korrodi selbst tappt in eine ähnliche Falle, wenn er die Emigrantenliteratur mit der jüdischen in eins setzt. Du bist kein Jude, Heinrich nicht und auch René Schickele nicht, um nur die zu nennen, die mir als erstes in den Sinn kommen.«

Thomas Mann nahm seine Tasse in die Hand und betrachtete sie, als fragte er sich, ob ein solches Stück nicht seiner Lübecker Lebensform widerstreite.

»Dass in der Gesamt-Emigration der jüdische Einschlag zahlenmäßig stark ist, liegt in der Natur der Dinge. Wie sollten sie nicht fliehen aus lauter Grauen vor der Rassenphilosophie der Nazis?« Sie zog das Teeei aus der Kanne und goss die Tassen voll.

Thomas Mann beobachtete, wie der Dampf von der bernsteinfarbenen Flüssigkeit aufstieg. War es angesichts des Leids, das so vielen Menschen angetan wurde, legitim, wegen der Beschaffenheit einer Teetasse zu hadern? Es war lächerlich, gewiss. Auf der anderen Seite, konnte er sich fragen, was die Gräuel der Konzentrationslager mit seiner Tassenvorliebe zu tun haben sollten. Aber Grenzen zu ziehen, ist nicht einfach, hatte Katia gesagt und mit vollem Recht hatte sie es gesagt. Zumindest in seinem Geist, in seinem Denken flossen die Tassenwahl und das Schicksal der Verfolgten zusammen und wenn er nicht nur der bürgerliche Ästhet, sondern auch der moralisch-sittliche Seismograph seiner Zeit sein wollte, dann durfte die Tasse auf seinem Küsnachter Küchentisch nicht unberührt bleiben von den schändlichen Erschütterungen aller Menschlichkeit und Humanität. Ja, Erika hatte Recht und Klaus und … ja, sogar Heinrich und all die anderen, die forderten, er müsse sein Schweigen brechen und endlich eindeutig Position beziehen.

Und so kam es, dass der Lübecker kurz an der klobigen Tasse nippte, sich erhob und sich an einen offenen, an Korrodi gerichteten Brief machte, in den einiges, was hier eben im Küchengespräch verhandelt worden war, Eingang fand, und der folgendermaßen endet:

»Die tiefe, von tausend menschlichen und moralischen und ästhetischen Einzelbeobachtungen und -eindrücken täglich gestützte und genährte Überzeugung, dass aus der gegenwärtigen deutschen Herrschaft nichts Gutes kommen kann, für Deutschland nicht und für die Welt nicht, - die Überzeugung hat mich das Land meiden lassen, in dessen geistiger Überlieferung ich tiefer wurzele als diejenigen, die seit drei Jahren schwanken, ob sie es wagen sollen, mir vor aller Welt mein Deutschtum abzusprechen.«

Drei Tage nach der Veröffentlichung in der NZZ eröffnete Hitler die Olympischen Winterspiele, im August die Sommerspiele in Berlin, wo es so weltoffen wie möglich zugehen sollte. Dass aber Jesse Owens, rassenideologisch zweifelsfrei ein Nicht-Arier, vier Goldmedaillen gewann und zum Star der Spiele wurde, nahm der Führer persönlich und den Vorschlag, mit dem »Neger«-Athleten ein Foto machen zu lassen, quittierte er mit einem hemmungslosen Wutanfall.

Thomas Manns Artikel schien man nicht zur Kenntnis zu nehmen, zumindest nicht in der Weise, dass die Weltöffentlichkeit Wind davon bekommen hätte. Doch hinter den Kulissen drängte die Gestapo darauf, Thomas Mann die Staatsbürgerschaft abzusprechen.

Es begann eine Art Wettrennen; denn der Schriftsteller wollte seiner Exkommunizierung zuvorkommen. Die Scheidung von Deutschland sollte sein Entschluss sein, nicht das Regime sollte das Urteil über ihn sprechen. Doch er zauderte; unterstützt von Bermanns Zureden. Am 23. August hatte Thomas Mann den dritten Teil des »Joseph« zu einem Ende gebracht, - nach dreieinhalb Jahren. Im kleinen Kreis hatte er das Ereignis mit Torte und Champagner gefeiert. Im Herbst erschien der Band in Deutschland und die ersten 10.000 Exemplare waren nach wenigen Wochen verkauft. Nun stand das Weihnachtsgeschäft vor der Tür und wenn er noch ein Weniges die Nerven behielt, könnte er einigen Profit einstreichen, bevor seine Werke endgültig aus den Buchhandlungen verbannt werden würden.

Thomas Mann wollte dem Scheidungsspruch zuvorkommen, sagte ich, auf der anderen Seite mochte er auch nicht ganz ohne den Schutz einer Staatsflagge segeln, um nicht der Willkür jeglicher Behörden ausgesetzt zu sein. Die Schweiz jedoch wollte das Verfahren der Einbürgerung auch zugunsten des Großschriftstellers nicht abkürzen und beharrte mit neutralistischer Gleichheitsdünkelei auf die Einhaltung üblicher Fristen und Bedingungen. Mit Interesse verfolgte die Gestapo die Verhandlungen des Schriftstellers mit Österreich und der Tschechoslowakei um die Staatsbürgerschaft und legte ihre Berichte mit dem dringlichen Ton des Wir-haben-es-ja-Gewusst dem Auswärtigen Amt und dem Propagandaministerium vor. Nun zauderte die Regierung. Man konnte dem Dichter-Menschen nicht alles durchgehen lassen: sein Außenbleiben in der Schweiz, seine amerikanischen Eskapaden, seinen Artikel in der NZZ. Aber wollte man über ihn, diese schmückende Form des Deutschtums, den Bann sprechen?

Die Frage wurde schließlich zur Führersache erklärt. Hitler hatte seine Vision von Deutschland mit der berüchtigten Trias von den flinken Windhunden, dem zähen Leder und dem harten Kruppstahl schon Jahre zuvor zu Protokoll gegeben. Wer ihm den Fall Thomas Mann zur Entscheidung vorlegte, konnte hinsichtlich des Ausgangs kaum im Zweifel sein.

Anfang Dezember des Jahres 1936 musste der Schriftsteller in den Zeitungen lesen, dass seine Familie und er ausgebürgert seien. Ab Januar durften seine Bücher in Deutschland nicht mehr verkauft werden.

Das ist - chronologisch gesehen - der Schlusspunkt dieser Bericht-Erzählung. Die letzten Zeilen sollen jedoch Feuerstein alias Smetana gewidmet sein, dem Zweit-, wenn nicht sogar Hauptprotagonisten. Dazu muss ich einige Monate zurückspulen bis zu dem Zeitpunkt, an dem er von seinem dritten und letzten Antreten beim Ministerialreferenten Hanke nach Hause ging; zu der Wohnung also, die die Partei in unausgesprochener Vereinbarung subventionierte im Gegenzug für seine Dienste. Aus solchem Dienst allerdings war er nun gerade entlassen worden. Zu Ende sei es mit der Existenz Feuersteins. Hanke hatte nicht direkt von einem Scheitern gesprochen, aber doch deutlich genug gemacht, dass die Erwartungen höhere gewesen waren. Smetana war also von seinen Pflichten entbunden worden und musste sich, während er an denselben schmiedeeisernen Zäunen, die in den ersten Zeilen des ersten Kapitels genannt worden waren, entlangstrich, fragen, ob die Partei ihn für eine Weile an der langen Leine laufen und ihn seine eigenen Angelegenheiten betreiben ließ oder ob man ihn als untauglich und unzuverlässig auch für alle Zukunft vom Dienst suspendierte, womit denn auch die Geldzuweisung für die Wohnung, die er mit Selbstverständlichkeit sein Zuhause zu nennen sich angewöhnt hatte, ihr Ende finden würde.

Kurz und gut: Smetana spürte, dass sein Leben an einem Wende- und Entscheidungspunkt angelangt war, zumal seine Dozententätigkeit am germanistischen Seminar bei Licht besehen nicht gerade ein Karrierehöhenflug zu werden versprach. Er nahm seine eigene Existenz in den Blick, schob alles Zufällige zur Seite (die Lehrtätigkeit, die Mitgliedschaft in der NSDAP, den Attaché Feuerstein) und betrachtete seinen von diesen Zufälligkeiten gereinigten Selbstkern. Der Rest - um nicht zu sagen: der Bodensatz -, den er dort entdeckte, war nicht mehr und nicht weniger als sein heiliger Glaube an die Schriftstellerei, daran, dass er ein Erwählter dieser Kunst sei und dass darin seine Bestimmung liege. Im Grunde war sein ganzer Lebensweg seit der ersten Lektüre des »Tonio Kröger« von diesem Glauben bestimmt gewesen. Zu diesem Punkt, an dem er nun stand, zwischen den Vorgärten hoch bürgerlicher Wohnstätten in dieser Straße Berlins, hatte der Glaube ihn geführt. In einem Anflug divinatorischer Klarheit überblickte er für Sekunden die gesamte Kausalkette. Der Moment der Erleuchtung dauerte noch lang genug, dass Smetana auch einen Blick in die Zukunft werfen konnte, und nun wusste, was er zu tun hatte. Für eine Weile hatte sich sein Weg mit großen Namen gekreuzt, leuchtete er auf im Schlaglicht historischer Bedeutungsfülle, bevor er wieder im Grau seines mittelmäßigen Daseins verschwindet.

Einigermaßen unbekümmert lasse ich ihn in diesem Dunkel verschwinden, denn was an ihm gelegen war im Rahmen dieser Geschichte, war es nicht seinetwegen. Sein alltäglicher Charakter kann nicht mehr Aufmerksamkeit verlangen als sonst ein Zeitgenosse; und seine Person fand hier nur Interesse, weil sie gleichsam die Koordinaten bildete, von denen aus die großen Ereignisse in den Blick rückten …

Aber warten wir einen Moment! Da ist er noch einmal, da sehen wir ihn die Straße entlanggehen, vornübergebeugt und mit dem unregelmäßigen Schritt, der ihm eigentümlich war … oder nein, diesmal gibt es einen praktischen Grund für seinen unregelmäßigen Schritt, denn wenn wir genau hinsehen, erkennen wir einen Koffer, einen wohl vertrauten Koffer, den er am langen Arm durch den einsetzenden Regen schleppt. Dann wieder verschluckt ihn das Dunkel, vielleicht im

Schatten einer Kastanie oder Eberesche oder hinter dem Vorsprung eines Wohnhauses. Und endlich bin ich im Begriff den Blick abzuwenden und die Kappe endgültig auf meinen Füller zu schrauben, da taucht Smetana wieder auf, wenn er es denn wirklich ist, denn die Dunkelheit und der Schleier des Regens lassen nur ein Schemen erkennen, ein Schemen allerdings jetzt ohne Koffer. Wenn es also tatsächlich Smetana ist, den wir da sehen, wo hat er dann den Koffer gelassen? Ja, wo hat er ihn gelassen? Diese Frage, fürchte ich, wird ungeklärt bleiben, und der einzige, den wir dazu befragen könnten, wäre Jan Smetana, doch der ist eben gerade, während ich diese Sätze aufschreibe, unauffindbar und endgültig ins Dunkel getreten.

Belletristik-Novitäten im Franzius Verlag

»Kein Tag ohne Luzie«
Roman nach einer wahren Geschichte von Karin Büchel
ISBN 978-3-96050-247-0

»Tretmühlentreue«
Roman zum Thema Kindsmissbrauch und Opfer-Täter-Verhältnis, von Reinhold Franz-Reisert, ISBN 978-3-96050-244-9

»Die Siegel Asinjas - Teil 3: Die Macht der Dämonen«
Fantasy-Roman / Young Adult von Andi LaPatt
ISBN 978-3-96050-212-8

»Fette Sau – Ich bin gegen Mobbing – und Du?«
Roman von Christiane Kromp, ISBN 978-3-96050-201-2

»Nachbeben – Oder gehört das ganze Leben in die Änderungsschneiderei?«
Liebesroman von Sybille Statz, ISBN 978-3-96050-192-2

»Rechne mit dem Tod«
Band 3 der Edda-Valby-Reihe, Skandinavien-Krimi von Neal Skye, ISBN 978-3-96050-243-2

»The Train Ticket - A Scottish Adventure«
Englische Ausgabe des deutschsprachigen Originals
Von Monica Heinz, ISBN 978-3-96050-238-8
Originalausgabe: "Das Zugticket", ISBN978-3-96050-188-6

»Blutspur 629"
Band 3 der "Rich & Mysterious«-Reihe
Detektivroman von Neal Skye, ISBN 978-3-96050-214-2

Ratgeber im Franzius Verlag

»Starke Persönlichkeit durch Mentalkraft« von Marjeta Gurtner
Innere Stabilität und Resilienz
Trainingsbuch: Innere Stabilität gewinnen und jeder Herausforderung standhalten

Entdecken Sie die Macht Ihrer mentalen Stärke!

In einer Welt voller Herausforderungen und ständiger Leistungsanforderungen ist mentale Stärke der Schlüssel zum Erfolg. In "Starke Persönlichkeit durch Mentalkraft" führt die diplomierte Mentaltrainerin durch bewährte Techniken und Methoden, um innere Stabilität zu gewinnen und jedem Hindernis standzuhalten.

Dieses Buch vereint die Kernkompetenzen einer starken Persönlichkeit zu einem ganzheitlichen Ansatz. In acht praxisorientierten Kapiteln werden Sie Schritt für Schritt durch die wichtigsten Trainingsbereiche geführt:

1. **Von Versöhnlichkeit zu Persönlichkeit:** Erfahren Sie, wie Sie sich selbst bewusst wahrnehmen und Ihre eigenen Bedürfnisse und Glaubenssätze erkennen.
2. **Gedankenkraft:** Stoppen Sie negative Gedankenspiralen und stärken Sie Ihre mentale Gesundheit.
3. **Resilienz:** Bewältigen Sie schwierige Lebenssituationen durch gezieltes Training und entwickeln Sie emotionale Belastbarkeit.
4. **Innere Gelassenheit:** Nutzen Sie einfache, alltagsnahe Übungen, um Ruhe und Selbstbeherrschung zu finden.

5. Schulung des Willens: Verbessern Sie Ihre Kommunikationsfähigkeiten und stärken Sie Ihren Willen durch kraftvolle Sprach- und Stimmübungen.
6. Body Management: Erlernen Sie die Geheimnisse der nonverbalen Kommunikation und wie Sie Ihre Wirkung auf andere positiv beeinflussen.
7. Entspannung: Integrieren Sie kurze, effektive Entspannungsübungen in Ihren Alltag, um Stress abzubauen.
8. Kraft der Visualisierung: Setzen Sie die Macht positiver Vorstellungsbilder ein, um Ihre Ziele klar und erfolgreich zu erreichen.

Mit einem lebhaften Schreibstil und leicht verständlichen Erklärungen motiviert dieses Buch zum Handeln und Durchhalten. Jedes Kapitel bietet sofort anwendbare Werkzeuge, die Ihnen helfen, sich selbst aus dem Sumpf der Erfolglosigkeit zu befreien und zu einer starken Persönlichkeit zu wachsen.

- Erhalten Sie klare Lösungen für Ihre Probleme und verbessern Sie Ihre persönliche und berufliche Leistung.
- Profitieren Sie von einem selbstsicheren Auftritt und mentaler Stärke, die zu überzeugendem Handeln führt.
- Sparen Sie Zeit, indem Sie auf praxiserprobte Methoden zurückgreifen, die leicht verständlich und anwendbar sind.
- Entspannen Sie sich durch einfache, effektive Übungen und genießen Sie eine schrittweise Lektüre.

Machen Sie den ersten Schritt zu einer mental starken Persönlichkeit und erleben Sie, wie Sie jeder Herausforderung mit Zuversicht und innerer Stabilität begegnen können.

»Schwierige Rollenumkehr« von Dorothee Döring
Die Sandwich-Generation in der Pflicht

Die Generation der Babyboomer steht vor einer großen Herausforderung: Die eigenen Eltern werden alt und benötigen Hilfe. Diese neue Verantwortung bringt oft Unsicherheit und Konflikte mit sich, da sowohl Eltern als auch Kinder unvorbereitet in diese Rollenwechsel geraten.
Dieser Ratgeber unterstützt erwachsene Kinder dabei, die Balance zwischen Anspruch und Wirklichkeit zu finden. Er bietet Denkanstöße und praktische Tipps, um die Angst vor Verantwortung sowie Tabus rund um Alter, Sterben und Tod abzubauen. Themen wie geistige und körperliche Einschränkungen, Demenz und die Belastungen der Langzeitpflege werden ebenso behandelt wie gesunde Abgrenzung und der Umgang mit dem Pflegenotstand.
Ein unverzichtbarer Begleiter für alle, die sich der Pflege und Unterstützung ihrer alternden Eltern stellen müssen und nach Wegen suchen, dies mit Empathie und ohne schlechtes Gewissen zu meistern.

Softcover A5, ca, 252 Seiten, ISBN: 978-3-96050-253-1

»Unsere Augen im Fokus - Durchblick bei Fehlsichtigkeiten, Brillen, Sehproblemen und Schulstress« von Christina Flegl

Sehen ist das Selbstverständlichste der Welt. Solange mit unseren Augen alles in Ordnung ist, denken wir nicht darüber nach. Doch unsere Welt hat sich verändert! Wir leben im Zeitalter der digitalen Informationstechnologie. Unsere Augen sind anatomisch betrachtet noch auf dem Stand der Jäger und Sammler, wir benutzen sie aber als Präzisionsinstrumente. Hinzu kommt aktuell die zunehmende Kurzsichtigkeit bei

Kindern und Jugendlichen. Spätestens, wenn sich die Alterssichtigkeit bemerkbar macht, ist jeder von uns mit dem Thema Fehlsichtigkeit und Brille konfrontiert.

Christina Flegl gibt einen Einblick darüber, wie drastisch sich Sehstress auf die Lebensqualität auswirken kann, wie Schulprobleme damit zusammenhängen und was für junge Eltern bei ihren Babys wichtig ist. Dieser Ratgeber bringt Licht in den Optiker-Dschungel, und gibt dem Leser einen Überblick darüber, wann welche Brille sinnvoll ist. Es ist durch die Geschichten aus dem Alltag auch ein Buch zum Schmunzeln und Lachen.

Die Autorin ist Augenoptikermeisterin und hält den Master of Science in Clinical Optometry (USA) inne.

A5 Format, ca. 204 Seiten, mit 17 Abbildungen
ISBN 978-3-96050-249-4 (Softcover)

»Verschenke deine Zeit sinnvoll - Die Kunst, Zeit bewusst in das zu investieren, was dich erfüllt« von Regula Meile

Hast du den Eindruck, nie genügend Zeit für die Dinge zu haben, die dir wichtig sind? Hast du oft das Gefühl, das Leben zieht an dir vorbei? Sehnst du dich danach, dein Leben mehr nach deinen Vorstellungen zu gestalten, anstatt ständig zu versuchen, allen Erwartungen gerecht zu werden? Den Erwartungen der Gesellschaft, deines sozialen Umfeldes und den Erwartungen, die du selbst an dich stellst?

Dieses Buch hilft dir dabei, die »Stopp-Taste" zu drücken, Automatismen zu hinterfragen, eine neue Perspektive einzunehmen und die Veränderungen anzugehen, die es braucht, damit du am Ende deines Lebens nicht voller Reue lediglich auf ungelebte Träume, unrealisierte Projekte und ungepflegte Beziehungen zurückblickst.

Die Autorin zeigt anschaulich und einfühlsam, mit Inspirationen und einfachen Übungen neue Wege auf, die Zeit und Aufmerksamkeit in lebendige Beziehungen und jene Projekte zu investieren, die wirklich zählen. Bist du bereit?

A5 Format, ca. 288 Seiten
ISBN: 978-3-96050-233-3 (Hardcover)
ISBN: 978-3-96050-234-0 (Softcover)
Auch als Hörbuch erhältlich!
ISBN: 978-3-96050-236-4 (Hörbuch), Laufzeit 9h 45min

»Nicht offensichtliche Megatrends – Wie man erkennt, was andere übersehen, und die Zukunft vorhersagt«
Von Rohit Bhargava

In den letzten zehn Jahren hat Rohit Bhargavas jährlicher Non-Obvious Trend Report dazu beigetragen, dass über eine Million Leser mehr als 100 Trends entdeckt haben, die unsere Kultur derzeit prägen.

Der Autor beschreibt in seinem Buch nicht nur die Trends, sondern auch **die gesellschaftlichen Auswirkungen** sowie die Herausforderungen, die an die Unternehmen und die Mitarbeiter gestellt werden. Und er gibt einen Leitfaden an die Hand, wie Sie auf darauf reagieren und selbst neue Trends entdecken können, bevor andere es tun. Diese Sonderausgabe (zum 10-jährigen Jubiläum) hat es in sich:

- Der Autor gewährt einen Einblick in die Methodik, die auch für Laien sehr gut nachvollziehbar ist.
- Es warten **10 MEGA-Trends** auf den Leser, die kaum spannender sein könnten.

- Ein Rückblick führt **alle Trends der letzten 10 Jahre** auf und gibt eine Bewertung, wie gut sich die Trendvorhersagen über die Jahre bewährt haben.

A5-Format, ca. 300 Seiten
ISBN 978-3-96050-198-5 (Hardcover)
ISBN 978-3-96050-091-9 (Softcover)

»200 Ratgeber oder dieser« von Dr. Florian Hartnack

Die Essenz aus über 200 Ratgeber-Bestsellern zu den Themen: Glück, Gelassenheit, Gesundheit, Schlaf, Ernährung, Stress, Bewegung, Zeitmanagement, Kommunikation, Beziehungen, Erziehung und Finanzen. Mit Literaturtipps!

Ihr WEG zu GLÜCK, GESUNDHEIT und ERFOLG beginnt HIERMIT!

Es existieren hunderte Ratgeber mit Tipps für ein gesundes, erfolgreiches und glückliches Leben. Doch welche Tipps sind wirklich neu und relevant? Welche Hinweise sind essenziell? Und muss man wirklich viele Ratgeber lesen? Oder nur diesen einen?

Der Lehrer und Wissenschaftler Dr. Florian Hartnack hat über Jahre hinweg viele erfolgreiche Ratgeber analysiert und die Tipps selbst ausprobiert. In diesem Buch fasst er die Kernaussagen aus über 200 Ratgebern zusammen:
- Gelassenheit und Glück durch Achtsamkeit und Meditation
- Gesundheit: Ernährung, Bewegung, Stressbewältigung und Schlaf
- Erfolg: Effektives Zeitmanagement, Kommunikation und Kompetenz

- Erziehung und Beziehungen: Elternschaft, Liebe, Partnerschaft
- Finanzen: Schritt für Schritt-Anleitung zum finanziellen Erfolg

Dieser Ratgeber enthält geballtes Wissen für alle Lebensbereiche – verständlich geschrieben und sofort umsetzbar. Selbstverständlich befinden sich im Anhang ein umfangreicher Quellennachweis und weitere Literaturtipps zum Vertiefen der Kenntnisse.

Nehmen Sie Ihr Leben mit Leichtigkeit selber in die Hand. Optimieren Sie sich selber! Und sparen dabei Zeit.

A5 Format, ca. 200 Seiten
ISBN 978-3-96050-217-3 (Softcover)
ISBN 978-3-96050-218-0 (Hardcover)
Auch als Hörbuch erhältlich!
ISBN 978-3-96050-239-5 (Hörbuch), Laufzeit 4h 46min

»Enneagramm und Hochsensibilität - Die neun Persönlichkeitstypen und ihr Entwicklungspotenzial« von Dr. Marianne Skarics

Das Enneagramm ist ein sehr altes System zur Selbstfindung und zum besseren Verständnis unserer Persönlichkeitsmuster. Es unterscheidet neun grundlegende Charaktertypen und zahlreiche Untertypen. Doch das Enneagramm beschreibt die Persönlichkeitstypen nicht nur, sondern es erklärt, warum wir sind wie wir sind. Es deckt also unsere Motive, Ängste, Grundbedürfnisse und Abwehrmechanismen auf und veranschaulicht unsere Entwicklungsmöglichkeiten. Dem eigenen Enneagrammtyp samt Untertyp auf die Spur zu kommen, bedeutet daher auch, sich selbst und seine Problembereiche besser zu verstehen sowie Wege zur optimalen Entfaltung der Persönlichkeit und des eigenen Potenzials zu erkennen.

Frau Dr. Skarics stellt in diesem Buch das Enneagramm in seiner ganzen Tiefe und Komplexität umfangreich vor, und sie verbindet erstmals dessen neun Persönlichkeitstypen mit der Thematik der Hochsensibilität. Anhand des Enneagramms können die Unterschiede zwischen Hochsensiblen beschrieben und die verschiedenen Ausprägungsarten von Hochsensibilität auf anschauliche Weise erklärt werden. Dadurch ist es möglich, die eigene ganz spezielle Form der Hochsensibilität weitaus tiefgreifender zu verstehen. Zugleich bedeutet dies eine Erweiterung des Enneagrammwissens um die Dimension der Hochsensibilität.

A5-Format, ca. 340 Seiten
ISBN 978-3-96050-215-9 (Hardcover)
ISBN 978-3-96050-170-1 (Softcover)

»Increase your Energy: Mehr Gesundheit, Erfolg und Glück – Deutsche Erstausgabe« von Frederick Dodson

Taschenbuch A5, ca. 292 Seiten
ISBN 978-3-96050-136-7

»Magnetic Wealth Attraction – Sei ein Magnet für Wohlstand, Überfluss und Fülle - Deutsche Erstausgabe« von Frederick Dodson

Taschenbuch A5, ca. 144 Seiten
ISBN 978-3-96050-180-0 (Softcover)
Auch als Hörbuch erhältlich!
Hörbuch CD mit mp3-Dateien
Spieldauer 3h26min, Gelesen von Florian Hartnack
ISBN: 978-3-948464-26-4
Als digitales Download bei den großen Online-Portalen wie beispielsweise audible, Weltbild, deezer, Thalia und BookBeat u.v.m. unter der ISBN 978-3-948464257

»Handbuch Kommunikation« von Frederick Dodson
Wie Sie Ihre Ausstrahlung, Stimme und den Wortschatz verbessern sowie Präsenz, Integrität und Authentizität erlangen
Taschenbuch A5, ca. 200 Seiten
ISBN 978-3-96050-223-4 (Hardcover)

»Mit dem LEADERSHIP-COURSE zu innerer Stärke, Souveränität und positiver Führungskraft« von Frederick Dodson
Taschenbuch A5, ca. 96 Seiten
ISBN 978-3-96050-225-8 (Softcover)

»Entzündungen natürlich behandeln – Die grüne Taschenapotheke«
Von Prof. Dr. Nadine Berling
Ca. 132 Seiten, mit 24 schwarz-weiß Fotos
Softcover A5, ISBN 978-3-96050-210-4
Hardcover A5, ISBN 978-3-96050-203-6

»Wenn Millennials übernehmen - Bereiten Sie sich auf die amüsant einfache Geschäftswelt der Zukunft vor (Deutsche Erstausgabe)« Von Jamie Notter und Maddie Grant
A5-Format, ca. 240 Seiten
Hardcover A5, ISBN 978-3-96050-208-1
Softcover A5, ISBN 978-3-96050-206-7

»Grenzenlos – Wie man seine Berufung findet und mit drei weiteren essentiellen Faktoren die individuelle Balance schafft, um im völligen Einklang mit dem eigenen Leben zu sein« von Laura Gassner Otting (Deutsche Erstausgabe)
A5-Format, ca. 150 Seiten
Hardcover A5, ISBN 978-3-96050-197-8
Softcover A5, ISBN 978-3-96050-192-3

»Das Handbuch der ketogenen Ernährung«
von Fabrizio P. Calderaro
Taschenbuch, ca. 220 Seiten, ISBN 978-3-96050-071-1

»KETOGA - Ketogene Ernährung und Yoga«
von Fabrizio P. Calderaro
Taschenbuch, ca. 348 Seiten, ISBN 978-3-96050-120-6

»Elternratgeber«
von Yngra Wieland
Kinder selbstbewusst begleiten –
Wie Eltern die »Copy-Paste-Falle« vermeiden
Taschenbuch, ca. 209 Seiten, ISBN 978-3-96050-017-9

»Weiblichkeit leben«
Zurück in die Steinzeit oder vorwärts in ein neues Leben
von Petra Liermann
Taschenbuch, ca. 116 Seiten, ISBN 978-3-96050-067-4

»Eine Seele in zwei Körpern«
Der Weg der Dualseelen in eine glückliche Beziehung
von Petra Liermann
Taschenbuch, ca. 230 Seiten, ISBN 978-3-96050-118-3

»Eine glückliche Seele in zwei Körpern«
Dualseele 2.0
von Petra Liermann
Taschenbuch, ca. 108 Seiten, ISBN: 978-3-96050-178-7